EL SENDERO
DE UNA VIDENTE

VICTORIA AVALON

EL SENDERO DE UNA VIDENTE

EDICIONES B
GRUPO ZETA

Barcelona • Bogotá • Buenos Aires • Caracas • Madrid • México D.F. • Montevideo • Quito • Santiago de Chile

1ª edición. Septiembre, 2007

El sendero de una vidente

D.R. © 2007, Victoria Avalon
D.R. © 2007, Ediciones B México, S.A. de C.V.
Bradley 52, Colonia Anzures. 11590, México, D. F.

www.edicionesb.com.mx

ISBN: 970-710-270-5

Índice

Agradecimientos   11
Prólogo   13
Introducción   15

PRIMERA PARTE

El globo terráqueo   21
Biografía de una sanadora   25
Las primeras experiencias   33
El viaje   39
Entre juegos   41
Desarrollo de habilidades   43
La huida   49
El accidente   53
¿Y el amor?   55
De regreso en el pueblo   62
De casa en casa   64
Trabajo de muerte   70
Maleficio   74
Un don del cielo   78
La tienda de abarrotes   80
Alumbramiento   82
A cumplir la manda   85
Investigando el pasado   90
El nacimiento de Mitzi   93

Anécdotas de sus hijas   98
Transmisión de dones   105
El ánima de la secundaria   107
Protección espiritual   111
Caballos desbocados   116
De mojada   120
Curaciones   123

SEGUNDA PARTE

Casos y testimonios   129
¿Se puede estar en dos lugares al mismo tiempo?   139
En la carretera   145
El fantasma de don Luis   148
La oficina   152
El huésped   158
Sanación de columna   160
El picnic   165
Ánima del dinero   170
Una ciudad de fantasmas   173
De visita en Mazatlán   178
Día de la presentación   184
Marcas en la piel   192
Hacienda El roble   196
¿Casualidad?   202
De paseo por Real del Monte   220
Mundos paralelos   225
Teotihuacán   232
El grupo de los doce   236
Algunas almas trascendieron   244
¿Qué viste en Teotihuacán?   251
Una gran amiga   258
La visita de Emilia   265
¿Sueños o viajes astrales?   270
El Taj Mahal   275
El pintor   282

La Isla de Pascua   285
En busca de testimonios   288
Otros testimonios cortos   292
Testimonios en la ciudad   300
Margen de error   322
Perspectiva de las facultades psíquicas   326
Opinión de Ramona sobre el margen de error   331

Agradezco a Dios por iluminarme para realizar este libro. En especial quiero dedicarlo a mi madre Dolores Maya quien me enseñó la importancia de luchar para conseguir mis metas. A mi esposo por su apoyo y comprensión y la libertad que me da para ser quien soy. A mis hijas por su amor y paciencia. A mi amiga Ramona le agradezco hoy y siempre su amistad y confianza. Y a mis amigos y guías de mundos paralelos.

VICTORIA AVALON
7/julio/2007

Agradezco infinitamente a Dios por hacer realidad este libro y a mis padres adoptivos Pablo, Juana, y mi madre Maximiana por guiarme siempre. A mi abuelito Victorio por darme su amor y participar de mis juegos. A mis hijas, Idania, Rosario, Mayra y Mitzy Amiyalli. A Vick, mi hermana espiritual y por su trabajo, empeño y dedicación para plasmar mi vida en estas páginas así como por su entrañable amistad.

RAMONA LÓPEZ
7/julio/2007

Prólogo

En la historia de la humanidad han existido acontecimientos que nos demuestran la capacidad creativa, perceptiva, intuitiva y sanadora de nuestra mente. Que trasciende tiempo y espacio y se permite interactuar en universos distantes y paralelos pero unidos por el mismo hilo de luz divina que los confeccionó en un entretejido fascinante que es la existencia en la conciencia.

Pasando por "don Juan", "Pachita" y ahora nuestra querida "Ramona". Seres con un legado, un linaje y una misión específica. La de transmitir la enseñanza de que todo es posible por medio del amor, de la disciplina, del respeto, de vivir y experimentar valores y principios. Y nunca dudar.

Todos ellos con un denominador en sus vidas. **El sufrimiento desde temprana edad.** ¿Qué los hace ser especiales? ¿Qué los motiva a salir adelante?

La fe, el deseo y la fuerza de voluntad que como el rugido felino despierta de la somnolencia a nuestra mente humana limitada.

Existen talentos y cualidades que no alcanzamos a comprender en ellos pero son y nos liberan de dolor y sufrimiento. A través del recorrido por este fascinante relato lleno de matices emotivos que nos hará rasar en lágrimas en algunos pasajes, llevándonos a la alegría, la risa, la expectación y el interés por continuar en su lectura develará los brotes del virus de la ignorancia y nos adentrará en el gusto por la investigación de lo que está aguardando en el interior de nuestra mente para ser develado en nuestro beneficio. Y liberarnos de la duda y el escepticismo recalcitrante.

Con la exquisitez del relato amoroso y claro, desde la primera página, Victoria nos presenta *El sendero de una vidente* y hace que nos adentremos y convirtamos en acompañantes de su viaje por nuestro México, por nuestras raíces ancestrales, por el milagro de vivir día a día experiencias impactantes como lo marcan los relatos de las mismas. Vida después de la vida, apariciones, maldad, brujería, temas fascinantes que son tratados con respeto y sustento por victoria.

Asimismo hacen de esta lectura un compendio que ilustra para entender mejor los mundos terrenal y energético en los que vivimos.

Éste es un libro para ser digerido pausadamente, y entendido como la posibilidad de comprender que la luz divina está en todo y que ante el desorden de nuestras vidas, seres como "Ramona" le devuelven la luz a nuestra alma para continuar en el camino del aprendizaje para la evolución en el amor de nuestras almas.

JOSÉ KARLOS
México, D.F., agosto 2007

Introducción

A principios del año 2000, me lancé en la búsqueda de temas paranormales con el ánimo encontrar respuestas a este tipo de cuestiones que para mí siempre han sido inquietantes y de gran interés.

A pesar de no tener estudios de parapsicología ni ser científica, sino sólo una simple comunicadora muy curiosa y con sangre de periodista, me di a la tarea de entrevistar personas vinculadas con experiencias de esta índole. Durante mi caminar tropecé con una persona muy especial que llamó mi atención, quien poco a poco fue convirtiéndose en mi guía en este mundo inexplicable, invisible, colmado de controversias, escepticismo e incomprensión. Sin embargo, infinidad de casos en todo el mundo nos manifiestan y dan testimonio de que hay otros mundos tan o más vastos que el mundo material. La magia de otras dimensiones, de la existencia de otros seres, de la vida después de la muerte, fue cautivándome hasta hacerme atravesar el umbral.

Esa persona, quien en este mundo o dimensión me fue abriendo el portal a lo desconocido, es una mujer con facultades extraordinarias pero sobre todo una persona entregada en cuerpo y alma a brindar servicio al prójimo, sacrificando la mayoría de las veces hasta a su propia familia, su descanso, salud y su tiempo. Me refiero a su mi amiga Ramona, con quien he vivido hechos sorprendentes de mundos paralelos, a los que ella accede diariamente para así brindar su apoyo a todos aquellos que van en su búsqueda con el objeto de solucionar algún problema.

Sanación, ánimas en pena, espíritus chocarreros, karmas de vidas pasadas, brujería, salación, seres del bajo umbral, son algunos de los casos que enfrenta a diario Ramona y que a mí me ha tocado presenciar, constatando la solución que ha dado a cada uno de ellos.

A fin de que ustedes, lectores, conozcan y comprendan un poco del mundo al que una persona psíquica se tiene que enfrentar a diario, de que sigan paso a paso el desarrollo y las causas de estos dones, Ramona nos permitió echar un vistazo a su vida, a sus experiencias cotidianas como hija, como madre, como esposa y como persona con un gran sexto sentido y por ende con una gran responsabilidad.

Es conocido por muchos individuos que todos nacemos con estas cualidades, pero que no todos las hemos desarrollado y gran causa de esto ha sido el mundo en el que vivimos, que poco se ocupa del mundo espiritual. También he comprobado que muchas personas lo reciben vía generacional. Sin temor a equivocarme, puedo afirmar con certeza que quienes no tenemos ese "regalo" vivimos más tranquilos; podemos entrar a una casa, habitación, edificio; visitar una ciudad sin tener que enfrentarnos a los "fantasmas del pasado", y esto es invaluable porque estas vivencias son para volverse locos. Tanto que algunos de quienes tienen dones sí van a dar al manicomio.

Las personas sensitivas no sólo enfrentan espíritus errantes, sino gente con emociones egoístas, mentes destructivas, enfermedades incurables, sujetos abusadores y perversos, seres del bajo umbral, catástrofes venideras, y todo esto se agolpa en su visión interna como una película de terror; lo mismo que en su oído interno, que les permite escuchar, cuando es imprescindible, los pensamientos de las personas.

Sin embargo, también reciben visiones hermosas de seres divinos, amistades invaluables, el agradecimiento de sus semejantes, la sanación de algunos y el crecimiento intelectual y espiritual que les brindan los acontecimientos por los que atraviesan a lo largo de su vida.

Ramona, además de su sensibilidad psíquica, ha recibido muchas habilidades que le han servido como tablita de salvación: es buena en la cocina, en manualidades, para la oratoria, en la herbolaria; conoce la reflexología y la digitopuntura, da masajes y aplica otras técnicas orientales que ha aprendido y utiliza con gran éxito.

Me he dado cuenta, a través de muchos casos, que la mayoría de las personas sensitivas ha sufrido mucho desde su niñez; algunos son víctimas de abusos sexuales y otros heredan "el don" de una abuela, abuelo, bisabuela o bisabuelo. Existen hombres sanadores en menor proporción que mujeres, tal vez por tener el sexo femenino la intuición más desarrollada. No obstante, en el caso de los chamanes esa proporción no corresponde.

Hasta aquí los dejo, porque quiero que vayan descubriendo y confrontando todo lo expuesto a través de las siguientes páginas.

PRIMERA PARTE

El globo terráqueo

Después de convivir durante varios años con Ramona, quien decidió salir del anonimato en mi segundo libro, le propuse la idea de que me permitiera escribir sobre su vida. Como ella iba y venía cada semana de su pueblo a Guadalajara y viceversa, lo realizaríamos con toda la calma del mundo.

Ramona es una mujer sencilla a quien Dios le regaló los dones de la clarividencia, la clariaudiencia y la sanación, entre otras virtudes. Hay un dicho popular que dice que cuando "el alumno está listo, aparece el maestro"; esa es la razón por la que Ramona apareció en mi vida: para enseñarme. Es una mujer con quien tengo rato de caminar y con quien he vivido muchas experiencias del mundo sobrenatural que me han enseñado a ver y comprender la vida y la muerte de una manera muy diferente a la que tenía antes de iniciar esta aventura.

Ramona me ha llevado, a través de diversos casos, a ese mundo espiritual que despierta tanta curiosidad y que provoca tanta polémica entre los hombres. Algunos misterios los ha llegado a desentrañar a fuerza de experimentar y tocar las manos o las fotografías de personas y lugares muy interesantes. También hemos tenido la necesidad de trasladarnos a algunas casas para revisar con más profundidad y enfrentar a las entidades que algunas veces molestan a sus habitantes. Otras veces, con el fin de investigar algún territorio interesante, por gusto o simplemente por curiosidad, realizamos viajes a sitios colmados de misterios o enigmas. Algunas de estas experiencias fueron narradas en mi libro *El umbral de los prodigios* y otras las reservé para este compendio.

Cada semana, al llegar Ramona desde su pueblo a mi casa, donde recibía a las personas que deseaban consultarla, nos desvelábamos platicando sobre estos temas al terminar su jornada de trabajo. En cada una de esas conversaciones, ella se convertía en mi maestra y yo en una alumna ansiosa por aprender y comprender más el vasto mundo espiritual. Curiosa como soy y complaciente como es Ramona conmigo, un día se me ocurrió averiguar a través de sus habilidades, sobre las vidas pasadas de mi esposo, mis hijas y, por supuesto, las propias.

Ramona comenzó la sesión pidiendo nuestra mano; cerró los ojos y comenzó a ver, como si se tratara de una película, escenas de vidas pasadas. Para ubicarse geográficamente pidió le prestáramos un globo terráqueo. Ella mantenía los ojos cerrados mientras le daba vueltas y vueltas al globo y con su otra mano tocaba mi mano o la de mis hijas, esposo o alguna visita. Una vez que sentía la ubicación, nos decía en voz alta: ¡Italia! ¡Canadá! Detenía el globo y nos indicaba con su índice, sin abrir los ojos, en qué lugar habíamos habitado en otra vida. Nuestra sorpresa era grande al ver que el país que mencionaba era el mismo que señalaba con su dedo.

Una vez conectada comenzaba a describir el tipo de vida que habíamos llevado, el sexo que teníamos entonces, la época y cómo habíamos muerto. Al hacer esto algunas veces se llegaba a la conclusión del por qué se tenía alguna fobia o alguna preferencia por un sitio, aun cuando no se conocía. Por ejemplo, a mi esposo le dijo que él había sido cartógrafo en una vida pasada, en Canadá, y que por eso en ésta le apasionaba ver mapas. Esto es tan cierto, que puede pasarse horas pegado a la computadora viendo mapas, o también hojeando un Atlas enorme que tiene mi madre.

En el primer viaje que hicimos a Europa, cada vez que veía un mapa se paraba frente a él y lo observaba con detenimiento mientras esperábamos la partida del autobús. Además, en cualquier ciudad se orienta fácilmente, le disgusta pedir indicaciones y nunca se pierde.

En uno de los juegos con el globo terráqueo, Ramona me ubicó en Italia, también como mujer, y donde mi esposo y yo habíamos tenido también una relación de pareja. A mi hija Cristina la vio sentada entre enormes cojines y rodeada de finos gatos peludos. Sí, ¡en Persia!

Después Ramona no necesitó más el globo, con sólo tocar la mano del interesado o la fotografía de la persona en cuestión, podía establecer una, dos o tres vidas pasadas y justificar situaciones de su vida presente.

Por ejemplo, en alguna ocasión le dijo a Tere —una amiga cercana— que ella no soportaba relojes o pulseras, ni lugares oscuros o húmedos porque en otra época la habían torturado con grilletes en las muñecas en un sitio donde el piso y los muros eran enormes lozas de piedra: la mazmorra de un castillo. Mi amiga, azorada, dijo: "Es verdad, me molesta traer objetos en la muñeca y lo primero que hago al ir a dormir es quitármelos; ahora entiendo por qué me desagradan los sitios sombríos".

A otra amiga le señaló que siempre buscaba posiciones de poder en su trabajo y que de ninguna manera le gustaba ser tratada como cualquier persona; también le dijo que le disgustaba tocar lugares polvorientos o sucios o que su ropa se le llenara de tierra, porque en una de sus vidas ella perteneció a la nobleza en algún lugar de España. En pocas palabras, a ella le gustaba tener trato de reina.

Por insistencia mía empezó a entusiasmarse en indagar para ayudar a descubrir las fobias o problemas karmáticos que la gente venía cargando quién sabe desde cuándo. Efectivamente, cada vez que lo hace nos sorprendemos de todo lo que guarda cada persona en su akáshico.

Recuerdo que en cierta ocasión vino una muchacha para averiguar por qué cada vez que conocía a un hombre y éste la pretendía, algo extraño ocurría y sin razón justificada el pretendiente se alejaba; ella ansiaba tener una pareja. Ramona, en la primera consulta logró ver que la causa de todo, era un espíritu que la había amado exageradamente en otra vida y le hacía sombra en la presente; es decir, el fantasma no permitía que nadie se le acercara.

La mujer, incrédula de estas cuestiones, salió diciendo: "A mí de qué me sirve que el espíritu de un muerto me ame tanto. ¡Yo quiero el amor de un vivo!"

Le concedo la razón. Incluso el ser no permitió que Ramona viera más de lo que él quería. Lo más seguro es que la dama haya realizado en su otra vida alguna especie de pacto con él, por eso no logra tener una pareja estable.

En un caso parecido, un hombre le lanzó a su enamorada una especie de maldición muchas vidas atrás, por haberlo rechazado. "Si no eres mía, no lo serás de nadie", fue la sentencia. No fue sino hasta que ella le pidió perdón en la vida presente, a través de una médium, que pudo entablar una relación formal y casarse.

Ramona también puede describir lugares que nunca ha visitado y decirle a la gente cómo es su casa o lugar de trabajo. Hasta los más escépticos cambian de actitud cuando Ramona les describe con gran exactitud sus hogares.

Durante una visita al bello Puerto de Mazatlán, conocimos a una señora que sólo había ido a conocernos por curiosidad y por atención a mi amiga Lalys, quien la invitó a la presentación de mi segundo libro. Una noche antes del evento conversábamos para afinar todo los detalles. Al terminar, nos pusimos a platicar de otros temas y esta persona se sorprendió al cuestionar a Ramona y recibir información que nadie en esa mesa conocía. Enseguida nos contó que el único evento extraordinario que había tenido en su vida había sido en una hacienda ubicada en un poblado cercano a Mazatlán. Ramona comenzó a describirle el lugar enfrente de todos los que estábamos ahí reunidos, mientras ella iba afirmando paso a paso lo que decía la vidente. Este caso lo relataré con mayor detalle en la segunda parte de este libro.

Más de una vez, cuando nos dirigíamos a investigar algún caso, antes de llegar comenzaba a describirme cómo era el sitio y dónde ocurrían principalmente los sucesos. Al llegar y comprobar su descripción, quedaba boquiabierta.

Un día recibí una llamada de un compadre, quien me decía que unos amigos de él estaban muy angustiados porque no encontraban un páriente; me pedía que los contactara con Ramona. Mi compadre tuvo suerte porque ella estaba en Guadalajara y a un lado mío; le dije que los mandara para ver qué se podía hacer.

Acudieron enseguida y le explicaron a Ramona que temían por la vida de su tío, porque al cruzar un río en su caballo se lo había llevado la corriente. Ella tomó papel y lápiz para hacerles un mapa y les explicó que no lo encontrarían fácilmente. Al final de este libro viene el testimonio de este caso.

Es hora de que la misma Ramona entre en acción y nos cuente su vida.

Biografía de una sanadora

Mi origen

"La historia de mi vida ni siquiera yo la conozco; es triste decir eso pero así es. Voy a contar lo que me narraron aunque ni siquiera sé que tanto es verdad ni que tanto es mentira.

"A pesar de este 'don' que tengo no logro averiguar mi pasado, pero si un extraño se acerca a mí y me da su mano y la oportunidad de verlo le puedo decir muchas cosas de su vida, de su pasado, sobre su salud y su vida sentimental, lo que en ese momento es importante para él. Sin embargo, cuando se trata de mí o de mi familia no puedo ver gran cosa. Creo que así debe ser, porque se imaginan ustedes que pudiera ver todos los problemas de mis hijas y nietos, me angustiaría mucho. Dios sabe por qué hace las cosas. No sé ni por dónde empezar; todo es un enredo; intentaré ser lo más clara posible.

"A mi madre no la conocí y mucho menos a mi padre, porque ni mis parientes están seguros de quién fue mi progenitor. Sólo tuve una hermana producto de una violación. Yo nací en Zapopan, municipio de Jalisco, diez años después que ella. A unos cuantos días de mi nacimiento murió mi madre de fiebre puerperal y me tomó a su cargo una de sus hermanas, Petra.

"Como mi tía tenía muchas bocas que alimentar, sus hermanos la convencieron de que me entregara con una prima hermana suya que no había podido tener hijos y quien además estaba a gusto económicamente, por lo que a mí no me faltaría nada.

"Mi tía se lo pensó un rato, porque me estaba amamantando al mismo tiempo que a una de sus hijas; además, le había prometido a mi madre hacerse cargo de mí, pero finalmente accedió porque sabía que quizás yo tendría más oportunidades creciendo como hija única con su prima Juana, que entre el montón de chiquillos que ella tenía.

"Juana vivía en un pueblo cercano a Guadalajara y fui a dar allá cuando ya tenía pasadito el mes. Ella y su esposo Pablo formaban una pareja maravillosa. Estaban ansiosos de tener un bebé porque jamás se les concedió tener familia, por eso me adoptaron y me dieron todo su cariño. Nunca supieron la causa de su esterilidad, ni la averiguaron, porque en esa época y en un pueblo no se usaba andar indagando; simplemente se conformaban con la voluntad de Dios.

"Las dos familias acordaron mantener en secreto que tenía una hermana —Emilia— y a ella le prohibieron que me lo hiciera saber, y así crecimos separadas. La veía muy ocasionalmente y crecí pensando que era mi prima. A pesar de que mis padres adoptivos, Juana y Pablo, me daban todo su cariño, recuerdo desde siempre un sentimiento de vacío y soledad que toda la vida me ha acompañado y no entiendo todavía por qué. Me pregunto si así se sienten todos los hijos adoptivos; además de que existe un sentimiento de deuda por los siglos de los siglos hacia quienes nos adoptaron.

"Fue como hasta los siete años que me enteré que Emilia era mi hermana, aunque en el fondo yo lo percibía y no me sorprendió. Sentía un lazo muy fuerte con ella, aunque por ser pequeña no me lo podía explicar.

"¿Quién es mi padre? Me cuentan dos versiones. Para llegar a ellas primero debo ir hacia atrás. Mi abuelito Francisco vivía en mi pueblo y decidió mudarse a Guadalajara trayéndose a mi abuela Ramona, a mi mamá Maximiana y a los demás hijos. Tenía una hija, Petra, quien entonces vivía en un pueblo playero llamado Salina Cruz, al suroeste de Oaxaca, casada con un marinero a quien conoció por carta y se casó con él por medio de un poder. Como el novio no obtuvo la licencia para asistir a su boda mandó a un amigo en su representación. Fue una relación y una boda muy especiales, pero hasta la fecha viven juntos.

"Mis abuelos se quedaron un tiempo en la ciudad, pero al morir mi abuela, mi abuelo Francisco regresó al pueblo e inició una relación con una señora llamada Cirila. Al llegar al poblado, mi madre estaba embarazada de mi hermana Emilia. Mi abuelo Francisco le dijo a la gente que a mi madre la embarazó un taxista. Cirila por su parte sacó a relucir la verdad con la gente del pueblo, diciendo que el verdadero padre era Francisco. Un incesto que por supuesto a él no le interesaba que se descubriera. Total, cada quien decía su versión y hasta la fecha la familia de mi abuelo asegura que él fue el padre de mi hermana.

"Comentan en el pueblo que mi madre Maximiana tendría unos trece o catorce años cuando tuvo a mi hermana, y como era tan pequeña jugaba con ella como si fuera su muñeca, mientras las amiguitas jugaban con muñecas de juguete. Mi abuelo murió y mi madre quedó en una situación precaria, por lo que consigue trabajos de sirvienta. Una temporada, su hermana Petra se la lleva a Salina Cruz para que le ayude con sus hijos, y así no le falta techo, ni comida para ella y su niñita.

"Maximiana encantada disfruta mucho de la playa y se siente a gusto en compañía de su hermana. Ambas se apoyan y se acompañan. En esa época conoce mi madre a un tal José y se va a vivir con él. Al poco tiempo tienen una niña a quien bautizan con el nombre de Minerva, pero la pequeña no sobrevive y esto ocasiona desavenencias entre ellos y se separan. Mi madre, triste porque se le murió su bebita, decide regresar de nuevo al pueblo.

"Al poco tiempo de su llegada le ofrecen trabajo de criada en una hacienda, con un cacique con quien se involucra. Después de unos meses deja ese trabajo, justo cuando su hermana Petra deja Salina Cruz y regresa a Jalisco. De nuevo se reúnen las hermanas.

"Recién llegada Maximiana se hace novia de un hombre originario del poblado de Zacoalco, famoso por los equipales que ahí fabrican. A las pocas semanas de vivir en casa de su hermana Petra se da cuenta de que está embarazada y es por eso que no se sabe realmente quién es el padre de la niña que está por nacer. Llega el día del parto, nace una niña, que soy yo, las cosas se complican para mi mamá y muere entregándome a la custodia de su hermana Petra. En la actualidad, el cacique ya murió y el otro señor no tengo idea dónde buscarlo. Por eso no sé quién es mi padre.

"Mi tía Petra deseaba que yo estuviera a su lado, pero como ella tenía una pequeñita de mi edad y otras criaturas, decidió entregarme en adopción a una prima que no había podido concebir hijos".

Llegó entonces Ramona a los brazos de Juana y Pablo, quienes ocupaban una buena posición económica. Eran poseedores de tierras, agricultores, ganaderos, dueños de casas de las que percibían rentas. Había abundancia en su nueva familia y la recibieron con los brazos abiertos porque al fin tenían con quien compartir todas sus posesiones. Su vida transcurrió como la de cualquier otra niña de pueblo y con la suerte de tener comodidades.

Uno de los escasos recuerdos que tiene de esa época es como a la edad de tres años, cuando la llevaron a confirmar: estuvieron un rato en un jardín lleno de flores y ahí le tomaron varias fotografías. Fue ese momento algo muy bonito y significativo a pesar de su corta edad.

Sus papás eran comerciantes. Tenían una tienda de abarrotes y la mayoría de los productos los vendían a granel. El aroma del café y del chocolate del expendio vive en su memoria; aún puede percibirlo.

La figura que dejó una huella honda en Ramona es la de su abuelo paterno, Victorio, quien vivía a sólo una cuadra de distancia de la tienda. El abuelo era cariñoso, tierno y juguetón con su nieta. De figura delgada, piel blanca, pelo cano, muy bien rasurado. Fumador, de vez en cuando lo aquejaba la tos, pero eso no le impedía seguir con el vicio.

Ramona lo invitaba a jugar y el abuelo respondía llevándola de la mano a su enorme casa, que abarcaba toda una cuadra porque tenía huerta y corrales con animales. Al llegar ahí cerraba puertas y ventanas para que nadie los molestara. Se divertían simulando que tenían una tiendita. El abuelo sacaba una cajita con muchas monedas de oro, unas eran redondas, otras de forma extraña —no circular—, con líneas rectas; de diversos tamaños. Según se acuerda Ramona, eran muchísimas.

El viejito, con mucho cariño le expresaba a su nieta que al faltar él, esa cajita con monedas sería su herencia, pero ella no le daba importancia al asunto, sólo quería jugar. Instalaban una tabla y sobre ella la mercancía: granitos de arroz, maíz, frijolitos, palitos, hojitas de los árboles. De todo había en la tiendita de Ramona y del abuelo. La pequeña era la tendera y el abuelo el comprador, quien pagaba con moneda real a la niña. Estos juegos los realizaban en la huerta de la casa que los envolvía con sus olores a limón, limas, guayabas, mangos y granadas.

En determinado momento, la pequeña se cansaba de jugar a la tiendita e invitaba al abuelo a cortar fruta. Mientras el viejo Victorio asentía, Ramona le daba la delantera y trepaba en un árbol de mango y se daba el gran banquete del día. Esto hacía renegar al abuelo porque le daba pendiente que su nieta fuera a caer.

Ramona disfrutaba de las alturas, mirando el cielo que se le hacía inmenso e inalcanzable. Por su parte, el pobre viejo moría de miedo y preocupación al pensar que la chiquilla de escasos seis años estaba trepada como un chango en el árbol frutal. Algunas veces Ramona se escondía entre las ramas y esto hacía que al pobre abuelo se le subiera la presión, porque iba de árbol en árbol gritándole y ella no respondía, seguía deleitándose con los mangos, guayabas o limas del lugar. Luego se daba a la tarea de juntar los huesos de mango, y cuando el abuelo gritaba, ella se los tiraba en el lado contrario a fin de desorientarlo, y así transcurría la tarde hasta que la niña inquieta, ya cansada o satisfecha de juegos y fruta, decidía salir de su escondite. Según cuenta Ramona, parte de la angustia de su viejito era porque tenía miedo que fuera a caer accidentalmente en un pozo de agua que surtía las fincas para sus múltiples usos domésticos.

A pesar de sus enojos, cuando por fin su nieta descendía, no la reprendía porque para él aquello era la medicina del día. De alguna manera volvía a ser niño. Lo extraño era que con ningún nieto jugaba, sólo con Ramona. La quería más que a los de su sangre. Nunca se enojaba con ella.

Ramona se acercaba a él con la intención de hacerle una broma; lo encontraba en su cocina y le decía: "¡Nino me da café!". Ramona sabía que el abuelo tenía que ponerse en pie para prepararlo; mientras, ella aprovechaba para pegarle un chicle a la silla para que al volver a disfrutar con ella su cafecito, el chicle se le pegara al pantalón. Algunas veces la risa la descubría y él le hacía eco. Nunca le dio la queja a su hijo de las diabluras de su nieta. Era un secreto compartido. Una relación de amor.

Otro de sus juegos favoritos era jugar al toro. Ramona se ponía los deditos en la cabeza simulando ser el toro, mientras su abuelo la perseguía intentando lazarla. Daban tremendas corretizas por la huerta o cerca de los corrales. Por supuesto que como ese juego era más agotador, se tomaban descansos o lo dejaban por la paz.

La convivencia y los juegos del abuelo de Ramona me causaron cierta tristeza porque yo nunca tuve un abuelo o abuela que jugara de esa manera conmigo. Me alegra que al menos alguien en su infancia la haya hecho un ser muy feliz.

Ramona retoma la palabra: "El abuelo sólo tuvo tres hijos, dos varones y una mujer: Pablo, Felícitas y José. Este último era el más chico; vivía a un lado de la casa de mi abuelo. Las dos casas formaban una sola, compartían la huerta y un tanque de agua. Su hija Felícitas prefirió trasladarse a vivir a la ciudad, aunque con el tiempo su esposo consiguió trabajo en Tijuana y se la llevó para allá. Pablo, mi padre, se quedó a hacer su vida en el pueblo".

Ramona recuerda que aparte de su abuelo tenía amiguitas con quienes compartiría los juegos típicos de los poblados: la traes, las escondidillas, doña Blanca, bebe leche, etcétera. Sonriendo me cuenta:

"En la calle se jugaba muy a gusto porque no había tanta luz. Entonces era poca la gente que tenía televisión, el nintendo ni se había inventado. Una de las privilegiadas en tener un televisor era mi tía Chabela", dice Ramona complacida.

"Hacía como función de cine; nos cobraba un centavo a cada uno y en su habitación nos sentaban a ver lo que hubiera. Llegamos a ser como cuarenta chiquillos los que estábamos pegados al televisor. Sin embargo, no sé por qué razón, cuando me aburría de mis amiguitos buscaba entre la gente adulta con quién platicar: las mamás de mis amigas o las vecinas".

Al anochecer, Ramona como cualquier niña se iba a merendar para luego irse a dormir. Su casa era, según lo describe, una casa muy tradicional con un patio al centro, portalitos alrededor y, junto a éstos, los cuartos, amplios y de techos muy altos. Al fondo había un patio más grande. En esta casa fue donde iniciaron sus visiones. Ella describe lo que recuerda como sus primeras experiencias:

"Me llamaba la atención ver conejitos caminando, luego brincando hasta que se iban corriendo y se metían a un cuarto. Un día le pregunté a mi mamá: '¿quién trajo los conejos, mamá?' Ella me dijo: '¿cuáles conejos?' En ese momento me quedaba pensando que tal vez sólo yo los veía, pero no me preocupaba en pensar por qué; tampoco decía nada; me quedaba callada. En otras casas donde andaba jugando o de visita, llegué a ver sombras".

Ramona era muy pequeña para sacar conclusiones, sólo vivía el momento pensando que se había imaginado los conejitos. Sin embargo, ella creció también con una hermana o hermano "imaginario". No recuerda cuál era su sexo, estaba muy pequeña. Su mamá le ha dicho cómo compartía todo con él, era parte de su vida. A todos lados lo llevaba y a todas horas platicaba con él; incluso lo tomaba de la mano, jugaban juntos, comían juntos. Su mamá se acostumbró a esa situación, creía que todo era un juego. Conforme fue creciendo el hermano desapareció. No recuerda con exactitud a qué edad dejó de verlo. ¿Sería su ángel de la guarda? No lo sabe pero lo que sí asegura es que gracias a este personaje "imaginario" no se sentía sola.

"Recién entré a la primaria ocurrió un suceso que me deprimió profundamente. Estaba en la escuela, en el salón de clases, cuando me llamó la maestra y me dijo: 'Ramona, te vas a ir con tu primo Pablo, van a ir a un mandado.'

"Salimos de la escuela y a mitad del camino me detuve y empecé a llorar muy angustiada diciéndole a Pablo: '¡Es que ya se murió mi abuelito! Tú me llevas a ver a mi Nino porque ya se murió'."

Ramona había sentido la agonía de su abuelo, la habían ido a buscar a la escuela a petición del anciano. Él quería ver a su nieta para despedirse y entregarle la cajita con sus moneditas, pero la niña llegó tarde.

"Para mí fue un gran impacto verlo muerto, en aquella cama tan grande y en ese cuarto tan oscuro. Parientes, amigos y vecinos llorando a su alrededor. Fue mi primer enfrentamiento con la muerte y por alguien tan especial y a quien quise tanto. Lloré mucho pero en ningún momento sentí miedo o angustia. Estaba tranquila porque sabía que mi abuelo estaba bien. Mi madre en cambio era muy temerosa, muy nerviosa. No le agradaba enfrentarse con algo relacionado a la muerte".

Continuaron los preparativos para velarlo en su misma casa. Es una tradición después de la velación continuar con el novenario. Se reúnen los parientes, amigos y vecinos para cumplir con todo lo requerido en estos casos. Se preparan ollas de café con canela y algunos bocaditos sencillos. Se turnan las mujeres para atender a las visitas y que no falte de tomar o de comer.

Era como el tercer día del novenario y Ramona se encontraba en el patio de la casa de su abuelito jugando con una amiguita a la casita y los trastecitos cuando ocurrió que su abuelo la empezó a llamar:

—¡Hija, hija...!

—¡No esté dando lata abuelo! ¿Qué quiere? —contestó Ramona, molesta porque le interrumpía su juego. Ella no reflexionó que él estaba muerto. El abuelo insistió:

—Hija, dile a tu papá que arriba de mi cabecera, en el muro, está tu cajita; dile que te la entregue, es tuya.

—¡Ay, Nino no esté molestando, ahorita estoy jugando!

La pequeña Ramona ni se inmutaba por la voz de su abuelo. No recordaba que era su novenario. Le contestaba al mismo tiempo que seguía acomodando sus trastecitos, hasta que la sacó de su conversación la voz de su amiguita.

—Mensa, ¿con quién hablas?

—Con mi Nino. Contestó con gran naturalidad.

—Pero si tu Nino ya está muerto, mensa.

"Cuando ella me hizo reflexionar, me quedé callada. No me dio miedo, pero la llamé para que nos fuéramos adonde estaban rezando. Pensé de inmediato en ocultar los hechos a mi mamá, porque conociéndola sabía que se iba a asustar y no iba a querer quedarse en la casa. Ni mencioné lo de la cajita. Después comprendí que por eso mi abuelo cuando jugaba conmigo cerraba puertas y ventanas para que nadie se enterara de sus guardados. Mi madre nos vio entrar a las dos niñas y extrañada me cuestionó.

"—Luego, ¿por qué se vinieron tan pronto?

"—Ah, es que ya nos cansamos de jugar.

"Gloria se le quedó viendo quizás extrañada porque no dijo nada de lo ocurrido.

"—Pero ni jugamos mucho —dijo ella.

"Ramona la interrumpió diciendo:

"—No, es que ahora vamos a jugar afuera.

"Mientras le rezábamos su novenario a mi abuelito, su hijo José se encontraba grave y hospitalizado en Guadalajara. No logró sobrevivir. Como al quinto día después del funeral de mi Nino nos avisaron que mi tío José había fallecido. Se juntaron dos novenarios por lo que tuve que enfrentar dos muertes".

Las primeras experiencias

En la casa del tío José, que era la contigua a la del abuelo, había un tanque de agua y árboles frutales. En ese sitio Ramona subía a un árbol para cortar guayabas, que por cierto eran muy peculiares; según cuenta tenían forma como de bule y en ningún lugar las ha vuelto a ver, sólo en su pueblo. Mientras estaba en lo alto del árbol varias veces tuvo la misma experiencia.

"Escuchaba llorar a un niño y el llanto parecía salir del tanque del agua. Desde lo alto del árbol alargaba el cuello para averiguar quién lloraba, y como no veía me bajaba para investigar, asomándome al estanque con mucho cuidado para no caer al agua. Cada vez que iba a la casa de mi tío y andaba en las cercanías del estanque, el hecho se repetía. No entendía nada, hasta que un día escuché una conversación que justificaba el fenómeno. Alguien comentó que un hijo pequeño de mi tío José se había ahogado en el estanque. En ese momento, aunque de corta edad, comprendí por qué escuchaba el llanto. Sin embargo, no le di importancia, ni me puse a reflexionar, pero tampoco me acercaba mucho por ahí, guardaba mi distancia. De pronto me olvidaba y era cuando terminaba cerca del estanque".

Ella interpreta que de alguna forma el llanto del niño la trataba de prevenir del peligro y alejarla del lugar para que no fuera a caer. Cuando se trata de una habitación en donde se escucha un llanto, quizá sea porque se acerca una situación de peligro, o hay un ventanal sin protección que pueda poner en riesgo la vida de otro niño que viva en el lugar, porque tal vez en ese mismo sitio murió un chiquillo. Es una advertencia.

Desde el kinder había tenido experiencias. Uno de sus recuerdos a esa edad es que en la escuela, había una barda de pequeña altura que colindaba con una casa en ruinas. En ese colegio casi a diario veía la cara de un señor asomándose a verla por arriba de la barda. La pequeña Ramona llegó a decirle a la maestra:

—Maestra, ahí está un señor.

—No hay nadie niña —le contestaba la maestra porque ella no veía nada.

La personalidad de Ramona era la de una niña inquieta, traviesa y precoz, aunque sus diabluras eran sanas, no recuerda por qué su padre en una ocasión le propinó una tunda. Fue algo tremendo para ella, nunca la había tocado, lloró tanto y tan fuerte que los vecinos se enteraron de la reprimenda. Más que llanto eran gritos de angustia y de dolor los que lanzó al aire. Estaba muy herida, su mundo de felicidad se había derrumbado. Su abuelo ya no estaba para consolarla. Pero como todo niño al rato de desahogar su dolor, se calmó, comió con sus padres y en la tarde pidió permiso para ir a jugar con la vecina. Llegó a la casa y la mamá de su amiguita la atendió:

—¿Qué andas haciendo, hija?

—¿No está Chepa? —preguntó Ramona.

—¿Qué tenías? Te escuché llorar mucho.

—Ah, es que hice una vagancia y me pegaron —contestó Ramona sin malicia.

—¿Y para qué dejas que te peguen, si ni son tus padres?

"Su comentario me dejó helada, paralizada. La veía con los ojos bien abiertos sin querer creer lo que escuchaba, porque yo vivía en la total ignorancia de haber sido adoptada. La mujer seguía hablando, lanzando su veneno. Ya no podía escucharla, estaba hundida en mis pensamientos negando aquello hasta que por fin abrí la boca y le dije gritando y sollozando:

—¡No es cierto!

—¡Sí es cierto! Tú tienes tu papá y tu mamá. A ti te arrancaron de con ellos, porque como tus padres verdaderos eran pobres y ellos tienen dinero por eso te trajeron —me refutó la mujer sin tocarse el corazón".

Todo era una gran mentira, pero la pequeña no sabía nada y le creyó a la mujer la sarta de inventos que le contó.

—Yo conocí a tu mamá y a tu papá; eran muy pobres. Como no te podían mantener tus padres adoptivos te robaron.

De nuevo Ramona lloró y lloró inconsolablemente. Además tenía rabia porque le habían mentido, porque la habían arrebatado de sus verdaderos padres. Toda la tarde estuvo en casa de esa mujer escuchando lo que le dio su gana inventar para herir a la indefensa niña. Lo peor de todo fue que la pequeña no comentó nada a sus padres, se guardó el rencor para sí misma y por eso sufrió muchos años.

Ahora, ya adulta, comprende el sufrimiento que atraviesa cualquier niño en esta misma situación, que se entera por otros medios o personas que no es hijo biológico. Por esta razón, comenta que es mejor explicarles a los niños a temprana edad y cuando tengan uso de razón, que son adoptados. Esto no es un impedimento para que reciban el amor de sus padres de crianza.

Después de varias horas y un poco más tranquila, decidió irse a su casa. Aunque traía los ojos hinchados, sus padres no le notaron nada, porque en la mañana, a causa de la reprimenda también había llorado. La vecina le tenía mucho resentimiento y envidia a la madre de Ramona por tener mejor posición económica que ella; por eso descargó su ira contra la pobre criatura que no tenía nada que ver en el asunto. El caso era darle a Juana donde más le doliera. Ese episodio transformó el carácter de Ramona.

"A raíz de aquel día dejé de ser la niña buena y me convertí en rebelde, majadera, contestona. Si me mandaban a algún lado, no iba; al cabo había quien fuera. Empecé a desobedecer en todo. En el fondo pensaba que si me portaba mal me regresarían con mis verdaderos padres. Mi gran amor hacia Juana y Pablo se tornó en rencor".

La vida continuaba y Ramona, herida, siguió con su rutina. En la primaria actuaba de manera muy especial. Desde entonces, recuerda que nunca tuvo apegos materiales. En la escuela había niñas de diversas posibilidades económicas. Ramona era de las pudientes pero eso no la cegaba para no ver la necesidad de otras pequeñas a quienes llegó a ver en situaciones precarias. Como ella tenía cosas muy bonitas y otras compañeritas no, se daba el gusto de regalarles lo que quisieran o necesitaran. Llegaba a su casa sin el cuaderno, sin el lápiz, sin la lonchera, sin equis o zeta. Sus padres le preguntaban por las cosas pero ella siempre como respuesta les daba un ¡No sé; se me perdió! Le angustiaba ver a niñas que carecían de algo. Algunas no llevaban comida, otras la ropita o los huarachitos muy desgastados. Esto le sobrecogía el corazón.

Por otro lado, a veces quienes no tenían útiles escolares completos se robaban las cosas de las mochilas. Ramona por su don, sabía quién era la malhechora. En lugar de descubrirla hablaba con ella, le pedía que no lo volviera a hacer, que devolviera el borrador, o el lapicillo y que ella le daría el suyo a cambio. Siempre las convencía de portarse bien. Ni la dueña del lápiz o del sacapuntas, ni la maestra, se alcanzaban a dar cuenta del robo porque Ramona lo resolvía antes de que hubiera un conflicto. Para reponer sus lápices y cuadernos, acudía a la ferretería que era la tienda más surtida del pueblo, porque no se limitaba a su ramo, y sacaba fiado los útiles que iba necesitando. Casi cada semana su papá tenía que pagar sus cuentas. Por supuesto que recibía una regañadota, pero ni por eso le contaba a su papá en donde terminaban las cosas.

También le gustaba intercambiar su torta de carne por la de frijolitos de alguna compañerita necesitada, porque ella podía sentir y ver los deseos de aquella niña por comer algo más elaborado y entendía que la carne no estaba al alcance del bolsillo de sus padres. Todas sus compañeras sabían que a Ramona le gustaba intercambiar y la buscaban. De plano cuando no llevaban nada, ella se los regalaba y corría con el tendero que estaba cerca de la escuela, o con doña María la de los raspados, a que le fiaran algo para no quedarse con la panza vacía.

Las cosas llegaron a los extremos cuando un día una compañerita de Ramona llamada Chuy, la más necesitada del salón, apareció totalmente descalza. Ramona decidió hacer algo por la niña. Al otro día antes de ir a la escuela fue y buscó una petaquilla donde su padre guardaba el dinero y tomo veinte pesos que en su tiempo rendían para muchas cosas. Al salir de la escuela invitó a las tres niñas que siempre vio muy necesitadas: Chuy, Amelia e Irma. A la primera le compró unos zapatos; a otra de ellas, cuadernos, y a Irma le compró un vestido y unos aretitos.

Ramona no contaba con aquello de que pueblo chico, infierno grande. Las niñas llegaron tan contentas a la escuela con sus cosas nuevas, presumiendo las bondades de su compañerita hasta que llegó la noticia a oídos de la maestra, luego de la directora, y finalmente mandaron llamar a su papá.

—¿Por qué tomaste dinero y de dónde lo sacaste? —le reclamó molesto su padre.

—De la petaquilla —contestó sin miedo la niña.

—¿Qué hiciste con el dinero?

—Como Chuy no tenía zapatos, pues le compré unos; a Irma le compré un vestido y a Amelia, cuadernos.

"Mi padre se dio cuenta de que yo no me había comprado nada; de todos modos, enfrente de la directora me llamó la atención."

—Esto estuvo muy mal, no debes volver a tomar dinero para comprar cosas a tus amiguitas. Si quieres algo para ellas debes pedirme el dinero. Cuando llegues a la casa vamos a hablar.

Don Pablo le hizo comprender a su hija que no debía actuar así. De cualquier modo Ramona se identificaba con los pobres porque se acordaba de las palabras de la vecina de que ella provenía de padres muy infortunados. Además no fue una sola plática la que escuchó de esa mala mujer. Tarde con tarde ella corría a preguntarle sobre cómo era su verdadera mamá o su verdadero papá. Alimentaba a diario su curiosidad pero también su rencor hacia sus padres adoptivos.

"Seguí creciendo y mis experiencias extrañas me acompañaban siempre. Alrededor de los ocho años recuerdo muy bien que en el área de los baños, en la escuela, ocurría algo muy desagradable. En primer lugar, cuando me sentaba en el inodoro no soportaba poner los pies en el piso. Sentía debajo de mis pies una corriente muy desagradable, muy negativa, y que si bajaba los pies me los iban a jalar. Siempre trataba de evitar ir al baño. Además había sombras en todo el lugar. En el cuartito de aseo que estaba en el baño, donde se guardaban trapeadores, escobas y enseres de limpieza, veía muchas caras, rostros que me veían fijamente. Nunca le conté nada a nadie. Sentía una terrible angustia al tener que pararme en ese lugar. Recuerdo bien que si la maestra me enviaba a traer algo de ahí, me las arreglaba para llevar a otras niñas y hacía que ellas sacaran la escoba o lo que fuera necesario. Comencé a darme cuenta, al ver sus rostros, que ellas no veían lo mismo que yo y no me explicaba el porqué, pero al paso del tiempo fui entendiendo que mis visiones no eran comunes ni normales".

Eran diversas áreas de la escuela donde las extrañas experiencias y visiones iban permitiéndole desarrollar poco a poco su clarividencia, sin comprender del todo sus experiencias. Rostros y sombras la merodeaban en la escuela y en algunas casas o lugares deshabitados por los que casualmente llegaba a transitar. Sin faltar nunca en los baños, la presencia de ánimas o seres del bajo astral. En el salón de clases siempre veía asomar a alguien por la ventana. Entonces empezó a adquirir cierta viveza para no llamar la atención y evitar que creyeran que estaba loca. Observaba girando su vista disimuladamente de lado a lado para percatarse si era sólo una visión personal o de conjunto. Si nadie decía nada ella guardaba total silencio. En ese tiempo aún era muy pequeña para discernir cuándo eran muertos, porque algunos le aparecían físicamente como vivos. Su lógica le decía que si todas seguían escribiendo, la maestra dictando y nadie se enteraba de aquel ser asomado por la ventana tan descaradamente y tocando en el cristal, era porque sólo ella lo estaba viendo y escuchando. Dos veces a la semana ocurría aquel suceso. Para la pequeña Ramona era algo muy difícil de sobrellevar y más que nada porque no tenía a nadie con quien compartirlo.

Después de haber transcurrido algún tiempo viendo ánimas en la escuela, un buen día escuchó a una compañerita decirle a otra que su madre le había contado que antiguamente en los terrenos de la escuela había existido un panteón y luego un hospital.

En ese momento Ramona comprendió por qué veía un montón de seres y rostros por todos lados. Con tanto muertito bajo tierra pues tenían que dejarse ver por manojos. Con razón sentía escalofríos y pavor si bajaba los pies en el baño.

Hasta ahora entiende que algunos seres se quedan atorados en lugares oscuros y en baños, porque es la conexión del mundo terrenal hacia las energías que emanan desde el centro de la Tierra, de las que se alimentan los seres del bajo astral. Cohabitan en los desagües o drenajes porque son entes de bajo nivel, es decir que fueron malos en vida. Por eso recomienda construir baños muy iluminados para que no sean refugio de seres del inframundo. Si hay espejos, éstos deben ser grandes y ovalados, iluminados con luz natural o velas aromáticas para ayudarlos a que se alejen.

A pesar de las cosas que enfrentaba, curiosamente la pequeña Ramona siempre tuvo mucho valor para resistir lo que fuera necesario. Bien dicen que Dios le da a cada quien lo que puede cargar, porque esta servidora, a pesar de que anda en búsqueda de aventuras, muere de miedo de pensar que puede ver a un muertito en la quietud de la noche.

Y, ¿de quién recibe Ramona esos dones?

Platicando telefónicamente, su tía Petra me comentó que uno de sus hermanos —de nombre Juan— era igual que Ramona y que él tuvo un hijo con las mismas cualidades, aunque también lo recibe de una abuela.

El viaje

A los nueve años de edad, los padres de Ramona la llevaron de viaje a Tijuana a visitar a la tía Felícitas, quien había caído gravemente enferma del corazón y la vesícula. La señora requería una cirugía de urgencia. Ramona nunca se imaginó que su vida no sería la misma después de ese viaje. Era la primera vez que la niña viajaba a esa ciudad. Al llegar a la casa de sus tíos sintió una angustia y un miedo inexplicables. Esto se reflejó con una opresión fuerte en el pecho, pero como siempre, no dijo ni una palabra a sus padres. Era una clara advertencia de peligro que por su corta edad no supo interpretar.

De inmediato sus padres fueron informados de que la tenían que dejar en casa, porque no iban a permitir el ingreso de la niña en el hospital debido a los riesgos que existen en un lugar donde hay todo tipo de enfermedades. Ramona tuvo que aguardar en la casa en compañía del esposo de Felícitas, ya que sus primos tenían que asistir a la escuela. El tío dijo a los padres de Ramona que se fueran tranquilos pues él la cuidaría. Los padres de Ramona la dejaron en manos de un alcohólico, quien sin ningún miramiento, ni remordimiento, en cuanto se vio solo con la pequeña la abusó sexualmente. Después de cometer su crimen amenazó a Ramona de que si decía una palabra al respecto su tía moriría del disgusto, ya que estaba enferma del corazón y la culpa iba a recaer sobre ella.

Durante diez días se alargó la pesadilla. Cada día que pasaron en Tijuana el hecho se repetía, y aunque Ramona se atrevió a decir a sus padres con todo el miedo del mundo que no deseaba quedarse en la casa, ellos insistían en dejarla por no tener otra opción. Además, nunca se imaginaron lo que estaba atravesando su pequeña.

Estos hechos abominables se añadieron a los chismes que le había contado su vecina, ocasionándole más odio contra sus padres adoptivos por no saberla cuidar; sentía más rechazo hacia su madre. Hasta la fecha los acontecimientos le horrorizan con sólo recordarlos, por eso quiere dejar claro un mensaje para los padres.

"Es muy importante que no depositen su total confianza en otras personas para el cuidado de sus hijos. No porque sean sus parientes los van a respetar. Deben de hablar con ellos y explicarles de acuerdo a su edad lo que no deben permitir y lo que deben denunciar. Este hecho repugnante marcó para siempre mi vida. Guardé silencio por mucho tiempo. Fue hasta hace sólo unos años que le confié a mi madre lo ocurrido".

Ramona creció y empezó con una relación de noviazgo a los once años; aunque todavía pequeña, así se usaba en el pueblo. Era pura jugarreta. Entre más crecía, los niños exigían más contacto con ella y ahí aparecía el rechazo total. No permitía que la tocaran aunque fuera algo sano y normal. Sin embargo, sentía atracción por el sexo opuesto y por esto se permitía tener novio, pero su angustia comenzaba cuando querían tocarla. Tuvo que sobrellevar una lucha interna y por su propio pie. Nunca tuvo el recurso de acudir a mamá o a un psicólogo, ella sola luchó contra sí misma y poco a poco fue mejorando su aceptación hacia una caricia o un beso.

Una vez que logró despojarse de su trauma del pasado pudo establecer una buena relación de pareja.

Entre juegos

"Cuando estaba pequeña disfrutaba sobremanera el trepar a los árboles frutales porque era un deleite ver todo desde las alturas.

"Tenía una amiga de juegos, llamada Gloria. Su abuelo era dueño de una huerta cercana al río, sólo que este señor era al contrario de
mi abuelo: regañón y agresivo; con decirte que nos llegó a tirar pedradas para que nos bajáramos. Me complacía enormemente aquella
sensación hermosa de trepar y llegar a la cima y apreciar el mundo
de abajo tan extenso como no se puede admirar estando en el suelo.
Además, uno de niño lo ve más grande de lo que en realidad es. Eso
me provocaba un gran placer.

"Al llegar del colegio le decía a mi amiga que fuéramos a robarnos
unos mangos de los árboles de su abuelo. Nos divertía y nos daba
miedo al mismo tiempo. Mientras una trepaba otra vigilaba que no
viniera el abuelo. Algunas veces éramos más de dos las que corría-
mos a robar mangos. No sé por qué pero saben más sabrosos así.

"¡Claro que nos llegó a pescar! Y por varias cuadras nos persi-
guió a gritos y pedradas. Luego, no conforme y enojadísimo por la
burla, iba a quejarse con la mamá de Gloria y además le propinaba
tremenda tunda. Así nos iba de mal, porque recibíamos una regañada de nuestros padres. Eran situaciones divertidas, pero cada vez
menos frecuentes.

"Un recuerdo para mí muy triste, es el del Día de las Madres.
Desde el momento que supe que Juanita no era mi verdadera madre, no disfrutaba tanto ese día. Felicitaba a mi mamá y le pedía a
mi padre que me llevara a comprarle un regalo, pero lo hacía más
como un compromiso. El resentimiento seguía latente. Me inquie-

taba que mientras yo estaba con ella, mi verdadera madre estaba sola y angustiada por no saber de mí. Ese pensamiento me acompañaba todo el tiempo y no me dejaba vivir en paz en casa de mis padres adoptivos, aunque nunca les dije nada.

"Me sentía muy frustrada, primero por saber que era hija adoptiva y luego por lo de la violación que también me lo tuve que guardar. Siempre reprimida. A todo eso hay que agregar las cosas extrañas que me sucedían, difíciles de comprender a mi corta edad. Me hacían sentir diferente a las otras niñas y al resto de la gente. Crecí con un sentimiento de locura, de abandono, de vacío, de incomprensión.

"Recuerdo que en ese tiempo transmitían por televisión una telenovela que trataba el tema de una niña huérfana, y cada vez que la veía, era llorar y llorar porque me identificaba con el personaje. Sin embargo, me gustaba verla porque de esa manera me sentía comprendida. No había poder en el mundo que me hiciera perder un capítulo de "La recogida", así se llamaba la serie.

"Entre todos esos problemas fui creciendo, terminé la primaria y empecé una etapa nueva en mi vida, la secundaria".

Desarrollo de habilidades

Dentro de lo que cabe Ramona hacía una vida normal en la secundaria, pero algunas veces, sin darse cuenta, sacaba a relucir sus peculiares cualidades, que iban en desarrollo como ella misma lo narra.

"Una de las situaciones que no entendía era cuando me reunía con mis compañeras a realizar trabajos en la escuela, yo tomaba todo como un juego.

"—Para qué se apuran tanto; miren, así se estudia —les decía.

"Entonces, con el libro completamente cerrado y con la mano metida en el interior de las hojas, sobaba las páginas y veía de qué se trataba, sin necesidad de leerlo. Ignoraba completamente que era una facultad que yo poseía; creía que mis compañeras podían hacerlo.

"A veces íbamos a la biblioteca a sacar libros para los trabajos escolares. La señora encargada de prestar los libros me llegó a ver cómo pasaba la mano por los textos y me llamó la atención: —¡Niña, no estés jugando con el libro!

"Yo, muy quitada de la pena y sin comprender realmente lo que hacía le contestaba molesta. —¡No estoy jugando, estoy estudiando!

"La empleada me quitó el libro porque estaba convencida de que todo era un juego y pensó que al estar pasando rápidamente mis manos por el libro podía maltratarlo.

"Cuando llegaba el día de la exposición de mis temas, recuerdo que hablaba con facilidad y fluidez, y al terminar me sorprendía de mis conocimientos en cada materia. No entendía cómo ni en qué momento había aprendido tanto, a veces creía que inventaba las cosas. Sin embargo, vivía una incertidumbre porque no lograba comprender lo que sucedía, y además me quedaba con mis dudas porque no compartía con nadie mis experiencias".

Vicky: ¿Entonces Ramona nunca estudiaba normal y lograba pasar los exámenes?

Ramona: Sólo cuando flojeaba y ni siquiera sobaba el libro era cuando me sacaba un siete. Nunca reprobé ninguna materia, nueve y diez eran los números de mis calificaciones.

Vicky: ¿Todo se te quedaba grabado con el solo hecho de pasar tu mano sobre las hojas de un libro?

Ramona: Sí, es una de las situaciones que me divertían.

Vicky: ¿Explícame con más detalle cómo funciona esto?

Ramona: Mira, lo que percibo con mis manos de un libro es la generalidad de los temas. Si me detengo puedo profundizar, pero no hay el seguimiento que puedes tener al realizar una lectura normal, por eso en la actualidad leo mucho pero lo hago como cualquier persona, sólo que tengo una retención mayor y además se disfruta más la lectura. Recuerdo que había un señor en mi pueblo que vendía libros y revistas; cada ocho días le hacía encargos de publicaciones de mi preferencia. Se me hizo una adicción, tengo revistomanía. A través de ellas he aprendido muchas cosas que me gustan: manualidades, herbolaria, medicina, salud, etcétera. Ahora, ya mayor, también compro muchos libros de medicina alternativa.

Vicky: ¿Qué otro suceso importante viviste en esa época?

Ramona: Otro de los hechos que experimenté en esa época fue que un muchacho, quien iba un grado más adelante que nosotros, se hizo novio de dos compañeras de mi salón al mismo tiempo. Ellas ignoraban el hecho, no sé cómo le hizo para que no se delataran. El caso es que cuando lo vi, me di cuenta que jugaba con los sentimientos de ellas al salir con ambas. Nadie sabía lo que ocurría. Entonces, molesta le dije a la que era mi amiga: '¡Déjalo, no te conviene, te está engañando con otra y te va a ocasionar problemas!' Ella no me tomó en serio. A los dos días, ambas se enteraron del engaño y tuvieron un enfrentamiento no sólo de palabras sino de golpes. Se armó tal trifulca que casi las expulsan.

"Con frecuencia me enteraba de sucesos antes de que ocurrieran, pero a veces no comprendía mis visiones. En esa época, durante mis vacaciones de la secundaria, una prima que trabajaba en un centro naturista en El Grullo recibió una invitación para participar en una conferencia sobre acupuntura que iban impartir unos japoneses. En aquel tiempo y en ese pueblo, como nadie tenía noción sobre ese tipo de temas, nadie quiso acompañar a mi prima, quien tenía dos pases para la charla, y me invitó a mí. Yo tenía entonces la escasa edad de once o doce años.

"Al inicio de la plática nos pidieron que nos sentáramos en un círculo porque, según nos explicaron, de esa manera se van todas las malas energías hacia el centro y eso permite que todo fluya de forma correcta. Enseguida nos pidieron que colocáramos las manos juntando las yemas de los dedos meñique, anular, medio e índice, exceptuando el pulgar, que debían quedar extendidos, y ellos iban pasando con cada persona haciendo una reverencia y juntando de igual manera las yemas de los dedos. Al llegar junto a mí, se suscitó una descarga de muchos voltios, como si recibiera una descarga eléctrica. Era tan fuerte que tuve que retirar mis manos, pero enseguida el japonesito me solicitó que las juntara de nuevo y al hacerlo se repitió el fenómeno.

"Fue mi primer enfrentamiento con un hecho prodigioso más directo, donde no sólo yo lo vivía, sino otra persona sentía lo mismo mientras los demás atestiguaban el acontecimiento. El maestro me pidió que lo esperara al final de la charla, pero en cuanto dio término le pedí a mi prima que nos escapáramos porque no deseaba verlo.

"No logré mi cometido, el maestro me alcanzó y me pidió que me acercara y no tuviera miedo.

"—Te quiero explicar que tienes una fuerza en tus manos, una energía positiva muy grande. Simplemente al frotar con tus manos las partes dañadas del cuerpo físico, limpias la energía negativa que está interrumpiendo que fluya de manera correcta la energía del cuerpo.

"Lo escuchaba pensando que estaba loco y sin comprender del todo sus palabras, aunque guardando todo en mi memoria. Fue mi primer contacto con ese tipo de experiencias y la primera vez que alguien se estaba tomando su tiempo para explicarme mis facultades.

"Luego me indicó algunos puntos de acupuntura donde se tocaban las terminales que conectaban con cada órgano del cuerpo, pero yo no lo entendí hasta años más tarde. Ese día llegué a mi casa y no le di importancia al hecho, aunque no pude olvidarlo por las descargas que había recibido.

"Pasaron los años y me involucré en un grupo como catequista, sin imaginarme que eso me iba a acarrear problemas y más confusión. Dentro de la Iglesia católica el que se muere, muerto está. Para la religión no es cierto que nos asustan, ni es cierto que se pueden ver las ánimas, pero yo veía un sinnúmero de cosas que me hablaban de lo contrario.

"Estando en segundo de secundaria, cuando terminaron las clases y organizamos una despedida de fin de año, nos abrazamos todos los compañeros deseándonos suerte, y al darle el abrazo a un compañero con el que me llevaba de maravilla, éste me dijo: '¡Nos vemos, que te vaya bien!'. Al tiempo que se despidió, vi su rostro completamente oscuro y me dio mucho miedo. Mi reacción fue retirarme de inmediato; hasta lo aventé.

"Cuando estábamos de vacaciones, me enteré que había muerto. Al recibir la noticia comprendí por qué lo había visto de esa manera. Conforme pasaron los años iba entendiendo todas mis vivencias.

"Al final del tercer año de secundaria tuve otro acontecimiento con otro compañero. Percibí en él un gran sufrimiento, una angustia inmensa. Al abrazarlo y luego separarnos para despedirme, vi su imagen muy lejana, como si se estuviera yendo; sin embargo, él estaba cerca de mí. Lo vi que se alejaba como entre bruma. Semanas después me llegó la noticia de su muerte.

"Son dos situaciones en las que recibí un aviso de muerte que no comprendí hasta que llegaron los hechos de su partida. En ese tiempo no utilizaba mis facultades a conciencia, las experiencias se presentaban solas. No buscaba hacerlo porque me daba miedo y creía que me iba a volver más loca, porque estaba segura de que ya estaba trastornada.

"Recuerdo que mi papá acostumbraba tener vino en casa a pesar de que él no tomaba; lo compraba para las visitas. Algunas veces me levantaba por la mañana y sabía, por mi don, que alguien vendría a visitarnos. Me dirigía a su alacena para revisar si tenía reservas de vino. Me adelantaba a los hechos pero no se lo comunicaba directamente a mi padre, lo hacía de manera que pareciera natural.

"—¡Papá, ya se le terminó el vino y si le llega visita no va a tener que ofrecerles!

"Él me mandaba a comprar una botella. Así lo hacía, sin que él notara mi don, sólo veía que yo era muy previsora.

"En más de una ocasión llegué a escuchar a amigos de mi papá que comentaban de algún animal extraviado. Entonces no me quedaba callada y les indicaba para dónde se había ido el animal. Mi papá, como me veía chiquilla no me tomaba en serio y me mandaba callar. Luego que encontraban el animalito me decía: '¡Bruja, hallaron la yegua donde dijiste!'.

"Sin embargo él lo tomaba como un juego o una casualidad".

Vicky: ¿Confiabas a alguien tus visiones?
Ramona: No, yo siempre me guardaba todo. Tenía mis vivencias y me angustiaba, lloraba a escondidas.

"Recuerdo que acostumbraba ir con mis amigas a bañarnos al río. Nos íbamos caminando para disfrutar del paseo. Una de tantas veces que fui, al regreso venía muy angustiada porque claramente vi a una persona siguiéndome. Volteaba hacia atrás, veía la presencia y les preguntaba a mis amigas para que también voltearan y poder cerciorarme si la veían.

"—¿Quién se quedó atrás?

"—Nadie —me contestaban.

"Pero estaba segura de que alguien venía junto de mí. Llegaba a mi casa mortificada y asustada, porque además dormía sola. A sabiendas de que traía al 'extraño visitante' conmigo, no deseaba que cayera la noche. La única manera en que podía tranquilizarme era tomando mi rosario y poniéndomelo en el cuello como un collar. Además, como era catequista tenía una Biblia; leía algunos pasajes y luego la colocaba debajo de la almohada. Eso era mi protección y lo hacía instintivamente porque no tenía quien me diera consejos, ni los iba a pedir porque estaba segura de que eran mis locuras.

"Hasta la fecha me llegan ideas de hacer tal o cual cosa, es como un llamado interno en donde siento que debo hacer algo concreto.

"Siempre me gustaron mucho las oraciones, los cánticos de la iglesia; me sentía protegida con ellos; tal vez por eso utilizaba esos recursos.

"Hubo otro hecho que me impactó mucho en esa época de la secundaria: Mis padres vendían productos lácteos como queso panela, y a veces me mandaban a mí a entregar los pedidos. Una de esas ocasiones, al llegar casi a mi lugar de entrega, vi un charrito, un señor bajito, mayor, con una chaqueta de charro en una esquina. Sin pensarlo me dirigí a él y le dije:

”—Señor, usted está muy enfermo, ya le quitaron un riñón y va al doctor porque tiene mal el otro, pero usted lo que tiene es un trabajo impuesto; si usted no va a atenderse con la persona indicada puede morir.

”El hombre se me quedó viendo y se miró el cuerpo como diciendo: '¿qué se me notará?'. Al ver que su cuerpo no mostraba la enfermedad, me miró y me dijo:

”—¿Y tú cómo sabes, chamaca, lo que me pasa?

”—No sé, solamente lo veo y tenía que decirlo.

”Seguí mi camino sorprendida de lo que había hecho, hice mi entrega y me fui corriendo a mi casa, no sin antes advertirle a mi cliente que si alguien preguntaba por mí no diera mis señas, porque no deseaba toparme de nuevo con el charrito, aunque también pude ver que no era de mi pueblo; sólo iba de pasada.”

La huida

"Estaba iniciando el tercero de secundaria y la vecina continuaba contándome historias fabulosas de mis verdaderos padres. Curiosa acudía a escucharla. Con mis padres adoptivos, en lo material, no me hacía falta nada, vivíamos muy bien. Mi papá acostumbraba darme mi domingo y mis tíos también a veces me daban un dinerito. Yo fui haciendo mi alcancía desde años atrás con la intención de un día ir a buscar a mis padres biológicos.

"Por otro lado, tenía una amiga que era muy maltratada físicamente por sus padres. A veces se levantaba la blusa o la falda para mostrarme las marcas de los golpes que le propinaban. Ella me decía que estaba cansada de todo y que deseaba morir. A mí me angustiaba escucharla y trataba de confortarla:

"—No te preocupes, Julia, yo estoy juntando dinero y cuando tenga suficiente nos vamos juntas, si te animas.

"—Sí me voy, porque no quiero que me sigan golpeando —contestaba Julia esperanzada.

"También yo estaba ansiosa por irme del pueblo. Justamente se presentó un evento que me ayudó a escapar. Fui nombrada tesorera del Comité de la secundaria. Con el dinero que reuní de la escuela y lo que tenía ahorrado completé para irme del pueblo en compañía de Julia.

"Mis intenciones eran llegar a Estados Unidos, trabajar, ganar mucho dinero y dedicarme a buscar a mis papás. Yo escuchaba historias fabulosas de los que se iban al otro lado y pensaba que el irme para allá podría ayudarme a resolver todos mis problemas.

"Una mañana me mandaron al molino y yo pensé que era mi oportunidad para escapar; así que tomé el dinero, pasé a casa de Julia con el pretexto de que me acompañara, y así, con la ropa que traíamos puesta, nos aventuramos al crucero para tomar un camión que nos transportara a Guadalajara. Fuimos muy atrevidas para nuestra edad: trece o catorce años; sin ropa adecuada para viajar huimos del pueblo sin pensar en los peligros que podíamos enfrentar.

"Llegamos a Guadalajara y compramos nuestro boleto para Tijuana. No tuvimos ningún obstáculo por ser menores. Nos vendieron los boletos sin cuestionamientos. Recuerdo que nos tocaron los primeros asientos. Íbamos cerca del chofer, un señor mayor pero muy libidinoso, y el ayudante no se quedaba atrás. Dos jovencitas con falda corta, sin compañía, ni maletas, ni con que cubrirnos del frío, seguramente se imaginaron que nos habíamos escapado. Yo los veía y advertía peligro, pero no le decía nada a Julia porque ella iba feliz. Llegamos a una garita en Sonorita y ahí, un supervisor nos pidió que le mostráramos nuestros papeles. Nosotras nos asustamos porque no traíamos nada. Entonces el chofer, adivinando todo, se adelantó a decirle al inspector:

"—Ellas son mis sobrinas, las voy a dejar aquí adelantito inspector, por eso no traen papeles.

"—¡Ah, bueno, no hay problema!

"El inspector se fue a revisar a los demás pasajeros del camión. Yo sabía que el chofer tenía malas intenciones y que por eso nos había ayudado. Veía venir algo negativo y comencé a pedirle a Dios que nos socorriera. En el siguiente pueblo subió al camión una señora que iba golpeada de un ojo y raspada de las piernas, y embarazada".

—De seguro era una pobre mujer que iba huyendo, como ustedes —le dije a Ramona, interrumpiendo su narración.

—Así es.

"El caso es que le ofrecí mi asiento y empezamos a platicar. Ella nos contó que iba huyendo de alguien que la golpeaba.

"—¿Y ustedes a donde van? —nos preguntó.

"—Vamos con una tía que vive en Tijuana —le contesté.

"Me sentí protegida con la señora y como ella no iba preparada para el viaje y no llevaba dinero, la invitamos a comer y a cenar. Llegó con nosotras hasta Tijuana. El chofer y su ayudante vieron frustradas sus malas intenciones porque desde que la señora subió no se nos separó. Estoy segura de que Dios nos mandó a esa señora porque escuchó mis súplicas.

"La tía con la que pensaba llegar es prima hermana de mi papá adoptivo. Cuando por fin llegamos a nuestro destino eran las 12:30 de la noche, así que les propuse a mis acompañantes que nos fuéramos a un hotel a descansar. Al otro día nos levantamos tarde y fuimos a buscar un lugar para desayunar. Nos despedimos de la señora y yo le dejé dinero para que se ayudara mientras encontraba trabajo. Me abrazó conmovida, se le salieron sus lágrimas y me agradeció la ayuda económica porque al escapar de su casa tan de prisa sólo había tomado dinero para el pasaje. Ella me dijo que yo había sido su ángel guardián y que Dios estaba con nosotros. Nunca se dio cuenta que también había sido nuestra protectora. Luego conseguimos un taxi para ir a buscar la casa de mi tía, y la buena mujer decidió acompañarnos. Se esperó hasta que vio que corrimos con mi tía, quien andaba barriendo la calle. Cuando volteamos para despedirnos ya se había marchado. Nunca supe más de esa buena persona.

"Mi tía ya tenía conocimiento de que íbamos a llegar porque como yo anduve investigando sus referencias en el pueblo, no faltó quien le dijera a mis papás y ellos pusieron sobre aviso a mi tía. Nos recibió como si no supiera nada:

"—Pásenle hija, ¿qué andan haciendo por acá?

"—Venimos de paso tía.

"—Ahorita me cuentas; pasen —y nos llevó adentro de la casa y nos sentamos a platicar.

"—Oye, tía, fíjate que no traemos ropa y queremos ir al centro de compras.

"—Sí, no te preocupes, espera a que llegue tu prima para que las lleve.

"—¿Cómo están tus papás?

"—Bien, tía, gracias.

"Platicamos un rato y luego nos fuimos de compras para poder cambiarnos de ropa. Mi tía manejó la situación de manera inteligente y no fue sino hasta pasados tres días que me buscó conversación al avisarle que deseaba irme.

"—¿Y a dónde dices que vas?

"—Quiero pasar al otro lado buscar un coyote porque queremos trabajar allá y juntar dinero.

”—¿Y para qué quieres dinero, si tienes a tus papás y hasta donde yo sé nada te hace falta?

”—No tía, nada me hace falta, pero fíjese que ellos no son mis papás y yo quiero trabajar, ahorrar dinero para buscar a mis verdaderos padres. ¡Usted no sabe que a mí me robaron de con mis verdaderos padres!

”—No, niña, estás muy equivocada. No sé quién te contó esa mentira. Tu verdadera madre murió a tu nacimiento y nunca dijo quién era tu papá. Tu madre adoptiva es su prima hermana y debes estar agradecida porque has tenido buenos padres adoptivos.

”Yo la escuchaba y no entendía nada, porque habían sido muchos años de escuchar mentiras sobre mi origen. De cualquier manera me sentí desilusionada porque no iba a poder conocer a mis papás. Mi tía me convenció de que llamáramos al pueblo para avisar que todo estaba bien y que íbamos a regresar.

”Mis padres se alegraron mucho y de inmediato enviaron dinero para que nos mandaran de regreso en avión. Asimismo, mi padre pagó el dinero que yo había tomado de la escuela. Fue entonces que se enteraron de que había sido víctima de una persona sin escrúpulos, quien me reveló ser hija adoptiva, pero con engaños y mentiras.

”Cuando llegamos me llevaron con Petra la hermana de mi madre, quien me entregó en adopción. Entonces me explicaron que tenía una hermana, Emilia, a quien yo siempre había considerado como mi prima, como lo dije al principio. Ahora comprendo cómo debió de sufrir Emilia guardando un secreto, sin poder llamarme hermana y separada de mí. Incluso después de descubrir todo, continuamos como diez años separadas, porque cuando ocurrieron estos acontecimientos ella vivía en Estados Unidos como indocumentada, lo que le impedía salir del país, pero por lo menos podíamos comunicarnos.

”Aunque tuve más tranquilidad en mi vida, me quedó el sentimiento de culpabilidad por haber sido tan rebelde con mis padres a causa de tantos engaños sobre mi origen. Soy consciente de no haber actuado con maldad, sino tratando de provocar que renunciaran a mí y me llevaran de regreso con mis padres biológicos.”

El accidente

"Un hecho importante en mi vida, también durante la secundaria, sucedió en un torneo de basquetbol. Estábamos jugando y, como le habían hecho reparaciones a la cancha, dejaron arena suelta; corriendo me resbalé, caí de asentaderas golpeándome fuertemente. Sentí que me iba a desmayar, pero como estaba bajo la mirada de toda la gente traté de ser fuerte. Acudieron para ayudarme e intentaron llevarme al doctor para que me revisara, pero no lo permití alegando encontrarme bien. Tontamente me aguanté. A duras penas llegué a mi casa y con gran esfuerzo subí las escaleras hasta llegar a mi cuarto y acostarme. No comenté nada a mis padres. Vestida me acosté.

"Esa noche fue terrible, con tanto dolor que estoy segura que perdí el conocimiento. Al otro día, cuando desperté me quise levantar y mis piernas no me respondieron; por más que intentaba moverlas no podía hacerlo. A un lado de mi cama tenía una costura y tomé la aguja y me piqué una pierna porque no sentía nada; vi que salió sangre y me asusté más porque no sentí ningún dolor. Busqué la manera de obligarme a bajar de la cama y caminar. Tomaba la orilla de mis pantalones y hacía un impulso para bajar mis piernas pero no respondían, parecían de trapo. Además cada vez que lo hacía me moría del dolor y me lo tragaba para que nadie se enterara. Tantas veces lo intenté hasta que logré dar unos pasos. Así tenía que hacer cada vez que me levantaba y antes de salir a la calle tenía que caminar en mi cuarto dos o tres horas para calentar mis piernas y lograr que me respondieran".

Vicky: ¿Por qué guardaste todo en secreto?

53

Ramona: Mi mamá me había advertido que no jugara porque un día me iba a lastimar y yo desobedecí.

Vicky: ¿Y tu mamá nunca te descubrió?

Ramona: No, ni ella ni nadie. Fue hasta que nacieron mis hijas que empecé a tener complicaciones; los médicos me dijeron que tenía una fractura de tercer grado en la columna.

Vicky: ¿Cómo aguantaste tanto?

Ramona: Porque tengo mucha fuerza de voluntad para muchas cosas y un umbral muy grande al dolor.

Vicky: ¿Y cuánto tiempo duraste haciendo esos ejercicios y esforzándote para caminar?

Ramona: Alrededor de un año, porque el accidente me ocurrió en mayo y hasta como febrero fue que me normalicé, aunque no al cien por ciento.

Vicky: ¿Nadie supo tu secreto?

Ramona: No, siempre he guardado muchas cosas para mí sola. No sé por qué.

¿Y el amor?

Después de conversar sobre su terrible accidente en el que no sólo demostró Ramona su fuerza de voluntad sino su tenacidad, su fe en Dios y en sí misma, virtudes que la hicieron caminar milagrosamente con una fractura de gran consideración, le pedí que me hablara del amor.

"Mi primer amor llegó cuando estaba en cuarto de primaria. Él me acompañaba al camión y me ayudaba a cargar mis libros. Era un amor sano, infantil, y cuando me peleaba con él, me hacía de otros novios, pero no lograba olvidarlo.

"Tuve muchos novios en mi vida, pero durante la secundaria fue cuando sentí más amor hacia esa persona, viviendo una relación más formal. Fue una de las experiencias más hermosas de mi vida. Un amor limpio y muy grande. Hacíamos planes de matrimonio, planes de vida a futuro aun cuando éramos unos chiquillos.

"Al terminar la secundaria, se fue a trabajar a Estados Unidos buscando mejores oportunidades, para ahorrar y poder cumplir nuestros planes. Cuando estaba allá no dejaba de estar en contacto conmigo. Cada semana sin falta yo recibía una o dos cartas.

"En unas vacaciones, una amiga fue para Estados Unidos y yo le pedí que lo buscara para que me trajera más noticias de él. A su regreso fui a buscarla ansiosa de tener noticias de mi novio.

"—¿Lo viste? —le pregunté.

"—Sí, porque cerca de donde vive también vive mi hermana.

"—Y, ¿cómo está?

"—Bien —me contestó mi amiga con un tono muy frío.

"—¿Qué pasó? —le pregunté inquieta porque me contestaba muy tajante.

"—Te voy a decir algo, pero no te enojes.

"—¿Qué?

"—Él está por casarse.

"Sentí que me cayó un balde de agua fría, que me desmoronaba. El hecho de que no recibí más cartas me confirmó sus palabras.

"Era el mes de agosto cuando recibí la noticia y mi amiga me contó que él vendría casado en diciembre. No soportaba la idea de verlo llegar con otra mujer, mientras yo estaba sola. Me sentía como una tonta por haber albergado esperanzas. En esos días un muchacho me pidió ser su novia; acepté, porque además no me gustaba estar sola y sentía atracción hacia él.

"Llegó septiembre, octubre, y mi novio decidió que nos casáramos. Yo tenía entonces quince años y él diecinueve. Resuelto fue a pedir mi mano. Mi padre le pidió que regresara otro día y sin tomar mi opinión me mandó a Guadalajara porque no estaba de acuerdo que me casara tan joven. Me dejó en manos de unos tíos que me inscribieron en una escuela técnica. Estaba desilusionada, confundida, triste, y no deseaba sentirme ridiculizada por mi ex novio.

"Llegaron las fiestas de diciembre, y a pesar de los esfuerzos de mi tíos por detenerme, regresé a mi pueblo. Al llegar enero, en lugar de reiniciar mis estudios en Guadalajara me escapé con mi novio para que no frustraran mis planes. Nos fuimos a vivir a una ranchería cerca de Nayarit, donde él trabajaba.

"Bajamos del camión y tomamos un taxi para llegar al ranchito. Al bajar del carro me pidió que lo esperara ahí, en la calle, mientras conseguía un sitio donde pudiéramos vivir, porque en el rancho todos los trabajadores dormían bajo el mismo techo, en un galerón, y ni modo que me llevara ahí.

"Se fue apresurado y yo me quedé sola. Recuerdo que se acercó un niño, me miró y dijo: '¿Otra?'. Me quedé mirándolo y me sentí frustrada pensando cuántas mujeres habría llevado para que el niño se expresara de esa manera. Cuando regresó no le comenté ni le reclamé nada. Como siempre, a guardarme todo.

"—Ya conseguí un lugar donde vivir. ¡Vente! —me dijo un poco agitado por andar de carrera.

"Mi nuevo hogar era una troje —donde almacenan granos—. No había nada en el sitio, más que hojas de maíz que tuvimos que sacar para poder limpiar. Ni un petate. El piso de tierra. De puerta puso un zarape. No había luz. No había nada porque no era una casa, sino un granero. Luego me dejó ahí y corrió a conseguir un camastro rústico que usan por esos lugares. Ahí fue mi luna de miel y mi hogar. Yo así lo decidí al irme con él. Perdí mis comodidades de niña rica del pueblo, cosa que no me preocupaba.

"Él había estado ahorrando en su trabajo y con ese dinero hizo algunas adaptaciones necesarias para que la troje quedara habitable. Mientras me adaptaba a mi nueva vida, mis padres ignoraban mi paradero. Como a los diez días de estar viviendo con mi pareja comprendí por qué al verme llegar el niño dijo: ¿otra? No había sido lo que deduje en un principio sino que los compañeros de trabajo de mi novio también se habían llevado a sus novias, pero ninguna se quedó. A todas las recogieron sus padres, yo fui la única que no regresé a casa de mis padres porque ellos no tenían idea dónde buscarme".

Vicky: ¿Y en ese lugar te ocurrió algún hecho paranormal?
Ramona: Ni en la troje me dejaron en paz las ánimas. Recuerdo que había una ventanita y en ella siempre veía el rostro de un hombre. No me hablaba, sólo me veía. En un principio creí que era un hombre de carne y hueso que le gustaba espiarme y no le dije a mi novio para no ocasionar problemas. Decidí poner una cortina para que no pudiera verme, y fue cuando descubrí que era un ánima porque el rostro se veía encima de la cortina. Nunca supe quién era ni qué deseaba.

"Otro suceso extraño ocurría en el pueblo. La vecina de enfrente de mi casa me contó que a una muchacha del pueblo le sucedían cosas muy extrañas.

"—Ella está tan mal, que va caminando y de pronto la avientan contra la pared; pero no hay nadie; la están volviendo loca —me dijo.

"En el fondo pensé que mi vecina era la que estaba loca por tener esas creencias. Eso es como un cuento de película.

"En ese pueblo había muchas situaciones extrañas. Más tarde me enteré que le habían hecho un 'trabajo' a la muchacha y que si alguien intentaba curarla podía morir. Un viejito curandero fue quien se animó a quitarle el 'daño', a sabiendas de que su vida estaba de por medio.

"—Miren, yo me voy a morir pronto y si mi vida sirve para ayudar a alguien lo voy a hacer —dijo el anciano muy decidido.

"Así ocurrió. Él liberó del 'trabajo' a la muchacha y enseguida falleció. Entonces me di cuenta de que quizá no eran cuentos.

"También había una joven famosa porque hacía mal de ojo, le decían la Chata. Los niños al verla corrían atemorizados. Era hija de mi vecina. Recuerdo que yo regañaba a doña Emilia por decir esas cosas.

"—Eso del mal de ojo no existe, es cosa de ignorantes.

"—Sí existe y mi hija lo hace —decía segura y contrariada al ver mi escepticismo. Además, mi hija trae mucha tentación contigo por los hoyuelos de tu cara, por eso no debes de verla a los ojos.

"—¿Y usted cómo sabe que su hija puede hacer mal de ojo?

"—Porque cuando lo hace, no sólo se enferma el otro, sino que mi hija también adquiere un fuerte dolor de cabeza, vómito y demás. Ella no lo hace a propósito —me dijo—, y además si le gusta una flor y no la toca, la planta se seca, por eso es importante que sacieé su impulso de tocar y sentir cuando ella pone la vista en la naturaleza, para no ocasionar un daño.

"Total que al rato de estar platicando apareció la Chata, y yo, para probar lo que decía su mamá, le tendí una trampa.

"—Mira lo que traes ahí —le dije señalándole la cara para que volteara a verme.

"—¿Dónde? —me preguntó mirándome a los ojos.

"Me reí porque la había hecho caer y me había mirado a los ojos.

"—Vas a ver que te vas a enfermar —me dijo molesta.

"—¡No, Chata! Eso no es verdad. Tú vas a ver que no va a pasar nada.

"Pasado mucho rato me fui a casa, me olvidé del asunto y al otro día me dio un dolor de cabeza muy fuerte. No me acordé de lo que había hecho. Creí que me iba a dar gripa porque además sentía el cuerpo cortado y luego me dio vómito y diarrea. Era una cosa muy fuerte, cuando me vi tan mal pensé que me había dado el dengue. Mi novio llegó del trabajo y me encontró con fiebre y acostada.

"—¿Qué tienes? —me preguntó.

"—Creo que me dio el dengue. Me duele muchísimo la cabeza, el estómago y los huesos.

”—¡Vamos, levántate y te llevo al doctor! —me dijo preocupado.

”Fuimos al médico y me surtió de medicina, porque supuestamente tenía una infección. Pasaron dos días, me tomé los medicamentos y no sentí alivio. Apareció doña Emilia y me regañó,

”—Muchacha, ¿por qué no me dijiste que la Chata te hizo mal de ojo?

”—No, doña Emilia, ella no me hizo nada —le afirmé muy segura.

”—¡Claro que te hizo, porque ella tiene enferma los mismos días que tú!

”—No, mire, yo no tengo eso, lo mío es una infección y con las medicinas que me dieron me voy a aliviar.

”—Mira, muchacha, las medicinas no te van a servir para nada y no me voy a ir de aquí hasta que te cure del mal de ojo.

—Está bien, doña Emilia, ándele pues, ¿cómo se cura eso? —le dije para que me dejara tranquila.

”—Ahorita que me traigan una blusa de la Chata, te la voy a poner en la cabeza y con eso te alivias.

”Según me explicó, con la blusa se recoge la energía negativa que sin desearlo me había mandado su hija, y con eso se quitan los malestares. Yo incrédula me dejé curar por doña Emilia. Total, ¿qué me iba a pasar por dejarme poner la blusa en la cabeza?

”Transcurrida casi una hora, no me dolía nada de nada. No lo podía creer. No entendía. Pensé que tal vez era casualidad.

”—¿Cómo te sientes? —me preguntó doña Emilia.

”—Bien —contesté sorprendida.

”Luego llegó la Chata diciendo:

”—Mamá ya me siento bien, regréseme mi blusa.

”Más me asombré. Dos veces me sucedió lo mismo con la Chata, pero yo sabía que no lo hacía a propósito, era su naturaleza, su mirada tan fuerte. La segunda vez sólo le dije:

”—Ya me fregaste, préstame tu paño que traes en la cabeza.

”De nuevo me dieron los mismos síntomas sólo que la segunda vez no permití que me atacaran con fuerza. Me puse el pañuelo y a los treinta minutos los malestares habían desaparecido.

”Otro hecho inexplicable me ocurrió en ese mismo pueblo. Estaba relacionado con el rostro del hombre que veía en la ventana. Un día doña Emilia me preguntó:

"—Oye, Ramona, ¿a quién de los dos están 'trabajando'?

"—A ninguno, doña Emilia —le respondí.

"—Sí, a alguno de ustedes le están haciendo daño —insistió.

"—¿Por qué está tan segura? —le pregunté curiosa.

"—Porque todas las noches se para un tecolote arriba del techo de tu casa y canta.

"—Yo no lo he visto —le dije extrañada.

"—Vas a ver, cuando aparezca te voy a gritar para que te asomes.

"El tecolote se presentó más pronto de lo que me imaginaba:

"—¡Ramona, Ramona, ven!—, escuché los gritos de doña Emilia.

"Salí corriendo y ahí estaba el tecolote, tal y como ella me dijo.

"—¡Míralo, ahí está!

"—Sí, lo estoy viendo.

"Lo que doña Emilia no se imaginaba es que luego de ver al tecolote, se presentó la cara del señor que veía en la ventana en lugar del ave. Entonces me asusté muchísimo y me confundí. No entendía por qué en lugar del tecolote estaba viendo ese rostro.

"Fue en ese pueblo donde comencé a vivir más de cerca los episodios misteriosos que otras personas me aseguraban que sí existían. Yo era quien no deseaba aceptarlos porque siempre había creído que eran locuras mías.

"Ahora entiendo, después de años, que el rostro de la persona que veía en lugar del tecolote, era quien había hecho el 'trabajo' cercano a nuestra familia, pero no directo a nosotros. He confirmado también que los niños perciben cuando hay alguna energía negativa que está dañando a alguien cercano a su familia".

Vicky: ¿Por qué el tecolote, Ramona? ¿Qué representa?

Ramona: Hay muchas personas que trabajan lo negro, que utilizan al tecolote u otros animales para lograr sus fines. A pesar de que el tecolote también es símbolo de sabiduría y es protector, es utilizado para el mal. Otros animales utilizados en hechicería son el gato, la tarántula, los sapos y las víboras. La manera como los usan, la desconozco.

Vicky: ¿Y luego qué siguió, Ramona?

Ramona: Nos quedamos tres meses en ese ranchito, hasta que el sacerdote de mi pueblo, preocupado por nosotros, mandó a mi suegra a buscarnos, porque ambos lo habíamos apoyado en la catequesis y nos estimaba. Uno de los compañeros de trabajo de mi pareja, que era del mismo pueblo que nosotros, fue a visitar a su familia y se encargó de decir dónde podían localizarnos. Nuestra familia se sintió aliviada por tener noticias.

"A pesar de todos los problemas que tuvimos en ese lugar y que logramos superar, nos la pasamos bien porque convivimos a diario con la comunidad. Al terminar la jornada de trabajo nos íbamos de paseo como una gran familia.

"Un día antes de que apareciera mi suegra me la pasé asomándome por la ventana de mi casa, desde donde se podía ver quién llegaba al ranchito. Estaba muy inquieta, algo dentro de mí me hacía sentir angustiada. Presentía que alguien relacionado con nosotros iba a llegar.

"Al otro día comencé a regalar mis cosas a la gente del ranchito. Tenía la certeza, que pronto me mudaría y que no podía llevármelas. Cuando mi novio llegó del trabajo me cuestionó por qué tenía tan pocas cosas. Le expliqué que se las había regalado a alguien con mayor necesidad. Después de comer, alguien nos gritó que nos estaban buscando. Al salir vimos a mi suegra con uno de mis cuñados. Ella nos dijo que venía por nosotros, que nos despidiéramos porque el padre Álvarez la había mandado a recogernos. Entonces lo poco que me quedaba lo regalé y sólo me llevé la ropa."

De regreso en el pueblo

"Al llegar a mi pueblo, mi vida dio un giro completo, porque después de haber vivido como hija única con todas las comodidades y de haber compartido un techo con mi pareja, pasamos a vivir con mi suegra a una casita muy humilde en donde sólo había dos cuartos, un tejabán por cocina y un patio trasero.

"Vivían en la casa, además de mi suegra, cinco hijos solteros, otro hijo con su esposa, y tres niños. Mi suegra dormía en un cuarto con todos sus hijos, y en la otra recámara, mi cuñado con su esposa. Al llegar nosotros, la dividimos con una sábana para dormir ahí las dos familias.

"Yo estaba acostumbrada a estar sola, con mis cosas, y ahí era un mundo de gente. La hora de cada comida para mí era una revolución.

"Mi familia estaba muy molesta conmigo. Si alguien me encontraba en la calle no me hablaba, ni primos, ni tíos, y mucho menos mis padres tenían comunicación conmigo.

"Empezamos a buscar casa, pero en un pueblo es difícil encontrar. Mientras, tenía que aguantarme las incomodidades de vivir con tanta gente y en un espacio tan reducido, sin ninguna privacidad.

"Además de todo mi suegra vendía cena todas las noches: enchiladas, pozole, tostadas. Mi cuñada y yo le ayudábamos a preparar y a dar de desayunar, comer o cenar a toda la familia, porque éramos tantos que en cada sentada era una fiesta.

"Por si fuera poco, mi suegra era tan compasiva que le daba por recoger perritas abandonadas. Tenía nueve en el patio, donde había un árbol de guayabo. Ese lugar me daba miedo, porque veía sombras. Había cierto momento del día en que las perras ladraban con insistencia, mirando hacia la nada, yo sabía que las sombras las inquietaban, pero no decía ni una palabra. Mi suegra las callaba mojándolas con la manguera.

"La convivencia diaria con la familia de mi novio me hizo poner atención en mi cuñado Francisco, de dieciséis años, quien era y sigue siendo muy especial. Siempre andaba indagando qué pasaba si se mezclaba una cosa con otra, además armaba y desarmaba objetos y hacía sus propios inventos.

"Una mañana se encerró en el cuartito donde dormíamos y me pidió de favor que si llegaba su mamá le dijera que estaba trabajando. Conociéndolo le dije:

"—Francisco, no hagas travesuras porque te va a regañar tu mamá.

"—No son travesuras, estoy trabajando.

"—¿Qué vas a hacer, Francisco?

"—Voy a hacer un barquito.

"Se metió a la habitación, cerró una ventanita que daba a la calle, y cerró con seguro la puerta. Al rato mi concuña y yo le tocamos porque queríamos entrar y sólo nos decía que esperáramos. Después de mucho tiempo llegó mi suegra y lo llamó sin obtener respuesta.

"Hasta las cuatro de la tarde abrió la puerta muy contento, diciendo:

"—Voy a probar mi barquito.

"Se dirigió a la pila donde se lavaba la ropa. Pensé que se iba a hundir su barco porque estaba hecho de un material pesado. No sé cómo le hizo pero utilizó unos bulbos antiguos que prendían. Adentro le hizo una armazón. La máquina de un reloj despertador impulsaba el barquito y no se hundía.

"Con gran efusividad al ver el éxito de su barco, me dijo:

"—Cuñada, le dice a mi mamá que fui a probarlo a la presa.

"No le importó ni el hambre —porque no había probado bocado— ni la distancia que tenía que recorrer, porque la presa está a unos cuatro kilómetros del pueblo.

"Llegó su mamá muy molesta y me preguntó por él. Le expliqué todo lo ocurrido y ella, imaginando los destrozos que había causado, se metió a indagar al cuarto y salió furiosa lanzando insultos:

"—¿Qué crees que hizo este cabrón?

"—¿Qué hizo? —le pregunté.

"—Le quitó los bulbos a la televisión, descompuso un despertador, me desarmó una lámpara y otras cosas más. Pero cuando venga me va a tener que acomodar todo donde va.

"En la noche apareció Francisco muy contento. Mi suegra estaba enojadísima.

"—¡Ven acá muchacho! Me vas a arreglar todo lo que deshiciste, y parte por parte, vas a colocar todo en su lugar.

"Francisco volteó muy tranquilo y le dijo a su madre:

"—Pues ya no se va a poder porque el barquito nomás llegó hasta la mitad de la presa; ahí se hundió, se le acabaron las pilas.

"Por supuesto que su mamá lo amenazó con que debía de trabajar para componerle todo, pero ese día nunca llegó. Ese tipo de anécdotas me hacían la vida divertida en la casa de mi suegra. Francisco era tremendo.

"Recuerdo otra anécdota muy divertida: fuimos a una fiesta y al terminar vi que Francisco andaba juntando todos los sobrantes de vino en una botella, y le dije a mi novio que le llamara la atención.

"—Francisco, no andes haciendo eso, deja el envase —le ordenó.

"A él no le importó y siguió con la faena. Nosotros terminamos por olvidar lo que andaba haciendo. La fiesta llegó a su fin y nos fuimos a descansar. A eso de las cinco de la mañana nos despertaron los aullidos de las perras a todo lo que daban, porque Francisco las había emborrachado para saber cómo caminaban borrachas.

"Su madre lo castigó y lo puso a que les cociera un té para quitarles lo borrachas; además le exigió que las bañara.

"Nunca terminó de estudiar; se fue a vivir a Estados Unidos y tiene su negocio propio de construcción y jardinería. Ha tenido mucho éxito; es un hombre admirable y muy inteligente.

"La relación tan buena que llevaba con mis cuñados me acarreó problemas gratuitos con mi concuña. Ella empezó a sembrar la discordia y yo no quise estar más en esa casa."

De casa en casa

"Faltaba un mes y medio para que nos entregaran la casita que íbamos a alquilar, y para evitar más problemas nos mudamos con la abuelita de mi novio.

"Ahí nos fue peor porque no había un buen sitio para nosotros, así que nos asignaron un cuarto lleno de mazorcas y éstas fueron nuestro colchón.

"La abuelita de mi novio no me quería y se la pasaba peleando conmigo, tratando de que él se molestara. Cualquier pretexto era bueno para agredirme. No me dejaba utilizar nada en la casa y luego le decía a él que me la pasaba de floja todo el día.

"No me defendía, guardaba silencio, nunca me quejaba, ni la ponía en evidencia. A veces me quedaba sin comer —estando embarazada— porque doña María le decía a su nieto que yo no había hecho nada de comida, y sólo le daban de comer a él.

"El vivir con esa familia fue como un infierno, porque siempre la abuelita me decía cosas hirientes. Mi pareja sufría junto conmigo por no poder darme una mejor vida.

"Pero todo llega a su fin, un día no aguanté más, me hicieron explotar y me salí de esa casa y corrí a la de mis padres. Mi papá me dijo que ahí estaba mi casa, pero que no estuviera jugando. Por supuesto que a mi novio no lo aceptaban porque sabían que era tomador y medio flojo.

"Qué a gusto era estar ahí en mi habitación, con mis cosas, con mis padres, con comodidades. Sin embargo, no me abandonó la angustia de que mi hija, que estaba por nacer, tuviera problemas por no tener a su papá y que sufriera igual que yo.

"A los quince días apareció mi madrina Rosario para hablar conmigo y ofrecerme su casa. Me explicó que mi novio me extrañaba y que estaban por entregarle el apartamento. Tenía muy claro que si me salía de nuevo mi padre no me admitiría de vuelta, pero tampoco quería que mi hija creciera sin su padre. Deseaba evitarle cualquier sufrimiento. Finalmente decidí regresar con mi novio y aceptar la invitación con Rosario, donde me atendían como parte de la familia.

"Durante mi estancia en esa casa fue cuando descubrí algo muy curioso. Cuando llegaban de trabajar las hijas de Rosario me contaban sus actividades del día; aproveché para contarles que no tenía que preguntarle a mi novio cómo le había ido durante el día.

"—¿Por qué? —preguntaron curiosas.

"—Porque en la noche, dormido me dice todo. Miren —les expliqué—, espero a que mi novio se duerma y luego le coloco la yema de mi dedo índice en el entrecejo y le doy vuelta en círculos. Le hago preguntas y todo me contesta.

"—Estás loca —me dijeron.

"—De verdad, y si quieren ver se los voy a mostrar cuando se duerma.

"—¡Órale! —dijeron entusiasmadas.

"Esperamos la noche, y cuando mi novio se durmió les mostré lo que ocurría al colocar mi dedo en su frente.

"—¿A dónde fuiste en la tarde?

"—A los mangos.

"—¿Con quién?

"—Con Bernardo.

"Me contestaba y luego hablaba con su amigo como si de nuevo estuviera viviendo el momento. ¡Era algo extraño! Unas cuatro veces lo hice; era muy divertido.

"Al otro día mis amigos le decían:

"—No seas menso, Ramona hace que hables dormido.

"Él no lo creyó nunca".

Vicky: ¿Cómo descubriste que podías hacerlo?

Ramona: Por accidente. Una noche estábamos acostados platicando y empecé a acariciar su frente y le comenté:

"—¡Cómo quisiera que ya nos hubieran dado la casa para no andar rodando en casas ajenas!

—Sí verdad. Hoy fui a ver el apartamento y todavía le falta —me contestó.

"Al tiempo que lo estaba tocando, él me contestaba. De pronto retiré mi mano y le dije que se me antojaba un café. No me dijo nada, y fue cuando me percaté de que estaba dormido. Lo desperté y le pregunté si me había escuchado; él dijo que no había hablado conmigo. No recordaba nada. Así fue como lo descubrí. Se me hacía como si fuera un juego; realmente no entendía lo que estaba haciendo.

"Finalmente nos mudamos a nuestro apartamento. Para entonces no contábamos ni con mi familia ni con la de él, porque habíamos salido de ambas casas con problemas familiares. Yo estaba por dar a luz a mi primera hija.

"En ese nuevo hogar conocí a doña Lupe, una mujer de unos noventa años, quien había sido partera y se dedicaba a la herbolaria, lo que a mí me atrajo mucho desde siempre. Me daba prisa en terminar mis quehaceres para sentarme a charlar con la anciana y aprender algo de su mundo de plantas medicinales.

"Siempre le estaba cuestionando qué planta se utilizaba en tal o cual caso. Doña Lupe era como una enciclopedia. Ahí comencé mi camino en la herbolaria. Ella me enseñó a hacer cataplasmas, pociones y bilmas. Nosotros le llamamos bilma a lo siguiente: sobre un pedazo de tela se colocan raíces de sacacil machacado, clara de huevo o miel. Queda una especie de pegamento. Se extiende sobre la tela, que se usa para vendar sobre fracturas, fisuras o dislocaciones, y se endurece como yeso. Se aplica sobre personas o animales.

"Otra cosa que aprendí con ella fue que cuando un niño o un adulto padecen fiebre muy alta, se deben de parar sobre un hormiguero. Las hormigas se suben al cuerpo y, debido al calor, no pasan de la altura de las rodillas, porque empiezan a caer expulsando su ácido fólico, que es lo que mitiga la fiebre. En ese tiempo yo no entendía el por qué.

"Tanto aprendí con doña Lupe que luego me empezó a buscar la gente para que les curara a los niños o a ellos mismos. Doña Lupe me enseñó todos sus conocimientos. Ella fue mi primera maestra.

"Como estaba a punto de aliviarme, doña Lupe me dio un consejo para evitar problemas durante el parto: 'Cuando veas que es el momento de dar a luz, cortas retoño de tacote de río, lo pones en agua caliente y le añades media tablilla de chocolate y una pizca de cominos. Te lo tomas a soplo y trago. En cuanto te lo termines te vas a que te atiendan porque enseguida se viene el muchacho.'

"Esa bebida no era otra cosa que un buen dilatador. Yo me tomé la bebida con mis cuatro niñas y nunca tuve problemas para el parto. En una hora hacía el trabajo porque las contracciones me daban fuertes y el parto se aceleraba.

"Conviví con ella durante cinco años. Fue una gran experiencia haberla conocido. Mi primera hija, Idania, nació el 31 de diciembre y fue un relajo porque los doctores andaban de fiesta. Tuvimos que correr a otro pueblo para que me atendieran y hasta allá cargué mi bebida de hierbas y chocolate.

"Fue terrible mi primer parto, porque no tenían anestesia y tuve un desgarre, pero así me atendieron.

"Mi madrina Rosario me acompañó a la clínica y por eso ella decidió dar aviso a mis papás del nacimiento de mi niña. Mi madre y una tía fueron a visitarme.

"Estábamos mi esposo y yo en una situación tan pobre que no teníamos ni para la leche de la pequeña, mucho menos para comer. Él estaba desesperado por la situación, se sentía culpable por tenerme en esas condiciones. Debido a mi desgarre no podía asistir a su trabajo, por lo que buscó un turno de noche para acompañarme durante el día, darme de comer y ayudarme con la niña. Los quince días que necesité reposo él estuvo a un lado mío. Siempre le estaré agradecida por sus cuidados.

"Durante esa época no viví ningún evento extraordinario o fuera de lo normal. Fue una etapa tranquila en ese sentido. Luego, a los tres o cuatro meses me embaracé de nuevo. Las dos familias nos levantaron el castigo e hicimos las paces. Todo porque Idania se nos puso grave y la llevamos a bautizar de emergencia. Afortunadamente mi hija salió adelante.

"Mi papá nos regaló una casita para ayudarnos a levantar nuestro nivel de vida, y de nuevo nos mudamos. En esa casita vivimos muy a gusto, y además estaba en el terreno de la casa de mi abuelo que a mí me traía recuerdos agradables.

"A fin de ayudarnos, mi papá le ofreció trabajo en el campo a mi esposo y así estuvieron trabajando un tiempo, pero las cosas no funcionaban bien porque mi padre, en lugar de pagarle nos daba techo y comida sin darse cuenta que teníamos otras necesidades. Para ese entonces yo tenía tres meses de embarazo y estaba por cumplir la mayoría de edad, momento que esperábamos para casarnos, porque mi padre nunca dio el permiso para el matrimonio.

"Mi esposo buscó un trabajo porque nuestra situación era muy precaria. En ese tiempo se me ocurrió dar clases de tejido, repostería, manualidades en general, para ayudar a sobrellevar los gastos.

"Por fin llegó el día de la boda y fue algo muy sencillo. Invitamos al jefe de mi esposo y a su esposa como padrinos. Nos dirigimos a la iglesia. Mi madre me regaló una tela para que mandara hacer el vestido, pero no asistió a la boda, ni tampoco mi padre. No teníamos dinero para hacer fiesta.

"Al terminar la ceremonia de la iglesia apareció uno de mis cuñados con el pretexto de que su mamá deseaba felicitarnos, y nos llevó a su casa. Cuando llegamos la casa estaba en tinieblas. Entramos y de pronto prendieron las luces y todo mundo estaba ahí reunido, nos aplaudieron y tenían preparado un convivio familiar con ricos antojitos. Fue una agradable sorpresa."

Trabajo de muerte

"En la misma época en que me casé se desarrolló un fuerte aconte-cimiento de origen sobrenatural.

"Una persona muy cercana a la familia, doña Matilde, comenzó a estar enferma. Presentaba una erupción en la piel que le causaba mucha comezón. Lo más increíble era que sus hijos debían cuidar-la todo el tiempo porque ella comenzaba a tallarse los ojos y caía desmayada durante todo un día. Sus hijos la detenían para que no se golpeara al caer. Nunca podía estar sola. Esto sucedía siempre al término del día: lunes para amanecer el martes o al final del martes para amanecer el miércoles, etcétera.

"En el estómago y en el bajo vientre se le hacía sarpullido y lue-go la erupción se transformaba en granos. Le supuraba un líquido amarillo y teníamos que atenderla poniéndole unas toallas en el área afectada. Los doctores no hallaban la causa de la enfermedad ni tampoco la solución. Decían que tal vez tenía un problema en la sangre o una alergia. Los medicamentos que le daban no le hacían efecto.

"Al otro día de la crisis se levantaba como si nada. Ella no se da-ba cuenta de nada. La piel volvía a la normalidad. Mientras trans-currían todos esos episodios, nació mi segunda hija, en medio de una crisis familiar.

"En una de esas crisis en que doña Matilde se nos puso de muer-te, la trajimos a una clínica a Guadalajara. Le hicieron toda clase de estudios para averiguar a fondo sobre su enfermedad y encontrarle una solución. Santiago, uno de sus hijos que trabajaba en Estados Unidos, dijo que él ayudaría con los gastos pero que de una vez por todas la aliviaran. Él no creía lo que le decíamos de la extraña enfermedad. Finalmente, para cuando la trasladamos al hospital llegó Santiago de Estados Unidos y le pidió al médico le dijera sin rodeos qué tan grave estaba su madre.

"No muchacho —le contestó el médico—, su mamá está más saludable que usted y yo juntos. No tiene nada. Todos los estudios salieron perfectos. Enseguida el doctor preguntó:

"—¿Ustedes viven cerca de San Martín Hidalgo o del crucero de Santa María?

"—Sí, doctor. ¿Por qué?

"—Yo tengo un amigo que los puede ayudar a curar a su mamá. Se llama Roberto. Díganle que yo los mandé y que éste es un caso en que la medicina no puede hacer nada. Él estudiaba medicina, no terminó la carrera y se fue hacia el estudio de las ciencias ocultas.

"Escuchábamos asombrados lo que nos decía el médico de la clínica. No podía creer lo que decía. ¡Un médico mandando a doña Matilde con un curandero!

"Finalmente, sus hijos decidieron llevarla con el curandero. El primer día casi se les muere en el camino. Su hijo Santiago decidió ir solo y contarle al brujo el padecimiento de su madre.

"El sanador le explicó que no era necesario que la llevara porque además las malas energías no se lo iban a permitir porque tenía un 'trabajo'.[1] Y le explicó: 'Aquí las curaciones inician a las doce de la noche y salimos a las seis de la mañana'.

"Era muy alto el costo de cada sesión, pero los pobres hijos de doña Matilde no podían quedarse con los brazos cruzados y si la medicina tradicional no podía hacer nada entonces no les quedaba otra solución que acudir con el curandero.

"Uno de sus hijos, Felipe, me contó lo que hacía el brujo: 'Ahí cierran con llave y no abren hasta que todo mundo termine de curarse. En un solo cuarto están todos los enfermos. De pronto llegan los tecolotes y se oye que bajan, y por debajo de la puerta avientan las cosas con las que hicieron los trabajos. Uno les debe aventar el dinero por la curación y los tecolotes lo agarran con las alas.

"—¡Ay, no me digas eso, es puro cuento, los están robando! —le contesté a Felipe.

---

[1] Trabajo. Se dice de un maleficio hecho para dañar y/o enfermar a una persona por medio de artificios o brujería.

”—¿Y cómo te explicas que adentro del cuarto tiene un brasero lleno de chiles? El cuarto está cerrado y el curandero avienta y avienta montones de chiles de árbol al brasero que levanta nubes de humo tan densas que no podemos vernos ni las caras, y el olor no nos afecta. Nadie tose ni se queja.

”—Eso sí que está muy extraño —le dije—, si con dos o tres chiles en el comal ya se ahoga uno.

”El curandero les indicó quién le había hecho el daño a doña Matilde, y que era un 'trabajo de muerte' para el que habían sacrificado una gallina negra. Todo porque doña Matilde le había quitado la pareja a otra persona.

”Delante de todos los pacientes que estaban en el cuarto salía a relucir la vida personal y no quedaba más que reírse de las tragedias ajenas.

”—Eso es todo un teatro —le decía yo a los hijos de doña Matilde.

”—Teatro o no, pero cómo te explicas que mi madre se está aliviando y sin necesidad de que ella fuera a la sesión—, me alegó Felipe.

”La verdad, aunque no podía creerlo no encontraba explicación a los hechos”.

Vicky: Oye Ramona, el curandero ¿le recetó algo tomado a la pobre mujer?

Ramona: Sí, el brujo le mando inyectarse vitamina B para que tuviera fuerzas y resistiera. Anteriormente los doctores se la habían recetado y no le había servido de nada. Con él todo empezó a fluir. Sin embargo, ya no podían pagar porque, como te dije, el curandero les pedía mucho dinero en cada sesión.

“Buscaron otra persona que les recomendaron en Guadalajara, una mujer, y con ella continuaron el tratamiento. Recuerdo que se llamaba Rosita. Ahí con ella sí llevaron a doña Matilde. La mujer le dijo: 'A ti te querían tener en silla de ruedas y que todo el tiempo estuvieras escurriendo agua para que ningún hombre se te acercara, porque tú le quitaste su pareja a esa persona'. Luego le dio la ubicación exacta de la persona que le hizo el daño y se la describió físicamente.

"Al igual que don Roberto, le explicó que para hacerle el mal habían sacrificado una gallina negra. Los hijos de doña Matilde, muy enojados regaron la noticia en el pueblo y se soltaron los chismes de ida y vuelta. Era un infierno.

"Luego doña Rosita le explicó: 'Mira, lo más increíble es que el día en que tu termines con este trabajo, ella va a iniciar con lo mismo porque todo el mal que haces se devuelve. No es que uno regrese el daño, sino que al crear esas malas energías regresan con su creador, así como los hijos que regresan con sus madres'.

"En unos cinco o seis meses terminó de sanar. Y tal como dijo doña Rosita, el día en que Matilde se alivió, la otra mujer cayó grave y la trajeron a Guadalajara con la misma sintomatología. Ella murió en silla de ruedas y le tenían que poner pañales todo el tiempo".

Vicky: Ramona, cuando se devuelve un trabajo ¿nadie puede ayudar a esa persona?

Ramona: Yo me imagino que no, por eso es tan importante que reflexione la gente antes de lanzar un daño a alguien. A los hijos de doña Matilde tuvieron que hacerles una cruz en el hombro como protección. Es una crucecita hecha con una aguja y repasada con tinta negra. Hasta la fecha la tienen.

"Antes de que le pusieran la cruz a uno de los muchachos lo trataron de dañar. Él se levantaba cada noche, trastornado, y se salía de la casa. Aseguraba que le hablaban las ánimas y que ellas le decían qué se saliera en la madrugada.

"Una vez estaba dormido y le aventaron una llave muy grande que lo descalabró. Aseguraba que era el ánima y que le quería dar dinero. Se puso a escarbar y lo que encontró fueron huesitos.

"Sus hermanos, preocupados por el extraño comportamiento lo llevaron con doña Rosita a Guadalajara y ella les explicó que lo estaban tratando de perjudicar y que era importante protegerlo a él y a toda la familia. Así fue que les pusieron su cruz.

"A pesar de todo lo que atestigüé y lo que me contaron seguía pensando que todo eran cuentos y casualidades, hasta que sucedió algo que cambió mi manera de pensar."

Maleficio

"Mi segunda hija, Mayra, tenía unos nueve meses cuando cayó enferma de diarrea y los medicamentos no le hacían. La trajimos mi esposo y yo a Guadalajara al Seguro Social. Le diagnosticaron amibiasis y le dieron tratamiento. Tuvieron que ponerle suero. Yo también le daba mis hierbas para ver si podía curarla.

"En eso uno de los hijos de doña Matilde fue a consultar a doña Rosita y ella me mandó un mensaje: 'Dile a Ramona que venga, que no sea tan escéptica, que no le han matado a su niña por la fuerza que ella tiene. Dile que la niña está muy mala y hay que curarla. Siguieron con ella porque quieren llevarse a alguien de la familia por la fuerza'. Cuando me contaron lo que dijo doña Rosita, no les creí.

"—¡No empiecen con tonterías! —les dije molesta.

"—Mira, Ramona, te vas a poner mal como cuando te hicieron 'mal de ojo'—, me recordó mi esposo.

"Entonces, al acordarme de aquel extraño episodio mi esposo me hizo dudar y acepté ir a consultar a doña Rosita. Más que nada me preocupaba mi hija porque estaba muy enfermita. Hasta entonces conocí a doña Rosita. En cuanto me vio me dijo:

"—¿No creías, verdad? Dale gracias a Dios que por la fuerza que tienes no acabaron con tu hija. Fíjate bien lo que vas a hacer...

"Yo la veía, la escuchaba y no podía creerlo.

"—En dos meses no la vas a soltar para nada, ni con nadie. No te la debes despegar ni para ir al baño, ni para bañarte, ni para dormir. A nadie se la debes dar a cargar.

"—¿Oiga, pero cómo le voy a hacer?

"—Amárrela a su cuerpo y no la suelte, porque en el momento que se despegue de la fuerza que usted le transmite, la niña se muere.

"Me compré una cangurera y día y noche la traía cargando. Todos mis quehaceres los hacía con la niña encima. El sacrificio no fue en vano, mi hija comenzó a aliviarse, sin medicamentos, y eso me dio fuerza para aguantar los dos meses que debía cargarla. Es curioso, pero debido a eso ella es la hija que hasta la fecha es más unida a mí.

"Además siempre fue una niña muy buena, callada, y sensible. Al crecer, se hizo protectora de sus hermanas y me avisaba cuando las otras se iban a algún lado sin permiso. Para sus hermanas era la chismosa, por eso se cuidaban de Mayra, para que no me diera aviso".

Vicky: ¿Cuántas veces llevaste a la niña con doña Rosita y cómo la curaba?

Ramona: Tres veces. Ella atendía en su comedor, frente a un cuadro de los tres reyes magos. Cuando llegué me llamó y comenzó a rezar. Yo estaba de pie con mi hija en brazos. La sanadora frotaba sus manos y las pasaba como a dos centímetros del cuerpo, al mismo tiempo que rezaba. Al terminar movía las manos como jalando algo de la cabeza a los pies y luego sacudiendo, y me decía: ¡Báilale y salte de ahí! Con ese movimiento yo también me estaba sacudiendo, y al terminar me cambiaba de lugar. Entonces ella rociaba agua bendita en donde yo había estado parada, luego rociaba alcohol y le prendía. Aunque fueras acompañando a alguien te hacía lo mismo.

"En la primera visita le expliqué que tenía dolores agudos de estómago y me explicó que me habían preparado algo de comer para dañarme, pero, por mi naturaleza, no pasaba de un dolor; no habían logrado perjudicarme. Doña Rosita tenía solución para todo, ese día me mandó a comprar un remedio.

"—Vas a ir a la farmacia que está aquí cerca y les vas a decir que yo te mandé. Pídeles pastillas de hoja santa. Te vas a tomar una por la noche y otra en la mañana por cinco días, al sexto día te van a dar ganas de deponer y vas a arrojar lo que te dieron a comer para hacerte el mal. No te preocupes porque está intacto, contigo no se pudo deshacer.

"Hice todo lo que me dijo, compré mis pastillas y me las tomé. Tal como me dijo, al sexto día me dio un dolor muy fuerte y deseos de deponer. Lo único que depuse fue un dulce de caramelo; estaba entero como si le acabara de quitar la envoltura, y al arrojar el dulce el malestar se desapareció.

"Cuando regresé con doña Rosita y le conté todo, me dijo: 'Todo lo que la gente te de a comer, ten desconfianza y guárdalo veinticuatro horas. Si no se engusana, se llena de cabellos, o se apesta, con toda confianza te lo puedes comer'.

"A raíz de esa experiencia comencé a creer en esas cuestiones. Yo nunca me acordé quién me dio el dulce, pero después me hice desconfiada para comer cualquier cosa. Claro que no dudaba de todas las personas.

"Empecé a despertar a este mundo extraño, increíble, que nadie me contó, yo lo vi. Hubo un caso con doña Rosita que me dejó más que asombrada. En una de mis visitas llegó un muchacho de Monterrey con sus familiares. El joven cabeceaba y dormitaba en su silla mientras esperaba su turno.

"Yo pensé que seguramente estaba cansado del viaje. Por fin lo llamó doña Rosita y él se paró malhumorado alegando que él no creía en esas cosas y que su familia lo había obligado a ir a la consulta. La mujer lo llamó con toda calma diciéndole:

"—Mira, no importa que no creas; ven, pásale, no te voy a quitar nada. Sólo te voy a hacer oración para que Dios te proteja. Párate aquí.

"Doña Rosita le empezó a hacer oración y a pasar las manos. Cuando empezó con el sacudimiento tenía que ayudarse con una mano a quitarse el montón de gusanos que le subían y aparecían sabrá Dios de dónde. El muchacho abrió los ojos y al ver el montón de gusanos se espantó.

"—¡Qué tal, y eso que no traes nada! —le dijo doña Rosita—. Te estás pudriendo, mi amigo. Mira cómo te tienen, bien trabajado con tierra de panteón por eso se está echando a perder todo. Terminó la curación de la misma manera: con agua bendita, alcohol y fuego.

"Eso fue lo que le dijo. Tanto él, como su familia y los que vimos estábamos igual de espantados. Por eso te digo, después de todo lo que vi y viví empecé a creer.

"En otra ocasión otro muchacho arrojó montones de sal, por eso todo le salía mal. A doña Matilde la curó con pólvora, mas no sé cómo le hizo porque no estuve presente. Cada caso lo atendía de manera diferente.

"Ahí fue cuando realmente comencé a sorprenderme por tantas cuestiones que no lograba comprender pero que sucedían.

"Buscando explicaciones acudí con una amiga que pertenecía a una iglesia cristiana. Le comenté mi caso pero le dije que se trataba de una amiga, y ella me explicó: 'tu amiga tiene una posesión y es necesario que la exorcicen y hacer mucha oración para terminar con toda esa situación'.

"Eso me ocasionó un gran conflicto porque no me consideraba una persona mala para que me dijeran que estaba poseída. Entonces me retiré de la iglesia porque no me sentía merecedora y de nuevo guardé el secreto para mí solita. Me dediqué a estar en mi casa, a leer la Biblia y a hacer oración. Continué con mis clases de manualidades y repostería; llegué a atender hasta cincuenta personas. Empecé a ahorrar con la finalidad de comprar muebles para mi casa.

"Una mañana mi esposo, como cada día, se fue a trabajar al campo. Al mediodía me fueron a buscar con la mala noticia de que se encontraba grave en el Centro de Salud del pueblo, porque le había picado algún insecto mientras realizaba su labor.

"Le pusieron toda clase de antiveneno porque ignoraban qué le había picado. Mi esposo no vio ningún animal, sólo comenzó a sentir comezón y en un instante empeoró y atinó a salir del campo hacia la vereda porque temía por su vida.

"Aunque sobrepasó el accidente, no pudo caminar por tres meses y por lo mismo no podía trabajar. Los ahorros que tenía para mis muebles se fueron en curaciones y en el sostenimiento de mi familia, siempre apoyándome en los recursos que sacaba de mis clases. Así salimos adelante."

Un don del cielo

"Mi preocupación por el hecho de que traía el demonio en mi interior continuaba. Hacía mucha oración para lograr liberarme de eso. No podía acercarme a la iglesia, pues no me consideraba digna de hacerlo.

"Claro que el párroco del pueblo, el padre Manuel Vaca, notó mi ausencia porque yo siempre fui una integrante activa de mi parroquia, y al no verme se extrañó. Una mañana salí de compras y me lo encontré en la calle.

" —Hola, Ramona, ¿a dónde vas?—, me preguntó.

"—Aquí a las tortillas, padre Manuel —le contesté nerviosa.

"—Y luego, ¿por qué ya no te he visto en la iglesia? ¿Has andado fuera?

"—No, padre, aquí he estado.

"—Quiero platicar contigo. Ahí te espero mañana en mi oficina.

"—Sí, padre, por ahí paso.

"Al otro día fui a verlo y me recibió amablemente y preocupado.

"—Mira, Ramona, quiero saber qué pasa contigo porque te conozco desde niña y sé que algo anda mal.

"Yo pensé que lo mejor para mí era desahogarme y contarle todo mi sufrimiento y penar a causa de mis visiones:

"—¡Ay, padre, toda mi vida me han ocurrido cosas extrañas, inexplicables, que me han hecho sentir media loca! Cuando escuchaba en la iglesia que los muertos, muertos están y no regresan, mientras que yo podía verlos y escucharlos, me causaba gran confusión y contradicción en mi vida.

"Aproveché el momento y le conté todas las experiencias que pude recordar hasta ese momento de mi vida. El padre Manuel me escuchó con atención y por eso fue el primero en saber lo que yo vivía, veía y sentía. Le comenté lo que me había dicho la persona que me confundió más al decirme que estaba poseída.

”El padre Manuel se rió de buena gana, me puso la mano en el hombro y me explicó:

”—Mira, hija, el Señor lo habla y nos explica en la Biblia y dice que a algunas personas les da a través del Espíritu Santo unos dones. Tú lo que tienes es el don de ver las cosas, pero debes tener mucho cuidado al utilizarlo, debes ponerlo en bien y al servicio de la humanidad. Tú debes de decir lo que veas siempre y cuando las personas te lo soliciten, de lo contrario no debes de hablar o decirle a nadie sus asuntos. Deja todo en manos de Dios y por favor no te metas en cosas del futuro porque eso sólo es asunto del Padre. Él tiene hechos los caminos de cada uno. Si ves a alguien porque llegó a ti, tienes la obligación de decirle, de ayudarle sin ver el futuro. No debes de adentrarte al esoterismo, esto es, nada de amuletos, ni tarot, ni rituales que aparentemente no hacen daño pero que van contra el libre albedrío de las personas. Hay muchas cosas que debes de cuidar. Siempre acércate a Dios y él te va a fortalecer para que puedas brindar ayuda. Pídele a Dios que te dé la humildad, que nunca te llegue la avaricia, el egoísmo, ni lucres con tu don porque algún día vas a darle cuentas a Dios de los talentos que te dio. Dios te dio más que a otros.

”Estuvimos hablando unas tres horas; me despedí, le agradecí su ayuda y sus consejos. Me reiteró que podía acercarme a él cuando lo necesitara. Salí de ahí sintiendo un gran alivio, con la certeza de que no estaba endemoniada. A pesar de la charla no comprendí la magnitud y la responsabilidad de tener un don, pero la tranquilidad espiritual invadió mi vida. Esa charla con mi amigo el sacerdote fue trascendental en mi existencia.”

La tienda de abarrotes

"Continué con mis clases, pero justo cuando había terminado de enseñar a todo mundo se me dio la oportunidad de tomar en traspaso una tienda de abarrotes frente de la casa de mis padres, local que además era propiedad de ellos. De esa manera no tuve que impartir más clases de manualidades.

"Mi padre me apoyó económicamente para que surtiera el negocio. En un principio todo funcionaba muy bien. De ahí vestíamos, comíamos y hacíamos nuestros gastos. Era un tanto complicado atenderla porque tenía mis hijas pequeñas, ahí mismo hacía de comer —en la trastienda— y además seguí apoyando al padre Manuel en la iglesia. Mi vida siempre ha estado llena de actividad. Además, estaba embarazada de mi tercera hija, María del Rosario.

"Mi esposo no podía ayudarme porque trabajaba en el campo con mi papá sin percibir ni un centavo. Era hasta las siete de la noche que me daba una mano para poder hacer mis otros quehaceres. Afortunadamente mi madre vivía enfrente y ella me apoyaba cuidando a mis niñas.

"Lo de la tienda dejó de funcionar porque eran más los gastos que los ingresos y me empecé a endeudar por todos lados para poder surtir los abarrotes. Mi papá no se daba cuenta de que los ingresos de la tienda no eran suficientes para vivir y me regañaba. No comprendía que al no pagarle un sueldo a mi esposo yo tenía que recurrir a las ganancias de la tienda.

"Le oculté muchos de mis problemas para evitar sus sermones. Para él era suficiente prestarnos la casita en la que vivíamos y proveernos de productos lácteos que él producía. Doy gracias a Dios que una prima que vivía en Estados Unidos me regalaba ropa usada y a mis hijas les enviaba lo que dejaban sus niñas.

"La gente pensaba que estábamos en buena situación porque nos veían con tienda y bien vestidos. Hasta que llegó un momento en que no pude más: traspasé la tienda y con el dinero que me dieron pagué mis deudas.

"Mi papá pensó que tenía ganancias del traspaso porque nunca le conté lo que debía y todavía le llevé un comprobante de depósito para que viera que tenía dinero. Todo por no contrariarlo. Quedamos en una situación de gran necesidad.

"Pero nunca faltó quien me tendiera la mano. Dejamos la casa donde vivíamos y nos mudamos al lado de una buena samaritana, doña Elena, y además más cerca de la casa de mis padres.

"Doña Elena estaba acostumbrada a hacer mucha comida porque tuvo nueve hijos y sólo quedaban dos en su casa; la mayoría se habían marchado a trabajar al otro lado y ella continuaba haciendo comida para un regimiento. Así que me invitaba a comer a diario a su casa porque veía que yo la pasaba mal. Además, la buena mujer deseaba algo de compañía. Regresé a impartir mis cursos en la comunidad a fin de tener ingresos."

Alumbramiento

Ramona se embarazó de nuevo a pesar de las dificultades económicas. En esa época las relaciones familiares de ambos habían mejorado y eso le reconfortaba. Al traer a la memoria esos momentos comenta:

"Respecto a mi tercer embarazo, el doctor del pueblo me había recomendado que debía tener mi parto en el poblado de Cocula o en Guadalajara, porque el bebé venía con complicaciones, por mi problema severo en la columna que tenía desde joven.

"Eran tantas mis ocupaciones que ni remotamente pensaba en irme a dar a luz a otro lado, y como siempre, a nadie le dije de mis problemas. Cuando estaba muy avanzado mi embarazo tuve que contratar una niña para que me ayudara.

"El momento de dar a luz se presentó y no me preocupé por las palabras del doctor; me tomé mi bebida de herbolaria para acelerar las dilataciones. Además, me sentía muy confiada porque había acudido con una sobadora para que me acomodara a mi bebé que estaba volteado en mi vientre. En una de mis citas con el doctor, él me confirmó que el bebé se había acomodado. Nunca le dije que acudí con la señora para que acomodara a la niña. Sin embargo él insistió que debía atenderme en la ciudad.

"Todos nos respetaban y las rencillas habían terminado, porque veían que mi esposo y yo nos llevábamos bien y el nacimiento de nuestras hijas y nuestra lucha por salir adelante les hizo cambiar de actitud.

"Estaba en casa con mi mamá cuando se me reventó la fuente. Me metí a bañar, y cuando estuve lista dejé a mis hijas a su cargo. La abuelita de mi esposo me acompañó al Centro de Salud. Eran como las doce de la noche. En cuanto me vio llegar el doctor me llamó la atención:

"—¡Señora! ¿Qué fue lo que le dije? Usted no podía aliviarse aquí por su problema de columna.

"—No se preocupe, doctor, la niña está bien y yo nunca he tenido complicaciones; además estoy lista para el parto.

"Yo sabía que estaba dilatada por haber tomado mi bebida, pero no le comenté nada al médico. El doctor no pudo hacer otra cosa que atenderme sin dejar de repetir muy preocupado, con la mano en la cabeza:

"—¡Ay, señora; ay, señora! Pase y esperemos en Dios que todo salga bien.

"Me hizo pasar y recostarme, luego colocó en su grabadora un cassette con música relajante. Se preparó, me revisó y me dijo:

"—Ya está aquí el bebé, pero trae el cordón umbilical enredado en el cuello.

"A pesar que gracias a la sobadora la niña se volteó, se le enredó el cordón y eso sí fue una mala noticia.

"—Le va a doler señora, pero voy a tener que maniobrar adentro para desenredarla —me explicó el doctor angustiado.

Entonces, cuando se desenredó la niña, yo sentí el movimiento y un gran dolor en mi vientre. Nació la niña, le cortó el ombligo y exclamó victorioso:

"—¡Bendito sea Dios, todo salió bien!

"Me mostró la niña sana y salva y se la llevó para limpiarla. No pudo entregármela porque yo estaba muy débil. La abuelita de mi esposo fue quien le ayudó a asearla. Mi esposo entró y vio a su hija. Una vez que se aseguró de que todo estaba bien se retiró a descansar, porque tenía que madrugar al otro día para ir a trabajar.

"Me quedé descansando sin imaginar lo que faltaba por venir. El doctor había atendido tres partos y estaba muy cansado. Se retiró a un cuarto ahí mismo a recostarse un rato y le dejó indicaciones a la abuelita para que en una hora lo despertara para revisarme.

"No pasaron ni veinte minutos cuando llamé a la abuelita porque me sentía mojada. Cuando ella volteó para revisarme se dio cuenta de que estaba empapada en sangre. Corrió a llamar al doctor y en el instante en que apareció había derramado tanta sangre que había traspasado hasta el colchón.

"—¡Dios mío! —exclamó el doctor alarmadísimo, dirigiéndose a la abuelita—. ¡Vaya, avísele a su familia que la señora está muy mal!

"Yo escuchaba al doctor que exclamaba repetidas veces: '¡Ay, Dios mío, ayúdame por favor!'. Luego me hablaba: '¡Ramona, Ramona!' con el fin de mantenerme despierta. Su voz la percibía cada vez más lejos. De pronto escuché que decía: 'Esta señora se me va a ir, esta señora se me va a ir'. En ese momento le pedí a la Virgen de Talpa que me ayudara:

"¡Ay, madre mía de Talpa! ¡Mis niñas! —lo repetí tres veces clamando su ayuda. Lo último que alcancé a escuchar del médico fue un ¡Bendito sea Dios! Enseguida perdí el conocimiento. No volví a despertar hasta el quinto día, con un intenso dolor de cabeza, y cuando abrí los ojos no logré ver con claridad a causa de mi debilidad. Además, con el efecto de los medicamentos no podía estar despierta del todo, pero eran necesarios para que pudiera restablecerme.

"Me tuvieron inmovilizada y con los pies hacia arriba durante los cinco días que estuve inconsciente. Al parecer cuando el médico volteó a la niña se produjo un desgarre que ocasionó la hemorragia. No pude salir del Centro de Salud hasta los quince días, y fue hasta que estuve en casa de mis padres que pude abrazar a mi hija.

"Me recuperé poco a poco y en gran parte un vecino de mis papás me ayudó, porque todos los días me daba un preparado de leche recién ordeñada, con chocolate, canela y alcohol, asegurándome que era la formula ideal para recuperar la sangre. En el pueblo le llaman 'pajarete' a esa bebida. Era lo primero que tomaba al día y muy temprano —como a las cinco de la mañana—. Mi mamá por su parte me daba otros jugos y comida para completar la dieta.

"Extrañamente en el Centro de Salud nunca me pusieron sangre, por eso tardé tanto en recuperarme. Así fue como estuvo el parto de mi hija. De mi columna no supe nada porque fue más grave lo de la hemorragia.

"Mi hija se llama María del Rosario en gratitud a la Virgen del Rosario de Talpa. Mi esposo hizo una promesa a la Virgen, que en cuanto yo me recuperara iríamos caminando y cargando a la niña hasta su templo."

A cumplir la manda

"María del Rosario era el segundo milagro que me hacía la Virgen. El primero fue mi hija Idania, la mayor, a quien salvó de fiebre cerebral. El doctor que la revisó en ese entonces me dijo que era una enfermedad incurable. Desesperada recurrí a la Virgen para que la sanara y mi niña salió adelante. Estaba muy pequeñita, tenía sólo un año de edad.

"Una vez que me recuperé, nos dispusimos a pagar la manda. Mi esposo hizo una sillita para acomodar a la niña en su espalda. La manda hacia Talpa era caminando y nos aventuramos con un grupo de personas que también tenían el compromiso de ir. De mi pueblo hasta Talpa se hacen tres días de camino, con intervalos para descansar, durmiendo en donde termine la jornada del día.

"Recuerdo que teníamos que tomar un atajo que estaba justo en un potrero, y los dueños habían tapiado con una barda, para evitar que escaparan los animales, por lo que tuvimos que brincarla. Como pude me subí y di el brinco, pero al caer del otro lado sentí un dolor intenso en el vientre. No le comenté a mi esposo que me había lastimado, pero él notó el malestar en mi cara y se inquietó. Para no preocuparlo me fingí la buena y sana. Cuando lo vi distraído me tomé una pastilla a sus espaldas. Al continuar el camino iba empeorando mi dolor y yo tratando de calmarlo tomando pastillas cada hora, que no me hacían ningún efecto.

"Al llegar al primer pueblo sentí perder el conocimiento por el malestar y no pude disimular más. Mi esposo entonces me llevó de regreso al pueblo para que el doctor me revisara.

"El médico me vio y me regañó porque me había marchado en

esa aventura aun conociendo los riesgos. Me ordenó que me recostara y me revisó.

—¡Ay, señora, si usted me hubiera dicho que iba a ir caminando a Talpa no se lo hubiera permitido, porque usted traía una abiertita y ahora la trae muy grande. Se va a tomar estas pastillas y va a guardar reposo! —me dijo regañándome.

—Oiga, doctor, yo no quiero abandonar la caminata, por favor póngame una venda y permítame cumplir mi manda.

—Señora, no puede continuar, si lo hace, va a empeorar.

—Mire, doctor, tengo una manera de cumplirla. Si me voy en la camioneta que les lleva comida a los caminantes, le prometo que no me bajo hasta llegar al templo.

—¡Qué terca es usted! No la voy a convencer de lo contrario. Entonces permítame ponerle una inyección para evitar una hemorragia.

"Me dio medicamentos para el camino y movía la cabeza contrariado por lo que hacía. Alcanzamos al grupo en la camioneta. Con la inyección, el medicamento y sin caminar pude terminar mi manda que según me dijo un sacerdote estaba cumplida, porque con el grupo que salí con ése llegué al templo.

"Esa no fue la única vez que fui a Talpa. Repetí el viaje en cinco ocasiones. Unas por cumplir, otras por acompañar, o por puro gusto".

Vicky: Oye, Ramona, y ¿nunca les ocurrió nada extraño? Porque yo he escuchado que a los peregrinos les suceden cosas inexplicables. Una persona me comentó que a veces se encuentran con gente muerta que va caminado a pagar su manda. También un amigo me platicó que un conocido de él fue a Talpa y en el camino encontró una anciana, y como la pobre viejita llevaba un costal muy pesado, le ayudó a cargarlo. No supo ni a qué horas perdió de vista a la ancianita pero no le preocupó porque sabía que la encontraría tarde o temprano; no fue así. El buen hombre llegó hasta Talpa cargando el costal de la señora. Al no encontrarla abrió el envoltorio y su sorpresa fue que lo único que cargó todo el camino eran huesos. Azorado le confió a un sacerdote lo sucedido y él le explicó que había ayudado a una persona a cumplir su promesa, porque seguramente había muerto sin poder hacerlo. Luego, un vidente que conocí me contó que al Templo llegaban muchos muertitos, y que si pudieras contar la gente que entra y sale podrías verificar que muchos que ingresan no se les ve salir. ¿Qué opinas tú, Ramona?

Ramona: Sí suceden ese tipo de cuestiones. En uno de esos viajes nos acompañó un tío de mi esposo. En un tramo del camino nos encontramos una señora con un niño abrazado. A mí me llamó la atención porque iba caminando sola con el bebé y eso no es común porque el camino es peligroso. Durante media hora la vimos delante de nosotros. Mientras caminábamos íbamos charlando, orando, contando chistes, para hacer más ameno el viaje. De pronto me di cuenta que la señora ya no estaba, pero nunca vimos que se quedara en algún lugar y siempre nos llevó la delantera. Estábamos a campo abierto, no había casas donde resguardarse y siempre la tuvimos de frente, hasta que desapareció. No la volvimos a ver. Fue algo inexplicable.

Vicky: Ramona, ¿qué explicación le das a esas apariciones?

Ramona: Son personas que quedaron a medio camino sin cumplir su promesa. O son gente que murió en su casa e hicieron la promesa de ir a Talpa, y aunque estén muertos tienen la intención de realizar su manda.[2] Algunas veces un familiar la cumple por ellos para que no anden vagando. Promesas son promesas y hay que cumplirlas.

Vicky: ¿Entonces sí hay gente fallecida que entra al templo?

Ramona: Sí, y se pueden ver físicamente, pero no tienen luz; van a realizar su manda.

Vicky: ¿Alguna vez un alma atormentada te ha solicitado que comuniques a un familiar que cumplan una manda?

Ramona: Sí, un amigo de nombre Rubén. Fui a visitar a su hermana cuando lo vi y escuché que me llamaba. Entonces no sólo me reveló problemas familiares muy íntimos sino que me pidió que le dijera a su familia lo importante que era que cumplieran la manda.

Vicky: ¿Algún otro hecho que quieras narrar de tus viajes a Talpa?

Ramona: En el último viaje vivimos otro hecho extraño, acompañando a otra pareja. Justo en la madrugada, antes de llegar a un ranchito llamado La Florida, vimos un objeto luminoso enorme en el cielo. Era redondo y hacía movimientos circulares, luego bajaba y se quedaba suspendido. En esa zona varias personas han tenido avistamientos. La luz que despedía era intensa. Nos paramos como una media hora a observarlo y de pronto se desapareció y el cielo volvió

---

[2] Manda. Promesa hecha a Dios, la Virgen, Jesucristo o algún santo, a cambio de un favor hacia una persona.

a estar oscuro. Lo extraño es que, de verlo volar hacia un lado y otro, de pronto se desvaneció, igual que la señora del camino.

Vicky: Fue la única vez.

Ramona: Sí.

Vicky: Regresando al tema de la Virgen de Talpa, ¿qué percibes en el templo?

Ramona: Mira, no sólo en el templo de la Virgen he sentido la energía, sino en otros templos que he conocido. Lo que sí te puedo decir, porque lo he percibido, es que la mayor energía no está en el Templo Principal, sino en donde se hizo la renovación de la Virgen. Al entrar, hay tanta energía que los vellos de la piel se te erizan y se siente algo muy grande, muy hermoso, de paz interior. Ahí se llevó a cabo la renovación y mucha gente que va a Talpa desconoce la existencia de ese templo.

Vicky: ¿Me puedes explicar qué es la renovación?

Ramona: La historia dice que la Virgen original estaba hecha de caña de maíz. Fue en la época de la Conquista que un fraile la llevó al templo. Los indígenas le tenían mucha devoción. El benefactor del templo de aquella época era Santo Santiago, por eso el templo se llama Santiago de Talpa. La caña se picó con el paso del tiempo, deteriorándose la imagen.

Con el objeto de no equivocarnos en los hechos, Ramona me facilitó la Novena en donde se narran, y de ahí elaboré el siguiente resumen:

En el año de 1644, el señor cura ordenó a las mujeres que servían al templo que sepultaran varias imágenes que estaban dañadas por el paso del tiempo, y entre ellas se encontraba la imagen de Nuestra Señora del Rosario. Una de las mujeres tomó la imagen, y al hacerlo salió de ella un cúmulo de resplandores tan intensos que la mujer cayó al suelo sin sentido. Luego se acercaron las otras mujeres y al verla también cayeron desmayadas. Vino entonces un grupo de gente que admirada contempló la renovación de la Virgen, quedando hermosa y de material pesado y macizo, cuando antes era liviana y estaba casi destruida. El hecho quedó documentado por el párroco de Mascota en 1670. La virgen se conserva de tal manera hasta nuestros días.

Al volver en sí las mujeres, estupefactas por aquel hecho sorprendente, le encendieron dos pequeñas velas que permanecieron prendidas y sin consumirse por cuatro días. Considerado este hecho un prodigio se conservaron las candelas por muchos años, cuando terminaron repartiéndose como reliquias.

Resumen tomado de la Novena a María Santísima del Rosario o Señora de Talpa, compuesta en 1743 por Fray Francisco Solano de León.

Según afirma Ramona, el milagro de la renovación ocurrió en el templo de San José, que está a un costado del mercado, y algunas personas desconocen esta información, y añade: "Ahí es donde yo siento más energía, más luz."

Investigando el pasado

Es necesario, para adentrarnos en lo que son los dones de Ramona, revisar algunos acontecimientos que fueron marcando pautas importantes en el desarrollo de su clarividencia y sanación. Para esto abriremos algunas páginas de su vida en las que se ven involucrados amigos entrañables y a la vez testigos de estos episodios. Es por eso que le pedí a Ramona que ahondara un poco en dichos acontecimientos.

"Unos amigos con los que he tenido mucho contacto y de quienes recibí ayuda son mi compadre Pedro y mi comadre Guillermina. Sus hijos y mis hijas crecieron juntos porque éramos vecinos.

"El maestro Pedro veía que la pasábamos muy mal económicamente y un día me llamó y me dijo:

"—Ramona, es importante que tu esposo Armando tenga un trabajo fijo para que ustedes cuenten con servicios médicos, con un sueldo seguro y no anden batallando tanto. Yo le voy a ayudar a tu esposo para que entre a trabajar en la escuela.

"Así lo hizo; le consiguió un buen empleo pero fuera del pueblo. Al poco tiempo de relacionarme con mi comadre, ella cayó muy enferma y no le encontraban el origen. Anduvo navegando entre médicos y clínicas y no le daban ningún diagnóstico acertado, sólo medicamentos que no le servían para nada porque llegó a perder tanto peso que terminó tirada en la cama con dolores muy fuertes. Para no hacer el cuento largo, se suscitaron muchos fenómenos increíbles antes de lograr la curación de mi amiga.

"Fue entonces que, en busca de ayuda, acudimos con un curandero a un pueblo vecino y fue él quien me dijo directamente que yo tenía la virtud de la videncia y que era yo quien le iba a ayudar a curar a mi amiga. El sanador me dijo que pasara a la consulta junto con mi amiga y me pidió que cerrara los ojos y que le hiciera una descripción de lo que veía. Ni yo me imaginaba lo que iba a suceder: vi a mi comadre amarrada con un alambre que le llegaba a la cintura, y muchos clavos enterrados en el estómago. Estaba sorprendida de lo que había visto, pero mi malestar me hizo salir de mi azoro porque al abrir los ojos me sentí tan mareada como si me hubiera subido a la rueda de la fortuna. Tuve que correr al baño con tremendos deseos de deponer.

"Luego el curandero, Lupe Franco, me obligó a que le dijera lo que había visto. Lo que vi aquel día nunca lo voy a olvidar, porque me hizo comprender un trabajo de brujería. Mi comadre tenía el alambre en su cuerpo y el nudo para cerrarlo estaba en la parte de atrás, junto a las rodillas. Claro que esto no se veía físicamente porque utilizan un muñeco para hacer el daño. Y no sólo a ella la habían trabajado sino a toda la familia. Hicieron un muñequito representando a cada uno de ellos para dañarlos. Pero el bien logró vencer al mal y mi comadre se curó con la ayuda de Dios y la intervención del curandero, quien después se hizo mi compadre y guía. Don Lupe me dijo que yo sería una gran sanadora.

"A raíz de estos acontecimientos fue que mis amigos se dieron cuenta de mi clarividencia. Yo también comencé a tener mayor conciencia de esas inexplicables 'cualidades' porque antes de este acontecimiento no tenía idea de la magnitud y responsabilidad de tener un don. En resumidas cuentas, pude ver el daño que le habían hecho a mi amiga; pudimos ayudar a sacarla adelante y sanó por completo de un fuerte trabajo de brujería.[3]

"Pedro era un maestro especial; siempre le enseñaba a los muchachos cosas prácticas como carpintería, tejer sillas, soldar; los llevaba de campamento y por ahí en el pueblo o en las cercanías los llevaba a zonas donde se encuentran piezas prehispánicas.

"En ese tiempo comencé a hacer mis primeras indagaciones de otra naturaleza utilizando mi don, porque mi compadre, al ser tan curioso me empujaba a hacerlo. Me ponía piezas arqueológicas y me decía:

---

[3] Véase el relato "Un ángel en la Tierra", del libro *La estación de las ánimas,* para más información.

"—¡A ver, Ramona, toca esto y dime qué ves.

"Al tocar las piezas o figuritas, metates y tepalcates, sucedía algo maravilloso, me conectaba con la cultura indígena creadora de esos artefactos, con el artesano, y podía ver su vida. A mí también me gusta indagar. A veces lo obligué a devolver las piezas porque pertenecían a una ofrenda funeraria y no era bueno tenerlas en casa, porque desatan fenómenos paranormales.

"Podía recibir imágenes del lugar en donde estuvo cada pieza, donde hacían sus rituales, hacia dónde iban a conseguir agua, sus cementerios, la posición de cómo los enterraban; en general su forma de vida era impactante, interesante, y sorprendente poder ver todo eso. Sin embargo lo tomaba como una locura más, pero lo disfrutaba como quien mira en la pantalla de televisión un programa fascinante, aunque a veces era de tristeza y sufrimiento; no todas las imágenes son bellas.

"Quiero mencionar que si alguien tiene una pieza de esta naturaleza de indígenas o civilizaciones no pacíficas, éstas pueden provocar alteraciones de hechos sobrenaturales en los hogares, porque aparte de pertenecer a una persona que tiene energías negativas, la pieza queda impregnada de los niveles emocionales de cada persona que la ha poseído.

"Lo mismo sucede con todos los bienes materiales, por eso es recomendable, al comprar antigüedades, hacerles una limpia antes de acomodarlas en su lugar final. La limpia se hace con agua bendita, oración e incienso, y consiste en el desalojo de presencias de una persona, un objeto o un animal."

El nacimiento de Mitzi

"Justo en el tiempo en que se presentó la enfermedad de mi amiga resulté embarazada de mi cuarta y última hija: Mitzi. Entonces sí me afectó el problema de mi columna, que tenía desde mi grave caída en la secundaria.

"Para el mes de diciembre me sentí muy mal, con fiebre, escalofrío y dolor de cabeza. Mi mamá me sugirió que fuera al doctor y que ella se hacía cargo de las niñas.

"Llegué con el doctor, le platiqué mis síntomas y le comenté que desde el mes de agosto había dejado de menstruar. Le expuse que yo era muy irregular pero no a tal grado. Con sospecha de embarazo, me mandó hacer una prueba y otro examen para ver si tenía el dengue.

"Me hice los exámenes y, efectivamente, la prueba de embarazo salió positiva, pero también estaba enferma del dengue. El médico me recetó con las debidas precauciones. Me tomé la pastilla, al poco tiempo fui al baño y vi que estaba sangrando. De inmediato pensé que la prueba de embarazo estaba equivocada porque, además, en un tiempo prolongado yo no había sentido que estaba encinta. Regresé con el médico, quien me dijo que había amenaza de aborto y me mandó a casa para guardar reposo.

"La inactividad me impacientaba, a cada rato me levantaba, pero luego el sentimiento de culpa me llegaba y volvía a la cama. No sentía ni creía estar embarazada, pero mi esposo me hizo recapacitar y me sugirió que me cuidara. Me vi obligada a estar en casa de mi mamá para que me ayudara con las niñas.

"Abandoné mis compromisos con la iglesia y mis cursos, guardando reposo durante dos meses. Me las arreglé para mantenerme entretenida en mi cama haciendo manualidades, para no estar de inútil. Una vez que pude levantarme, aunque sin dejar de tener ciertos cuidados, fui a ver al doctor y me dio un pase para que fuera a la ciudad a realizarme un ecosonograma. Era entonces el mes de abril, mi amiga Guille me acompañó.

"Llegué al Seguro Social y me dirigí a realizar el examen. El joven médico, al ver mi pase me cuestionó:

"—¿Señora por qué le mandaron hacer un estudio?

"—El doctor quiere saber si tengo un tumor.

"Inventé tal cosa porque a esas alturas no creía estar embarazada, porque para mí era imposible estarlo si no sentía los movimientos de mi bebé. Así que saqué por conclusión que tenía un tumor.

"Me preparó para el estudio y me untó el gel. Me comenzó a pasar el aparato receptor y la niña comenzó a reaccionar molesta ante el instrumento. En cuanto trataba de colocarlo, la niña se movía para otro lado. Hasta ese día yo sentí a mi bebé, en todo el embarazo nunca se movió.

"—Mire qué curioso, antes de que yo coloque el aparato ella se mueve de lugar, como si adivinara dónde lo voy a poner —me dijo el joven médico—. ¡Ah, pero no me va a ganar!

"En un rápido movimiento la engañó y logró colocar el aparato diciéndome:

"—Mire ahí está su tumor chillón. ¡Sí, un tumor con cara de bebé! —me dijo riendo el interno.

"Luego me dio mi fecha de parto para mediados de julio. Yo le dije que había un error porque mi regla se había retirado desde el mes de agosto. Ni modo que fuera un embarazo de un año. Extrañamente así fue y además me vino a pasar con mi cuarta hija Mitzi Amiyalli".

Vicky: Sí, Ramona, con tu hija quien heredó tus dones de clarividencia. Con razón adivinaba desde el vientre cuando le iban a colocar el aparato.

Ramona: Mi papá me hacía burla por mi embarazo tan largo. Aunque era un hombre recio, también le gustaba bromear. Para él todo debía ser legal.

"Cuando llegó la hora del parto me trasladé a la ciudad de Guadalajara. En este cuarto y último parto tuve muchas complicaciones con mi columna. Los médicos se vieron obligados a practicarme una cesárea.

"Antes de dar a luz ocurrió un suceso increíble. Resulta que, mientras esperaba que me atendieran, falleció un médico de la clínica y todos los doctores se fueron al velorio; sólo dejaron unos practicantes sin experiencia. Mi habitación estaba cerca del cubículo de los practicantes y escuchaba todo el mitote que traían. Había muchas parturientas, y por falta de atención comenzaron a morir. A tal grado fue el descuido que fallecieron siete mujeres. Yo escuchaba toda la tragedia y me daba escalofrío pensar en correr la misma suerte. Mi presión arterial se fue hasta arriba.

"Finalmente llegó el director del hospital, puso en orden a todos y agilizó la situación para que me atendieran por mi alta presión y porque mi bebé presentaba sufrimiento fetal. Me llevaron al quirófano, y cuando intentaron ponerme la raquea les rebotaba la aguja por el hueso de mi columna que estaba fuera de lugar, justo donde tenían que picarme. Tres veces me tuvieron que picar a fin de que entrara la aguja.

"Al poco rato, con tantos piquetes, la anestesia me llevó a un estado de entumecimiento muy delicado. Me sentía sofocada, muy mal. Sentía que pronto iba a ver a San Pedro. Finalmente nació mi niña y eso me tranquilizó. Terminó la cirugía, me dormí y unas horas después me despertó una intensa temblorina que no se me quitaba. Tuvieron que amarrarme y colocarme un montón de cobijas; hasta la cama sonaba con mi estremecimiento.

"Lo más extraño es que no entendía por qué mi esposo no subía a verme, ignoraba que nadie se ocupó de notificarle. Cuando él se acercaba a preguntar por mi estado le aseguraban que estaba bien y que en su momento le avisarían cuando naciera la niña. Habían pasado diez horas desde el nacimiento de Mitzi y no le comunicaban absolutamente nada.

"Cuando terminaron los temblores, una enfermera me colocó una venda demasiado apretada, tanto que comencé a sentirme asfixiada. Pensaba en quitármela pero me daba temor de que se viniera una hemorragia. Así aguanté horas. En la madrugada entró la enfermera y le pedí que aflojara la venda, pero dijo que así de apretada tenía que ir.

"¡Madre mía! —pensé—. No sé si aguantaré. Me sentía como los pobres burritos a los que les amarran un pretal, y los compadecí.

En la mañana aparecieron los médicos y me preguntaron cómo me sentía; les contesté con mi refrán del burrito. Los doctores comenzaron a reír y me preguntaron que ¿por qué no me lo habían aflojado?".

Vicky: ¡Qué barbaridad, Ramona! ¡Cuántas cosas tuviste que pasar a fin de tener a tus cuatro hijas! ¡Qué irresponsabilidad de los médicos y de las enfermeras de ese hospital! ¡Cuántas personas han de atravesar por ese tipo de penurias en las clínicas del gobierno!
Ramona: Uh, si te contara.

"Se me hacía tarde salir del hospital. No podía estar en cama. Acuérdate que a mí no me gusta estar en reposo. Me levanté y fui a investigar dónde estaba mi hija y por qué no me la habían llevado. Tenía que subir tres pisos caminando para llegar a donde estaban los cuneros, porque el elevador estaba averiado; pero eso no me detuvo.

"Mientras tanto, Armando estaba en el primer piso solo y angustiado porque pasaban las horas y nadie le daba noticias; además lo regañaban por atreverse a preguntar por mi estado:

"—¡Ay, señor, cálmese, no se ponga histérico; ya le avisarán! Si no le han informado nada, es que está bien.

"Para cuando pasó la siguiente ronda de médicos ya me había bañado, había visto a mi niña y sola me cambié la venda para que no me lastimaran. El doctor estaba sorprendido de mis andanzas y ordenó que me hicieran unos análisis de sangre porque me notaba con signos de anemia. Con los resultados en mano el médico le comentó a los practicantes:

"—¿Cómo ven a la señora? Una persona que tiene nueve puntos de hemoglobina sufre de mareos, anda baja de defensas, está débil. Esta señora ya se paró, se bañó, subió escaleras; ¡trae 7.5 de hemoglobina. Mírenla!

"Estaban sorprendidos por mi fortaleza. Me pusieron dos transfusiones de sangre para ayudar a estabilizarme. Fue hasta entonces que subió Armando, y al verme con transfusión de sangre palideció. El pobre también había pasado amargos momentos de zozobra al no tener noticias ni de su hija, ni de mí, en tantas horas. En total tres días, ¿te imaginas?

"Así nació mi hija entre tantos contratiempos. El día que salimos del hospital rumbo a mi pueblo mis compadres Pedro y Guille nos recogieron en su camioneta, y por si fuera poco, cayó un tormentón que ya nos andaba para salir de la ciudad. Por eso mi compadre aseguró que Mitzi iba a ser un torbellino; no se equivocó, así es ella.

"Guille y Pedro fueron los padrinos de bautizo de Mitzi, por eso nos hicimos compadres."

Anécdotas de sus hijas

Una vez que terminamos con la narración de los partos de Ramona, le pedí a mi amiga que me contara cómo eran sus niñas: su personalidad, sus juegos, travesuras, y si había en cada una un don especial fuera de lo común. Ella asintió gustosa y sonriendo comenzó a contarme.

"Mis hijas siempre fueron muy inquietas y me hicieron pasar sustos que no le deseo a nadie. Te voy a contar una anécdota de cada una para que entiendas a qué me refiero.

"Empezaré con la mayor, Idania. A escasa edad se salió del kinder con un primito. Mejor dicho cuando llegó el camión por ellos, en lugar de subirse se fueron caminando hacia el río y nadie se dio cuenta, hasta que llegaron a entregarlos y no estaban en el autobús. Tanto la mamá del niño como yo nos llevamos un gran susto, aunque en mi interior podía percibir que estaban bien. Corrimos al kinder para ver si estaban allá y no los encontramos, no sabían de ellos. Se la pasaron todo el santo día jugando cerca del río, mientras nosotros estábamos vueltos locos buscándolos, porque estaban muy pequeñitos".

Vicky: ¿Y por qué entonces no utilizaste tu don para localizarlos?
Ramona: Porque en ese tiempo yo no lo hacía y menos para cosas personales. Sin embargo, yo sabía que los niños estaban bien.

"Mi niña apareció alrededor de las cuatro de la tarde como si nada, venía caminando muy tranquila en compañía del primito, que también era tremendo. Mi mamá me dijo que no le fuera a castigar porque era una niña inocente que no pensaba en peligros, sólo quería jugar.

"Habla con ella y explícale que eso no se debe hacer porque le puede ocurrir un accidente o se la pueden robar.

"Así lo hice.

"¿Qué andabas haciendo? —le pregunté.

"Fuimos a pajarear al río con la resortera —me contestó.

"Llegó toda asoleada porque era muy blanca y resentía mucho el sol. Al verla bien y dando una respuesta tan despreocupada me di cuenta que mi madre tenía razón. La niña no tenía idea de lo peligroso de su comportamiento, así que tuve que explicarle la situación para que no lo volviera a hacer.

"Luego tuvo un accidente muy fuerte por andar jugando a oscuras a las escondidas cerca de una malla de alambre. Se lastimó su ojito con un alambre que estaba desprendido, y aunque el doctor vivía enfrente de nosotros y la atendió de inmediato su ojo quedó dañado. Le cicatrizó pero ella todo el tiempo ve borroso.

"A los pocos días de ese accidente, mi segunda niña, Mayra, se cayó y se encajó un pedazo de vidrio en una piernita, también jugando en la calle. De nuevo corrí con el doctor Pepe y él la atendió de inmediato. Yo no tenía seguro; él era mi seguro.

"Era curioso, el doctor Pepe sí creía en mis preparados de hierbas y en los masajes que hacía. Algunas veces llegó a mandarme niños para que los curara de empacho, de susto o de contracturas musculares. Incluso, me llegó a decir en broma que me iba a poner un cuartito junto al seguro para mandarme a los pacientes que la medicina no podía curar.

"Los doctores del pueblo siempre han sabido que yo puedo sanar molestias del estómago o de la cabeza, tortícolis y lumbalgia; a veces me mandan gente o las personas llegan solas conmigo.

"Pero no terminaron ahí los percances de mis hijas. A Mayra le encantaba comer azúcar glaseada y se ponía a un lado mío cuando hacía pasteles, para que le diera un poco del polvo azucarado. Una tarde me dijo: 'Mami voy a salir a jugar'. Le pedí que me esperara para salir con ella y cuidarla porque me daba miedo que le pasara algo. Fui por una silla para sentarme y poder cuidarla; pero ella no se esperó, corrió a la calle. En escasos minutos escuché que gritaba desesperada. Salí apurada, pensando que la habían atropellado; cuando la vi me quedé helada. Sus labios se abrieron deformándose y no podía hablar. Traté de adivinar que le pasaba. '¿Te caíste y te golpeaste? ¿Alguien te lastimó?' Ella llorando me decía que no a todo, hasta que le pregunté si había comido algo. Me contestó con su cabecita que sí.

"Le pedí que me enseñara lo que había comido y me llevó al bote de la basura de la vecina, mostrándome una bolsita con un polvo blanco. Era sosa cáustica. Ella creyó que era azúcar glass. Me quería morir. Pensé que lo había tragado.

"—¿Qué hago, Dios mío? ¿Qué hago?—pensaba desesperada en resolver la situación.

"Me acordé del carbonato, pensando que podía ayudar a alcalinizar la otra sustancia. Entre agua y carbonato le estuve lavando la boca, hasta que se calmó; dejó de llorar y sus labios volvieron a la normalidad. Sólo le quedó una manchita negra. Afortunadamente no la tragó, porque al sentir que le quemaba la retiró de su boca. Mi esposo llegó en plena tragedia y me tranquilizó. No le quedó huella del accidente, se recuperó muy bien y rápidamente.

"Chayo, mi tercera hija, también era especial. Ella era feliz corriendo como cervatillo por el campo. No le gustaba usar zapatos, se los quitaba y corría de un lado a otro. También aventaba la ropa y quedaba sólo en calzoncillo. Se sentía libre y no le importaba pisar piedras o cosas que le lastimaran los pies; hasta hizo callo de tanto andar descalza.

"Le gustaba acompañar a su abuelita a cortar nopales. En una de esas salidas tomó un palo para derribar las pencas del nopal, mientras mi mamá los cortaba cuidadosamente diciéndole que se alejara porque se podía lastimar con los ahuates de la penca. Por supuesto que no le obedeció y siguió intentando tumbar un nopal con el palo hasta que lo derribó, perdiendo el equilibrio y cayendo de lleno en la nopalera. Mi mamá al verla se asustó y le gritó:

"—Mira nada más, niña, ya te llenaste de ahuates, ven para quitártelos.

"Chayito en lugar de llorar le contestó a mi mamá:

"—¡Sí, peo me o chingué!

"Así contestó, sin importarle la molestia de los ahuates en sus manos. Adoraba las alturas igual que yo. Me pedía que le comprara un juego de té que venía con unos platitos, los cuales tenían de adorno unos círculos huecos alrededor; los tomaba, trepaba a un árbol y por esos huecos los encajaba en las ramitas que estaban delgaditas. A sus amiguitas les decía que ella había escogido su casita, que era un árbol de naranja lima lleno de espinas. Hasta la fecha, no entiendo cómo le hacía para trepar sin espinarse, porque subía descalza y semidesnuda; desde allá platicaba con las amiguitas".

Vicky: Sí que era una niña extraña para jugar, Ramona. No es normal que se trepara a un árbol a jugar a la casita, menos a un árbol con espinas. Como que le gustaba lidiar con las espinas porque también se echó la suerte con la nopalera.

Ramona: Así es, y además era una líder, todo el tiempo la buscaban, era muy popular. Conforme fue creciendo, ¡más la buscaban! Jugaba futbol en un equipo de ambos sexos, pero a ella la elegían los niños porque era muy buena.

"Otra vagancia que hacía era subirse a un burro, dirigirse a una lomita para agarrar vuelo y bajar en zumba y a pelo. Hasta ahora que está grande me enteré de esta vagancia.

"Como a los ocho años de edad se subió con una amiguita a jugar a la azotea, porque le encantaba estar en las alturas. En esa ocasión ella eligió jugar junto al tinaco, que entonces era de cemento. Chayito se sentó en el tubo que lleva el agua y que conecta al tinaco y ahí estuvo meciéndose hasta que sin darse cuenta lo debilitó hasta romperlo. ¿Te imaginas la escena del agua cayendo encima de ellas? Mientras que la amiguita daba de gritos asustada, Chayito dio un brinco desde la azotea hasta el piso de abajo y siguió corriendo espantada. Todos los chiquillos que jugaban en la calle la vieron brincar y gritaban:

"—¡Ea, ea, Chayito voló como Superman!".

Vicky: ¿Y a la otra niña, antes que no se le ocurrió brincar también?

Ramona: No afortunadamente, ella se quedó arriba llorando. ¿Te imaginas el susto que me llevé? Era tan inquieta que no sabía cómo ponerla en paz.

"Finalmente, mi cuarta hija, Mitzi, fue una niña muy traviesa con sus manos. Ella tomaba cuanto ingrediente se le ocurría de mi despensa, se salía al patio y con agua y lodo hacía una mezcla que para ella era un pastel".

Vicky: Tal vez estaba imitando tus clases de repostería, Ramona.

Ramona: Se parecía un poco a Chayo, tampoco le gustaba ponerse los zapatos ni la ropa. Le encantaba meterse al agua. Chayito y Mitzi son quienes heredaron mi don. Chayo ve a través de los sueños y Mitzi, igual que yo, en vivo y en directo. Sus amigas le llaman Sabrina.

Vicky: ¿Fue desde muy pequeña que Mitzi comenzó a ver ánimas o a experimentar sucesos extraños?

Ramona: Sí, el primero que recuerdo ocurrió en época cercana a Navidad. ¿Te acuerdas que antes se usaba mucho que te enviaran tarjetas navideñas? Mitzi me insistía en que le diera la tarjeta de las campanitas con la musiquita.

—No hay ninguna tarjeta así hija, ¿cuál musiquita? Estás loca; no hay nada—, le explicaba.

"Todavía no recibíamos tarjetas y menos con música. Ni sabía que existían. Como a las dos semanas de que la niña me pidió la tarjeta recibimos la primera, y para mi asombro era musical y tenía dos campanitas unidas con un moño rojo, tal como mi hija Mitzi la describía. Mi niña al verla me dijo: 'Mami, ésta era la tarjeta de la campana que yo quería y la voy a colgar'. Esto significó su primera premonición.

"De más grandecita, cuando estaba en la primaria, Mitzi no llevó lapicera a la escuela y pidió una prestada a una de sus compañeras; la niña no se la quiso prestar y Mitzi se molestó. Ella había visto, con su don, que la muchachita se iba a caer al salir del salón y sin pensarlo le advirtió: si no me prestas la lapicera te vas a caer. Por supuesto que la niña no le creyó y tampoco le dio a mi hija lo que pedía.

"Al poco rato la compañerita salió del salón y resbaló, cayendo al suelo y mirando a Mitzi con recelo y con miedo. Al enterarme me vi obligada a aconsejar a mi hija de no utilizar lo que 'veía' para su conveniencia, porque la gente lo iba a malinterpretar pensando que ella provocaba el daño.

"Para entonces trabajaba mañana, tarde y noche. Mi mamá cuidaba de mis hijas, y al ser tan inquietas mi pobre madre no podía tenerlas en paz y libres de percances".

Vicky: Ramona, ¿por qué crees que has tenido que sufrir tanto o pasar por estos contratiempos con tus hijas y tus partos?

Ramona: Porque el sufrimiento te da mucho crecimiento espiritual. En el momento reniegas, pero al analizar la situación tomas las enseñanzas, haces cambios y eso te hace crecer. A mí me ha hecho valorar muchas cosas. Por ejemplo, cuando no tenía a veces qué comer le decía a mi Dios: 'Señor no tengo por qué preocuparme, si tú le das de comer a los pajaritos también a mí me vas a dar'. He sido muy querida por Dios porque tuve padres que me adoptaron y nunca me faltó nada. A pesar de mis problemas siempre he salido adelante.

Vicky: ¿A través de mis entrevistas e investigaciones me he dado cuenta de que muchas personas como tú, sensibles con este don, han sufrido mucho? ¿Por qué, si son seres tan especiales, deben atravesar tanto dolor?

Ramona: Porque recuerda que el sufrimiento te hace una elevación de conciencia. Anteriormente quienes llegaban a la santidad se azotaban y ayunaban para lograr una elevación de conciencia. Yo he comprendido que las personas que sufren lo hacen no porque Dios no esté con ellas sino al contrario: Dios nos está dando una parte de él. Pero no debes renegar, ni quejarte, porque Dios siempre está contigo, él te va cargando y el dolor te lleva a una redención.

Vicky: ¿Y de esa manera puedes empatizar mejor con los demás y ayudarles con sus problemas?

Ramona: Así es. ¿Cómo puedes entender el hambre si nunca la has padecido? Pasas esas etapas difíciles y comprendes por qué tuviste que vivirlas, así puedes comprender mejor tus problemas y los de los demás. Y no debes desesperar; muchos caen en la desesperanza y roban, matan o se quitan la vida. Toman el camino equivocado.

Vicky: ¿Y qué pasa por ejemplo con los que se suicidan?

Ramona: No pueden llegar a la luz, se quedan atrapados en un espacio. Quienes se quitan la vida lo hacen creyendo que van a descansar en un lugar tranquilo y hermoso, pero no es así; sólo están en ese espacio atorados esperando que alguien los rescate. Por eso es importante que si alguien se siente deprimido se salga y busque a los amigos o se vaya a un parque a meditar o a un templo para hacer oración. El enemigo siempre está acechando para lograr salirse con la suya y llevarnos hacia el lado equivocado.

Vicky: ¿Una persona como tú puede ayudar a un alma así o no es permitido ayudarle?

Ramona: Cualquier persona con buenas intenciones puede ayudar a un espíritu necesitado haciendo oración, ofreciendo misas o meditando de acuerdo con sus creencias religiosas o no religiosas, lo importante es tratar de enviar luz a los seres que están purgando sus errores cometidos en vida.

Transmisión de dones

Entre las anécdotas de una y otra niña, también le pedí a Ramona que me hablara de las primeras percepciones de sus dos hijas menores, porque es muy interesante cómo va despertando en los niños el insólito don de la percepción extrasensorial. Ya nos había contado una pequeña anécdota de Mitzi pero, ¿y Chayito?

"Las percepciones de mis hijas las vi de forma más natural que las mías, porque me había acostumbrado a tener ese tipo de situaciones extrañas y, cuando ellas comenzaron a pasar por sus experiencias, era como la extensión de mis locuras.

"Recuerdo claramente una anécdota de mi hija Chayo. Mis padres habían salido de viaje a Tijuana para visitar a unos familiares. En esa época vivíamos en su casa. Nos avisaron que iban a estar fuera unos dos meses. Para cuidar mejor la casa decidimos mudarnos a la planta baja donde vivían ellos. Eran como las diez de la noche y Chayito comenzó a inquietarse.

"—Mami, vámonos a dormir arriba, porque mi Nina va a llegar —me decía refiriéndose a su abuelita.

"—No, hija, faltan muchos días para que llegue, muchos, muchos días.

"Recuerdo que tomé un calendario y le expliqué todos los días que faltaban para que mi mamá regresara.

"—No, mami, vámonos para arriba porque mi Nina viene malita. —Me insistió—. Mira viene malita así —se agarraba una mano mostrándome que su Nina venía lastimada.

"No le hice caso y me dispuse a dormir. A las tres de la mañana escuché que tocaron en la puerta y fui hacia la entrada para averiguar quién era, me contestó mi padre.

105

"—¡Abre que somos nosotros!

"Al abrir la puerta me dijo:

"—Tuvimos que regresar porque tu mamá se cayó y se torció una mano.

"Mi mamá venía con una mano vendada tal como me hizo la seña Chayito. No me sorprendió el episodio porque pensaba que todos los niños eran así, como yo; que podían predecir los hechos antes de que sucedieran.

"Chayo recibió mis dones, estaba muy pequeña cuando comenzó a percibir la energía de las personas y tener visiones. Una tarde íbamos caminando por la banqueta y vimos que una mujer venía frente a nosotras; la niña comenzó a jalarme y a decirme:

"—¡Córrele! ¡Córrele! ¡Córrele mami!

"Me tomó de la mano y me hizo que me cambiara de acera. Estaba nerviosa e inquieta.

"A los pocos días me enteré que la señora murió de cáncer. Entonces comprendí que Chayo había visto la muerte en aquella persona, le dio miedo y por eso quiso cambiarse a la acera contraria".

Vicky: ¿Qué hay sobre Mitzi, la menor?

Ramona: Mi hija Mitzi recuerda todavía cómo al pasar por una casa reconocía el interior y podía ver un árbol de limón y un carrito de jirafa. Lo más extraño es que ésa fue la casa de mi abuelo, donde yo jugaba con él, y ella nunca la conoció, solamente sus hermanas mayores Idania y Mayra. Sin embargo, cada vez que pasábamos por ahí, ella estaba chiquita como de unos cinco años, me repetía lo mismo: '¡Mami, yo viví en esa casa! Y a gusto', por decirme que contenta. Me describía la casa cuando no había estado en su interior.

Vicky: Es muy extraño eso, Ramona, no es lógico. ¿Pudiera ser la reencarnación de tu abuelito?

Ramona: No sé. Yo tampoco lo entiendo del todo. Aunque si le busco una explicación para mí es que una parte de mi abuelo está en ella. Por eso se siente tan ubicada en la casa.

Vicky: ¿Crees que sea tu abuelo?

Ramona: No siento que sea eso, pero sí que tiene alguna información de mi abuelo en su ser.

"Solamente Mitzi y Chayo recibieron estos dones. Te voy a

contar otra anécdota de Mitzi. Como siempre, yo andaba trabajando arreglando un salón para un bautizo. No recuerdo ni quien llegó a avisarme que fuera corriendo a mi casa porque Mitzi tenía atorado un dedito en un agujero de una camioneta y no lo podían sacar.

"Tuve que dejar todo para asistir a mi hija. Cuando llegué y vi el cuadro de inmediato pensé: '¿cómo le voy a hacer?'.

"Familia y vecinos habían intentado de todo para desatorar el dedo de Mitzi sin lograrlo. Lo había metido a un agujerito que daba a la salpicadera, complicando más las cosas. Me acosté en el suelo debajo de la camioneta para tratar de empujarlo pero estaba muy hinchado y amoratado y no quería lastimarla. Empecé a darle un masaje suave con sumo cuidado y le dije a la niña que cuando le gritara '¡sácalo!', de inmediato lo jalara. Fueron sólo unos instantes, con el delicado masaje el dedo se aflojó y entonces le grité a Mitzi, la niña lo jaló y se vio liberada de inmediato.

Vicky: ¿Es por tu don de sanación y energía en las manos?

Ramona: Ahora sé que es por eso, entonces ni me ponía a pensar porque ni tiempo tenía de reflexionar. La saqué del problema y con miles de advertencias le pedí de nuevo a sus hermanas y a mi mamá que cuidaran de ella, me fui corriendo para terminar con el arreglo del salón.

Ramona, a causa de su necesidad económica se veía obligada a trabajar ya sea en su casa o fuera de ella; a veces estaba tan agobiada con el trabajo que era cuando se suscitaban este tipo de percances familiares, pero ella nunca perdía la fe en Dios y continuaba con su camino.

El ánima de la secundaria

"Cuando me dieron un trabajo en la secundaria técnica tuve experiencias fuertes. Mi trabajo era en la cocina, como responsable de preparar el desayuno para doscientos alumnos. Por supuesto que tenía mis ayudantes, porque había dos recesos y no se permitía comida empacada, todo debía ser de reciente elaboración, nada comercial.

"A las 4:30 de la mañana yo debía de estar en la escuela para tener todo listo a las 9:00 y a las 11:00 horas, que salían los muchachos al recreo. Era una cooperativa, de manera que los estudiantes nos ayudaban vendiendo los alimentos. Nosotros sólo los preparábamos y al final de año se repartían las ganancias. En escasos minutos se terminaban todos los alimentos que representaban el trabajo de cinco horas.

"Me ocurrían eventos muy curiosos en la cocina. Por ejemplo, dejábamos lavadas las frutas un día antes para aventajar el trabajo del día siguiente. Había dos espacios en la cocina, uno donde preparábamos y otro donde colocábamos los utensilios; llegó a suceder que al otro día me encontraba las frutas lavadas en el área de los trastes. Eso ocurría con frecuencia. Nos cambiaban las cosas de lugar. Una mañana sucedió algo muy obvio: al llegar encontré todos los recipientes en el suelo, pero no como si fuera un accidente, sino acomodados en el suelo, todos en línea.

"Tenía la certeza de que no era una travesura de cualquier persona, porque percibía que los que lo hacían eran seres de otra dimensión. Además, sabía que hacía muchos años había un cementerio indio en esos terrenos.

"Se suscitaron otro tipo de hechos en un salón; la presencia de una mujer se mostraba ante los ojos de una jovencita con sensibilidad que además era mi sobrina. En plena clase, la aparecida se le ponía enfrente y la niña sólo se tapaba los ojos y le decía: '¡Vete, vete, no quiero verte!'. Al tiempo que temblaba y lloraba gritando: 'Que te vayas, no quiero verte'.

"Se alteraba tanto que la maestra tenía que sacarla del salón y llevarla a caminar junto con una primita, para que la acompañara. Llegó a ser tan fuerte el acoso, que el ánima de la mujer se le sentaba a un lado, provocando una crisis nerviosa en la niña.

"Una mañana, al verla tan mal, mandaron llamar al papá, y como el hombre no creía en lo que le sucedía a la chamaca, llegó y la abofeteó diciéndole mentirosa, pensando que la niña buscaba un pretexto para no estar en la escuela. El hombre, molesto, la dejó llorando y volvió al trabajo.

"Viendo tal situación y acostumbrada a ver las mismas extrañas cosas, traté de buscar una solución para ayudar a mi sobrina. La maestra se acercó a mí preocupada por las circunstancias en que se veía envuelta su estudiante y la falta de comprensión de su padre. Me comentó que aunque ella no veía a la mujer, sentía un aire helado en el salón y escalofrío en el cuerpo; sabía con certeza que la niña no mentía.

"Al rato se corrió la noticia y todos los chamacos no hablaban de otra cosa más que del salón donde asustaban. En el patio había un huamúchil muy grande, justo al lado del salón; ahí era donde se desaparecía el ánima.

"Fui a indagar lo que deseaba la mujer, para que dejara en paz a mi sobrina. Este fue mi primer contacto con un espíritu en el que hubo una conversación. La comunicación fue telepática.

"Aprovechando que llegaba temprano, antes que nadie, me dirigí a buscarla. Me dispuse a rezar todos los días un rosario por el descanso de su alma. La vi junto al huamúchil y lo único que me dijo fue:

"—No temas, necesito mucha luz.

"—Por favor, no molestes —le dije—, porque quienes están aquí no comprenden y se asustan. Dime ¿qué necesitamos hacer para que tengas luz?

"—Está bien lo que haces—, me dijo.

"Eso me dio a entender que los rosarios que rezaba eran lo indicado. Posteriormente, ya nadie mencionó nada. Estuvo la escuela tranquila un tiempo. Después volví a escuchar que asustaban".

Vicky: ¿Por qué se van y regresan?

Ramona: Creo que lo hacen sólo porque es su espacio. Se sientan a gusto y recorren los mismos lugares que en vida. No era tanto que el ánima deseara molestar, simplemente ella recorría sus espacios y si alguien sensible la veía, se asustaba. A la fecha, a través de toda mi vida, he visto a muchas personas en los lugares que frecuentaban en vida: en la mecedora, en la cocina, en su cama.

Vicky: Incluso algunas veces hasta se perciben sus olores. Yo percibí el olor a cigarro de mi papá una vez y en otra ocasión me llegó un fuerte olor a mango; tú me dijiste que era mi hermana Tita, porque a ella le gustaba mucho esa fruta, y hasta la viste. ¿Te acuerdas?

Ramona: Sí.

Vicky: Me impresioné mucho porque recuerdo que me describiste a Tita con una muñeca de tela con las piernas largas y flacas. Esa muñeca era su adoración y mi mamá se la puso en su caja cuando murió. Por ese detalle de la muñeca supe que era mi hermana. También porque la describiste girando con un vestido rosa, amplio. A mi hermana le encantaba hacer eso. Cuando le festejamos sus quince años, mi madre le mandó hacer un vestido rosa y ella se dio vuelo girando.

Ramona: Así es, son detalles que a veces sólo la familia reconoce. Cuando es muy fuerte la energía se perciben los aromas. Respecto a los vivos también percibo olores: hay gente que al saludarla desprende un olor a muerte, y es porque traen una enfermedad en potencia, en desarrollo, como un cáncer; te permiten que percibas ese olor para que los ayudes antes de que la enfermedad afecte a ese cuerpo físico.

Protección espiritual

A través de muchos casos que he investigado, he comprobado que las ánimas quedan agradecidas cuando les rezas o les ayudas a encontrar la luz; después te hacen favores o te protegen, y hasta cuidan tu casa o tus carros. Le pedí a Ramona que me contara una anécdota relacionada con su familia de esta manera.

"A mi esposo también le tocó vivir una experiencia con el ánima de la secundaria, cuando trabajaba de velador en la escuela. Entraba a las 9:00 de la noche y salía a las 6:00 de la mañana.

"Un sábado llegó a la casa después del trabajo y a mí se me hizo que apenas se había ido, porque siempre me desvelaba y me dormía como a la una de la mañana. Cuando me dormía era porque estaba agotada porque además me levantaba a las 5:00 de la mañana. Al llegar mi esposo me tomó por sorpresa y le dije:

"—¿A poco son las 6:30?

"—Sí, no llegó el del siguiente turno y yo chequé el reloj y me vine. Lo esperé hasta las 6:10. ¿No quieres un café? —me ofreció.

"—No gracias, tengo mucho sueño.

"Al momento de voltearme para seguir dormida y aprovechar mi sábado de descanso, volteé, miré el reloj y vi que eran las 3:15 de la mañana. Asustada le dije a mi marido:

"—Armando, ¡No son las seis de la mañana! Fíjate qué hora es en el reloj.

"Él volteó a mirar el reloj y me dijo sorprendido:

"—No entiendo nada, Ramona, te juro que cuando yo chequé en el reloj eran las seis.

"No le creí, pensé que estaba confundido y lo mandé de regreso a la escuela. '¡Apúrate, está sola la escuela; tienes que regresar!'.

"Ante mi insistencia él volvió a la secundaria. A las seis pasaditas apareció de nuevo en la casa. Le pregunté por qué se había confundido y me contestó con un semblante de azoro:

"—Por favor, Ramona, escucha bien lo que te voy a decir. Después de hacer una ronda llegué a la dirección y me quedé recostado. Estuve dormitando y al rato desperté y vi mi reloj, eran las 6:10. Hasta pensé, '¡Qué rápido pasó la noche!'. Chequé mi tarjeta y me vine.

"Luego tú me enviaste de regreso y al revisar mi tarjeta estaba checada a las 6:10, pero el reloj señalaba que era más temprano. Me esperé a que de nuevo dieran las seis, pero un poco antes llegó mi compañero y le mostré mi tarjeta contándole lo ocurrido; él vio que estaba checada a las 6:10, sin entender nada. No comprendo lo que pasó, a ver si tú me explicas, Ramona.

"En el momento en que él me preguntó qué había pasado me metí psíquicamente en el asunto; es decir, me trasladé al lugar y al momento. Me di cuenta, que alguien había entrado a robar y entonces la mujer se le apareció al ladrón para ahuyentarlo; a mi esposo lo sacó de la escuela para protegerlo".

Vicky: Tal vez lo hizo en agradecimiento porque tú la ayudaste, ¿no crees?

Ramona: Es muy posible. Luego de mi explicación mi esposo me comentó: 'Mira, Ramona, yo he sentido cerca de mí a la mujer que se aparece en la escuela, incluso la he visto de reojo pero no me ha causado temor'.

—No sientes miedo porque te cuida. Ella anda por ahí en su espacio, no quiere nada. Cuida la escuela —le dije.

"Ese tipo de situaciones te hacen pensar que estás loco; te preguntas: ¿serán hechos reales o alucinaciones?, pero sucedieron.

"Mi esposo experimentó otro hecho incomprensible. Imagínate que se durmió en la Dirección y amaneció adentro del camión de la escuela, dormido en el pasillito, ni siquiera en un asiento. Al despertar, como él no tenía la llave del camión y estaba cerrado, tuvo que salirse por una de las ventanitas. Entonces sí se asustó mucho porque no se explica los hechos. Quedó tan impresionado y luego me contó que alrededor de unos quince días no permitió que el sueño lo venciera. Decía: 'si me duermo, ¿a dónde me irán a llevar?'. Tenía miedo de que lo trasladaran al río que está junto a la escuela".

Vicky: Un hombre me contó en Real de Catorce que dejó de ingerir alcohol porque un día despertó dormido en un panteón, a dos kilómetros de su casa.

Ramona: El problema con todo esto es que no son sucesos comprobables. Yo lo creo porque lo veo y lo he vivido. Para muchas personas esto es increíble, de ignorantes o trastornados. Mi esposo, cuando tuvo esa experiencia me dijo: 'esto es de locos, Ramona'. Por supuesto que no mencionó nada en la escuela, ni al chofer del camión. Hay gente a la que se le pierde el tiempo, no saben qué ocurrió en dos o tres horas. Se borra completamente ese lapso. Además de que los mueven de espacio, porque para los seres de otras dimensiones no existen ni tiempo ni espacio.

Vicky: Nosotros los humanos somos quienes hemos creado un tiempo y un espacio.

Mitzi, la hija menor de Ramona, al entrar a la secundaria también tuvo encuentros con la mujer fantasma. Con el objeto de tener más claros los hechos decidí llamarle por teléfono para que me contara los sucesos con esta mujer, y ella recordó claramente el primer episodio:

"Me mandaron a llevarle de comer a mi papá a la secundaria y al llegar alcancé a ver en el pórtico a la mujer con un vestido negro, largo, y un cinturón con una hebilla muy grande y bonita. Pensando que mi padre estaba coqueteando con esa mujer entré en un ataque de celos y apresuré el paso para encararlo. Al llegar a la escuela no vi más a la mujer y le pregunté a mi papá muy molesta en dónde estaba, en dónde la escondía; entonces me mostró que en la escuela no había nadie, sólo él".

Vicky: ¿No te percataste si su ropa era antigua y no de la época?
Mitzi: Estaba tan enojada que no reflexioné, hasta después.
Vicky: ¿La volviste a ver?
Mitzi: Sí, cuando estaba en clases la veía pasar, y fue cuando me di cuenta de que no estaba viva. También la llegué a ver en los baños. Me volteaba a ver y hasta me sonreía.

"Una mañana desperté y vi en el reloj que eran las seis de la mañana, y me arreglé para ir a la escuela. Me senté a esperar en un puente que hay antes de la escuela, porque vi que todavía no abrían. Un perro se acercó a mí y meneó la cola; me sentí protegida con él. Al rato llegó un policía y me preguntó qué hacía en la calle tan temprano.

—Estoy esperando que abran la escuela —le contesté.

—Falta mucho para eso, niña, apenas son las tres de la mañana.

"No entendía lo que había pasado, el policía me acompañó a mi casa y el perrito también. Al entrar escuché claramente que el perro me dijo '¡Adiós!'. Entendí que no fue el perro sino alguien que lo acompañaba.

"Fue muy extraño todo ese acontecimiento, porque sé que no equivoqué la hora. Luego me di cuenta de que le gustaba jugar con el tiempo y los relojes, porque nos hizo a mí y a mi abuelita otra travesura con el reloj".

Vicky: A tu papá también se lo hizo. Pero ella los protege, ¿no crees?

Mitzi: Creo que sí, porque me mandó al perro para que me cuidara, y cuando no tenía lapicera me regaló una, apareció en mis cosas.

Vicky: ¿Cuándo fue la última vez que la viste?

Mitzi: Hace unos meses; venía de regreso rumbo a mi casa con mi novio, y al tomar un callejón oscuro vi que venía con el mismo perro que me había acompañado aquella vez. Por eso comprendí que no había sido el perro quien me dijo adiós. Tal vez porque en esta ocasión era de noche me asustó y me eché a correr y a llorar. Me dio mucha vergüenza; sé que no me quiso asustar ni es mala, pero no entiendo porque me asusté tanto. Pasaron unos meses y la volví a ver, pero entonces no le presté atención, me tapé la cara para no verla y creo que ella sólo se acercó buscando reconciliarse conmigo porque me había asustado. Esa fue la última vez que la encontré.

Mitzi tiene sólo dieciséis años y es normal que aún se asuste aunque esté familiarizada con esa mujer, porque no es fácil sobrellevar este tipo de visiones y apariciones. Se necesitan nervios de acero y éstos se van logrando con el tiempo, ayudando a darles luz, porque Dios y ellos mismos hacen fuerte al vidente o al médium.

Varias veces ha renegado de su don, sobre todo cuando la asustan.

Una vez le ocurrió en el baño de mi casa, donde le dijeron: '¡No te vayas!', y después no quiso regresar por varios años.

Cuando Mitzi se alegró de su visión fue en un encuentro que tuvo con un ángel. ¿Cómo ocurrió? Ella misma lo narra:

"Venía para mi casa cuando vi a una mujer. Parecía normal. Me vine platicando con ella y me di cuenta que su conversación era extraña, me daba consejos sobre cómo cuidarme para que los demás no pudieran hacerme daño. Al estar hablando con ella sentí que era un ángel. Ella no me dijo nada, pero podía percibir su energía positiva. La forma de hablarme me indicó que era un ser especial. Me indicó que cuidara de un muchacho, pero no lo hice porque me caía muy mal. Nunca supe por qué deseaba que lo cuidara".

Vicky: A lo mejor te puso una tarea difícil para darte la oportunidad de que hagas algo que te ayude a ser mejor persona.

Mitzi: Tal vez. Al no hacerle caso me sentí mal con el tiempo.

Vicky: ¿Nunca la has vuelto a ver?

Mitzi: No.

Caballos desbocados

Ramona no sólo tuvo que librar batallas con las ánimas y todo lo inusual que captaba a su alrededor, también tuvo que enfrentar problemas normales que la han convertido en una persona fuerte y luchadora ante la vida y cualquier crisis.

"Mi papá y mi madre estaban una tarde en el rancho cuando se les escaparon dos caballos. Para evitar que se les fueran a la carretera, donde peligraban, mi padre se propuso lazar al macho, que era el más brioso.

"Al momento de lanzar la soga, se metió el otro caballo y por azar lazó a los dos; de haber querido no lo habría logrado. Los animales se asustaron al sentirse juntos y corrieron desbocados, con la mala suerte de que mi padre no pudo detenerlos; además, no supo ni cómo, quedó enredado en el lazo que traía, amarrado junto con los caballos. De manera que cuando salieron en estampida se lo llevaron arrastrando y rebotando por el suelo. Afortunadamente ocurrió en un pastizal, donde los golpes no eran tan fuertes, porque la misma hierba los amortiguaba. Los caballos no se detenían y él sin poder hacer nada. En un instante sintió que eran sus últimos momentos por tantos golpes que iba recibiendo en todo el cuerpo. Cuando perdió la esperanza de sobrevivir pensó:

"—¡Ay, madre mía santísima, en tus manos me encomiendo! —dirigiéndose a la Virgen. En ese preciso momento los caballos se detuvieron como si alguien los hubiera frenado.

"Mi padre aprovechó ese instante, con gran dificultad se desató la cuerda, con los brazos fuera de su lugar y sus manos también lastimadas. Su temor era que pasara un carro y que de nuevo los caballos se asustaran. Con aprietos logró enseguida quitarse la cuerda de los pies con una sola mano —la izquierda— que no estaba tan lesionada, y prosiguió a asegurar los caballos a una cerca que estaba junto al lugar en donde se detuvieron.

"Entonces salió a la carretera para buscar ayuda y se encontró con unos campesinos en su camioneta, quienes al verlo tan lastimado no dudaron en recogerlo. Mi padre les contó lo del accidente y ellos lo vieron tan mal herido que lo dejaron hasta la puerta de la casa.

"Lo malo fue que mi padre había dejado a mi mamá en el rancho donde estaban los caballos cuando inició todo. Mi mamá ni se enteró que lo arrastraron.

"Al llegar a casa me buscó y me dijo que le jalara la mano y se la acomodara porque se le veían todos los huesos desacomodados; afortunadamente no había heridas mayores.

"—Tú jálale —me decía.

"—No usted trae fracturas —le contesté.

"—Que le jales, te digo —insistía.

"—No puedo porque lo voy a lastimar.

"—Que no ves que tengo que ir por tu madre. Obedece y jálale a los huesos para que todo se acomode.

"Me obligó prácticamente a medio acomodarle los huesos y yo sentía que se iba a desmayar, pero aguantó el dolor. Era muy fuerte y terco, resistió todos los movimientos pero yo no podía resolver todo el problema porque tenía fracturas.

"—Voy a ir por tu mamá —me dijo.

"—No, usted no va a ir porque no está bien; usted necesita atención y que le saquen unas radiografías.

"Le pedí el favor a un amigo y él recogió a mi madre. Tuvimos que trasladarnos a un pueblo cercano para que le tomaran las radiografías a mi padre. El doctor ya nos conocía y después de revisar a mi papá dijo que traía triple fractura en el brazo y que debíamos llevarlo hasta la ciudad, porque debían hacerle cirugía. De milagro no tuvo complicaciones ni en la columna ni en la cabeza.

"Nos mandó a un hospital de especialidades en huesos donde lo atendió un médico japonés. Al revisarlo se sorprendió porque dijo que según las fracturas que presentaba debía de haber un desacomodo mayor de huesos, no se imaginaba lo que yo había hecho. Le hice señas a mi papá que guardara silencio.

"Para poder acomodarle la mano y evitar el dolor, el doctor le propuso a mi padre darle un anestésico. Mi padre le contestó:

"—Más dolor que el que ya pasé no creo, usted haga lo que tenga que hacer, sin anestesia.

"El japonesito procedió entonces a acomodarle la mano. Se oyó tan fuerte el movimiento que hasta a mí me dolió. Enseguida procedieron a enyesarle por cinco días; debía volver para retirarle el yeso y ponerlo en otra posición.

"Mi padre se recuperó aparentemente, pero a los tres años cayó enfermo y descubrieron que tenía varios tumores inoperables en el cerebro a consecuencia del arrastrón de los caballos. Fue cuando él se estaba muriendo que nos enteramos. Mi padre finalmente falleció y yo me enfrenté a una situación económica crítica.

"A causa de la enfermedad de mi padre, desatendimos el rancho; sus animalitos y sus siembras, todo se vino abajo porque necesitaba dinero para echar a andar sus negocios. Además, mi padre tenía compromisos bancarios, y por si fuera, poco yo también tenía los míos. Mi papá no tenía un colchón económico para salir adelante en una situación como esa. Me metí al campo de lleno, a atender los animales porque no tenía para contratar ayudantes. Trabajaba muchas horas y casi no descansaba.

"Con el objeto de salir adelante me dediqué a hacer banquetes, repostería e impartir clases para solventar mis gastos diarios, pagar deudas y capataces para rescatar siembras y animales. Trabajaba desde temprana hora hasta la madrugada. Mi esposo iba a su trabajo por la mañana y por la tarde me daba una mano en lo del rancho.

"Era curioso cómo presentía los hechos antes de que sucedieran. Por ejemplo, a veces me prevenía en recoger la pastura porque sabía que iba a llover cuando no se veía nublado.

"—¡Vamos a apurarnos, porque en la tarde se viene el agua—, decía a los trabajadores.

"Ellos me veían y tal vez pensaban que estaba loca, porque veían soleado. Cuando caía la tormenta se quedaban sorprendidos.

"Como mencioné antes, mi madre cuidaba a mis hijas y yo de tanto trabajar casi no las veía. Mitzi, la más pequeña, fue quien resintió en especial mi ausencia, porque las otras ya habían crecido cuando se suscitaron todos esos hechos. Además, es ella quien heredó estos dones incomprensibles y yo no estaba para orientarla. Para ella, su mamá es su abuelita.

"Luego hubo una temporada en que me fui a Estados Unidos a trabajar, para conseguir más dinero y pagar deudas porque no lograba salir adelante. Mitzi tenía entonces unos seis años, edad en la que todavía necesitaba mucho a su madre, y yo no estuve a su lado. Espero que algún día me perdone.

"Te voy a decir que mi resistencia o mi energía no era la de una persona normal. Sólo imagínate que toda una semana te avientes trabajando como un hombre, de seis de la mañana a dos de la madrugada, porque llegaba del campo y le seguía con labores en mi casa que me redituaban dinero. Hacía de todo y además ninguna labor era un obstáculo para mí: manualidades, arreglos, repostería, banquetes, costura, tejido, cursos, reparaciones, albañilería, herbolaria, masaje de sanación, lo que se me ponía enfrente lo hacía o lo resolvía.

"Llegué a preparar banquetes para mil doscientas personas, claro que con ayuda de un grupo de señoras. Fue para la ordenación de un sacerdote del pueblo, el padre José Luis Paredes Osorio. Era un mundo de papas para el puré y había que cocerlas, pelarlas, prensarlas y prepararlas, y después almacenarlas; así todo lo demás que tuvimos que preparar. Todas las señoras del barrio ayudaron y sin cobrar, pues estábamos de fiesta porque el padre ahí nació, creció y se graduó".

Vicky: ¿Es decir que Dios te mandó al mundo muy bien equipada para enfrentar un mundo de problemas?

Ramona: Se puede decir que me dio los instrumentos para salir adelante. Además no estaba sola, mis hijas mayores también ayudaban porque todos estábamos en el mismo barco y a las pobres les tocó trabajar como adultos.

De mojada

"Desesperada ante mi situación económica que no lograba resolver y aprovechando un viaje a Tijuana, me pasé del otro lado a trabajar, y para que veas la casualidad o causalidad, la persona que me ayudó a pasar del otro lado me consiguió una mica con una fotografía que era idéntica a mí, hasta con el mismo apellido. No tuve dificultades para atravesar ni me vi en aprietos para aprender el nombre que utilizaba en la identificación. Lo que me hacía sentir más segura era el enorme parecido de la fotografía con mi persona. De los nueve que intentamos atravesar la frontera solamente dos lo logramos.

"Tomé la decisión de ir al otro lado tan rápidamente que no avisé a mi casa hasta que ya estaba en Elko, Nevada. Me fui a trabajar de niñera, pero en la semana que llegué mi amiga había perdido su trabajo y me dijo que no podía pagarme, sin embargo, me ayudó a conseguir empleo y me dio albergue en su casa.

"De inmediato logré obtener un puesto lavando platos en un restaurante. Era muy rápida, y como no me gusta estar sin hacer nada, cuando terminaba me ponía a limpiar toda la cocina. Mi jefe se fijó que hacía muy bien mi trabajo y hasta lo que no me correspondía, por lo que me dio otra área de limpieza.

"Logré pagar varias de mis deudas; tenía por allá unos tres meses cuando un día llamé a casa y me contestó mi hija Mitzi diciéndome:

"—Mami, mi Nina ya sabe andar con los palos de brinquitos.

"Cuando me dijo eso supe que algo andaba mal y le pedí que le diera la bocina a su papá. Al contestar, a mi esposo no le quedó otro remedio que informarme que mi mamá se había caído y andaba con muletas.

"En ese instante comprendí que por resolver una situación económica estaba descuidando a mi familia, porque fue en ese tiempo también que mi esposo se inició al alcoholismo. Decidí regresar de inmediato y tuve la suerte de que un primo también iba a regresar al pueblo.

"Durante mi estancia en Elko tuve la oportunidad de presenciar una ceremonia indígena que se realizó en el mes de abril. Al ver a los indios y sus artesanías, sus tipis,[4] tuve una sensación como si estuviera en mi hogar. Supe que había visto esos parajes en otra vida, como originaria de esos lugares. Cuando vi a los indios shoshones, que estaban de fiesta celebrando la pascua con su vestuario, danzas, cantos, tambores, fue como un reencuentro con mis hermanos.

"Al atravesar un desierto que hay antes de llegar a Las Vegas, todos sentían mucho calor a pesar del aire; yo en cambio me sentía muy bien y deseaba abrir la ventana para respirar aire natural porque reconocía aquellos parajes y también anhelaba ver un arbusto de los que ruedan con el viento. En una palabra, me sentía parte de todo el paisaje".

Vicky: Eso ni dudarlo, Ramona. Así como tienes cara de china también a veces pareces indígena, y de ahí te viene tanto conocimiento de herbolaria y sanación. De tu vida como china, la cual estoy convencida que tuviste; se te dan con tanta facilidad la digitopuntura, la acupuntura, el shiatsu y demás terapias orientales y alternativas. Yo, que te he observado, me doy cuenta de que no por nada compras tantas revistas y libros de herbolaria, plantas medicinales, así como de terapias milenarias de sanación y masajes chinos. Además, casi ni los estudias, es como si sólo repasaras lo que ya sabes.

Ramona: Creo que en mis vidas recién pasadas viví como, hombre y por eso se me dan con facilidad tareas o labores de un hombre como es la electricidad, la albañilería o el trabajo de campo, que requieren fortaleza. En el aspecto femenino también hago de todo, hay gente que me busca sólo para que le ayude a resolver asuntos caseros, técnicos o de tareas de sus hijos, porque dicen que lo que no sé hacer lo invento.

---

[4] Tipi. Tienda o carpa que utilizan para vivir los indios de América del Norte, desde tiempos remotos.

"Retomando el tema de antes, al llegar a mi casa me encontré con una crisis: mi esposo, con los amigos en la tomadera, porque se sintió solo y desplazado al no tomarlo en cuenta antes de irme a trabajar a Nevada. Nunca me reprochó nada; se guardó sus sentimientos. Tomé de nuevo las riendas de mi casa, pero mi esposo no logró dejar de tomar.

"También tuve problemas con él —no me lo decía pero yo podía verlo en su cara—, por la gente que a diario me buscaba para que los atendiera o les diera masajes. No podía ni debía negar la atención a los demás, porque los dones son para usarse no para guardarlos. Muy a mi pesar descuidaba a mi esposo, a mi madre y a mis hijas por el servicio a los demás.

"Así fueron muchos años, hasta que, cuando cumplimos veinticuatro años de casados, nos separamos, porque cada uno vivía a su manera y no era lo correcto en un matrimonio".

Vicky: ¿Por qué las personas con estos dones son tan incomprendidas por su familia?

Ramona: Porque la gente que recurre a ti te absorbe casi en noventa por ciento del tiempo, el otro diez lo usas para tu familia y para descansar.

Vicky: ¿Eres como un doctor? ¿Debes tener la disposición las veinticuatro horas?

Ramona: No, es peor; porque la gente te confía sus cosas como a un sacerdote. Eres también medio psicólogo, porque con la visión puedes desentrañar problemas arraigados en la mente desde el vientre materno. Finalmente, eres terapeuta o sanador, porque ves las enfermedades y a través de diversas terapias tratas de aliviar al paciente. Recibes llamadas a deshoras de la noche, de gente que vive en el exterior y te pide consejo o ayuda. Agrégale los que no están en este plano y también piden ayuda. Antes de dormir también les dedico tiempo a ellos; a veces tengo que ir a casas o negocios para que dejen en paz a sus moradores y se vayan a la luz.

"Mitzi resintió mucho mi ausencia, y para ella, mi madre es su mamá, no yo. Esto afectó nuestras relaciones. Eso sucede con las madres que nos vemos obligadas a trabajar para salir adelante. Los hijos se alejan de la madre y toman a quienes los cuidan como sus protectores. Al tratar de remediar la situación era demasiado tarde.

"A los catorce años, Idania, mi hija mayor, se embarazó, pero guardó el secreto porque estaba por cumplir quince y le íbamos a hacer una gran fiesta. Una tarde, días después de la celebración me llevé la gran sorpresa gracias a mi videncia.

"Ella dormía y se me hizo fácil acomodarla y taparla; al hacerlo vi un bebé en su vientre. No dejé pasar el tiempo, casi de inmediato y en cuanto hubo una oportunidad me acerqué para hablar con ella e indagar la verdad. Efectivamente, me dijo que estaba embarazada; que yo la tenía cansada y que tenía planes de irse a vivir con su novio, me lanzó el gran enojo que tenía guardado desde hacía muchos años.

"Finalmente mi hija se fue a vivir con su novio a casa de su suegra, y resumiendo, se puede decir que se repitió mi historia en su vida, pues tuvo que enfrentarse a temprana edad a los problemas de ser una madre joven y trabajar como yo para apoyar a su pareja.

"Esto de ser vidente es para beneficio de los demás, porque uno mismo no se puede ayudar. Por eso entiendo que tanto mi madre como mi esposo y mis hijas han sufrido por mis dones, porque no pude ni puedo estar a su lado como una persona normal. Por esta razón, cuando alguien llega a mi casa o me llama por teléfono, algunas veces mi familia contesta de mala gana; los ven como aquellos que roban la atención y el afecto de su madre".

Vicky: ¡Gajes del oficio, Ramona! Casi estoy segura de que la mayoría de las personas con este tipo de regalos divinos sufre, y con ellos, sus seres queridos, pero lo que dan a los demás es una ayuda invaluable.

Curaciones

No puedo hablar de Ramona sin hacer un alto en el tema de la sanación. Yo misma he sido su paciente y me ha quitado desde un simple dolor de cabeza, una tortícolis, una indigestión o empacho, que me ha ayudado a corregir mi escoliosis y hasta una severa congestión en el busto a causa de nódulos mamarios.

Me ayudó a eliminar este último problema sin ninguna toma de medicamento, sólo aplicando manejo de energía a través de sus manos. Todo esto utilizando técnicas orientales como la digitopuntura, la reflexología, el do in y la cirugía espiritual, etcétera.

Vicky: Ramona, yo me pregunto, ¿hasta cuándo te diste cuenta realmente de quién eras y lo que podías hacer? ¿Cuándo entendiste que no estabas loca sino que eras diferente a los demás?

Ramona: Todo se fue dando poco a poco y en la medida en que me fui involucrando con el curandero, don Lupe Franco. Primero, por la sanación de mi amiga Guille, a raíz de la cual el sanador no se quedó tranquilo sino que vio en mí un camino de apoyo.

"Después de que se hizo la curación de mi amiga y se le liberó del trabajo de brujería hecho en su contra, don Lupe comenzó a mandarme gente para que yo la revisara, porque él no tenía los mismos dones que yo, él no podía ver dónde o cómo estaba hecho el trabajo de brujería. Una vez hecho el diagnóstico, tenía que acompañarlos a casa de don Lupe para trabajar entre los dos la curación y liberación del paciente.

"Esa situación me ponía en aprietos por mis múltiples ocupaciones. Mi trabajo en la secundaria, mis talleres de manualidades, mi casa, mis hijas, y encima llegaba la pobre gente a rogarme para que los acompañara con el curandero al pueblo donde él vivía, porque de lo contrario no los atendía.

"A mí me desesperaba ver su situación y no podía negarles mi ayuda, pero me metía en problemas por falta de tiempo. Entonces tuve que pedirle que no me mandara a nadie más, porque no tenía tiempo de atenderlos. Por otro lado, para mí todo lo que se refería a quitar trabajo de brujería no era bueno y me sentía muy confundida.

"Don Lupe Franco lo único que hacía era rezarle a la gente e imponer las manos, pero no podía ver lo que tenían. Tuve que distanciarme de todo ese mundo porque me asustaba, no quería meterme en lo que aún desconocía.

"Un buen día llegó mi compadre Pedro con un libro llamado *Cirujano de otro mundo*. Gracias a ese libro y a otros comprendí cómo es el universo de las energías, cómo nos afecta o cómo podemos ayudar a través de su buen manejo. En ese libro se menciona que, al extraer los elementos impuros del cuerpo energético, se pueden extraer las cosas impuras del cuerpo físico.

"En casa de don Lupe me tocó aplicar este tipo de curación. Cuando él me vio, me dijo que yo estaba haciendo una operación. Era un personaje extraño, porque era muy ignorante; sin embargo, entendía muy bien el mundo de las energías al cual yo apenas estaba entrando. Sin tener el don de la videncia, él comprendía mejor que yo, lo que hacía cuando curaba una persona. Ahora entiendo que él tenía un guía espiritual que le daba información al oído o por intuición.

"Recuerdo un caso de una persona con un tumor el cual le obstruía una arteria del corazón; solía caer en crisis sintiendo que se asfixiaba y con taquicardias. Estaba a punto de operarse cuando alguien le habló de mí; me pidió ayuda. Entonces recordé lo que había leído en el libro y decidí intentar ayudarla de esa manera.

"Le pedí que se recostara y empecé a manejar el nivel de energía; al hacerlo vi cómo algo impuro estaba saliendo del cuerpo".

Vicky: ¿Cómo le hiciste?
Ramona: Por medio de las manos; primero haces movimientos de abrir tal y como lo hace un cirujano.

Para comprender mejor su explicación, le extendí mi brazo a Ramona y le pedí que me explicara cómo llevó a cabo todo el procedimiento. Ella tomó mi brazo y me expresó lo siguiente:

"Una vez que abres, penetras en el cuerpo energético y extraes lo malo de las energías. Es cuando veo salir los elementos impuros. Finalmente vuelvo a juntar o a cerrar, como si estuviera cosiendo la piel, y hay que esperar unos días para ver cómo se siente la persona. Eso sí, igual que en una cirugía, la persona en tratamiento, más si es un cáncer o una enfermedad agresiva, debe guardar reposo.

"La señora se levantó sintiéndose muy bien, acudió al Seguro Social para su cita preoperatoria y ahí le preguntaron qué había hecho para curarse, porque ya no tenía nada. Ella quedó muy agradecida conmigo.

"Después se me presentó la oportunidad de volver a hacer ese tipo de cirugía con mi comadre Guille, quien tenía diagnosticada una hernia hiatal. No quería operarse y me suplicó que la ayudara. Yo no tenía nada que perder, tampoco ella, así que lo hicimos y todo salió muy bien".

Vicky: Ramona, ¿cuánto tiempo te lleva realizar una intervención de esa naturaleza?

Ramona: De acuerdo con el paciente, la enfermedad y cómo responde el organismo físico del paciente. Pueden ser dos, cuatro o hasta ocho horas, en una sola sesión o divididas en varias.

Vicky: ¿Crees que afecte el karma de la persona o que cuando llegan a ti es porque les fue permitido?

Ramona: Siento que es así, es su momento de llegar conmigo, porque esto hace cambios a nivel karmático, pero todo tiene su tiempo. Puedo decir que gracias a Dios un gran porcentaje de las personas que he atendido —aclarando que sólo soy un canal— ha salido adelante.

Vicky: ¿Cuándo fue que aparecieron tus guías espirituales?

Ramona: Hace muchos años, unos chinitos me dijeron que mis guías espirituales eran tibetanos. Entonces era muy chica para entenderlo. El sacerdote de mi pueblo me dijo que tenía el don del Espíritu Santo. Con el correr del tiempo tuve la oportunidad de estar en contacto con los monjes tibetanos, y uno de ellos, al verme, se acercó y me dijo que parecía una anciana y sabia mujer tibetana.

Otra persona me comentó que tenía una mujer china de gran linaje. (El linaje en oriente es la corriente o, mejor dicho, la escuela que transmite las enseñanzas budistas.)

"A mí me tocó ver mi aura cuando acompañamos a tu sobrina Lili, tú y yo, con un señor que la iba a revisar para darle un diagnóstico y el costo de su curación. Como no quiso entrar sola le pidió permiso al sanador para que yo entrara. Él aceptó y la revisó con un péndulo. Al terminar de revisarla me pidió que me recostara en la camilla:

"—Usted trae una energía muy grande de curación—, me dijo y luego me pidió que me acostara. Lili se quedó conmigo.

"Fue algo maravilloso para mí, en cuanto comenzó a pasar el péndulo me vi toda iluminada, mi luz se extendía como un metro hacia los lados. Fue sorprendente poder ver mi aura".

Vicky: Sí, me acuerdo muy bien de ese día. El consultorio estaba en un sitio muy feo, sucio y descuidado, y el hombre no me gustó nada.

Ramona: Te acuerdas que salimos de ese consultorio por un lado contrariadas, porque le cobraba un dineral a Lili por curarla, y luego a mí me cobraba otro tanto por 'enseñarme a curar'. ¿Recuerdas que le dije a Lili?:

—No te preocupes, yo te puedo ayudar, porque ya lo escaneé y lo que me quiere enseñar ya lo sé, así que no tenemos nada a que regresar.

Vicky: Sí, luego las tres nos reímos mucho. Lo importante de ese día, Ramona, era que tú vieras tu luz, que tuvieras esa experiencia, y lo de Lili nos llevó ahí. Nunca nos imaginamos que en ese lugar tan feo ibas a tener una vivencia tan bella.

Ramona: De ahí en adelante fueron llegando las personas como una cadenita, una me manda a otra, y esa otra, a otra.

Algunos de los casos y las personas que ha visto Ramona los iré presentando a continuación, para que ustedes mismos juzguen y echen un vistazo en el mundo de la clarividencia, fenómeno para unos, don para otros, habilidad para otros tantos, sucesos inexplicables e increíbles hasta para quienes los viven; farsa e ignorancia para los escépticos.

Hemos dado una corta visita a la vida de Ramona; ella ha sido la vocera principal y por eso es interesante presentar enseguida algunos casos que ha ayudado a resolver y los testimonios de algunas personas.

SEGUNDA PARTE

Casos y testimonios

Las llamadas

A Ramona le llegan muchos casos vía telefónica, casos de gente que vive en el extranjero y a quien alguien le proporcionó el número de Ramona con una amplia recomendación.

Algunas veces yo he recibido las llamadas, cuando ha estado en mi casa, y otras las recibe ella misma en su pueblo. Recuerdo que en cierta ocasión llamó una anciana que deseaba una cita con Ramona. La agenda estaba muy ocupada pero ella insistió en que por favor fuéramos a su casa: tenía un fantasma que la molestaba mucho.

Ramona estaba a un lado mío y, aunque no pudo escuchar nada, me dijo que la señora que hablaba no era una buena persona. Sin embargo, la anciana era recomendada de una amiga nuestra y por eso no pudimos negarnos a visitarla. Por la tarde nos dirigimos a buscar la casa de la mujer, quien vivía en una zona antigua de la ciudad. Llegamos a la finca y tocamos; nos abrió la viejita, estaba sola. Nos presentamos y yo me senté en una antesala a esperar a Ramona para que ellas tuvieran privacidad. Efectivamente, había el fantasma de un viejito que molestaba a la dueña de la casa. Era un hombre que había muerto en esos terrenos mucho antes de que construyeran la casa. Ramona hizo oración, roció agua bendita en la habitación de la viejita y ayudó al espíritu a encontrar la luz. Terminado el trabajo nos despedimos y partimos.

Ahí no terminó todo. La mujer volvió a solicitar una cita pero ahora ella vino a mi casa a entrevistarse con Ramona. La señora, quien aparentaba ser una noble anciana ante mis ojos, llegó a solicitarle a Ramona que por favor hiciera algo para separar a su hija de su esposo, pues desde que se habían casado a ella no la tomaban en cuenta. De hecho quería, de ser posible, causarle la muerte.

Ramona no se había equivocado, desde la primera vez que llamó supo que tenía malas intenciones, que era una persona egoísta y equivocada en sus decisiones y por eso no quería atenderla. Le explicó a la señora que de ninguna manera podía hacer eso, que ella era sanadora y no hacía trabajos de hechicería para dañar a las personas. Aunque la mujer se fue contrariada por no obtener lo que deseaba, llamó varias veces preguntando por Ramona.

Un vehículo extraviado

Una noche estábamos Ramona y yo charlando en la cocina cuando sonó el teléfono. Era su hija Chayo desde Los Ángeles, California, buscándola para que le ayudara a encontrar una camioneta con herramientas de jardín que le había sido robada a un vecino. Le pasé la bocina a Ramona y empecé a escuchar cómo le iba indicando hacia dónde se la habían llevado.

Le costaba trabajo darse a entender con su hija, porque no podía darle detalles físicamente, haciendo el dibujo de un mapa, como suele hacerlo.

Entonces vio una placita y le dijo que por una calle aledaña al centro comercial iban a abandonar la camioneta. Su hija dijo que había varios centros comerciales, que si podía decirle cuál de ésos. Yo intervine diciéndole que si veía algún anuncio luminoso de algún restaurante o negocio que fuera conocido. Entonces ella mencionó:

—Está un anuncio de una campana, de esos que venden tacos.

—¡Taco Bell! —le grité emocionada.

Ella asintió y le dijo a su hija, se llama Taco Bell. Luego describió otro lugar chino, con una pagodita de fachada. Su hija entonces supo cuál era el centro comercial, pues estaba muy cercano a su casa. Ramona continuó explicándole:

—Mira hija, creo que no deben ir a buscar la camioneta, porque veo peligro. Me doy cuenta de que los ladrones son personas conocidas de tus vecinos y son gente vengativa. De hecho se llevaron la camioneta y sólo se van a robar las herramientas, las llantas y el estéreo para venderlos. Lo que pasa es que tu amigo y los ladrones tuvieron un altercado y ellos por venganza se la robaron; si van a enfrentarlos puede ponerse fea la situación. Es mejor reportar a la policía del robo del auto, vas a ver que la van a encontrar, porque la van a dejar abandonada en la calle que te mencioné.

Su hija asentía a todo lo que decía su mamá. En verdad hubo un altercado de su amigo con unos vecinos del edificio y afirmó que eran personas conflictivas.

Chayito le prometió a su mamá convencer a su amigo para que dejara las cosas como estaban, no reclamarles nada a los vecinos porque además no tenía pruebas, y hacer el reporte a la policía. Incluso podían dar testimonio de que alguien les había dicho donde había sido vista la camioneta. Por supuesto que sin mencionar a Ramona.

Dos días después llamó su hija para avisarle que habían localizado la camioneta sin las herramientas, ni las llantas ni el estéreo, cerca del centro comercial que ella les describió.

En el momento que Ramona ve a una persona para resolver un problema, o en el que hace la conexión con el sujeto que la consulta, se transporta al sitio en cuestión y puede ver todos los hechos; por eso puede dar detalles con precisión.

Liberación a distancia

Este testimonio lo dejo en voz de Ramona, porque le sucedió en su pueblo, como tantos otros.

"Es muchísima la gente que me llama a diario; se van pasando el teléfono unos a otros, y como a veces no me dejan dormir tengo que desconectarlo por las noches.

"Una mañana me llamó una familia de Estados Unidos porque tenían un problema con un fantasma en su casa, estaban muy alarmados. Como no podía hacer el desalojo en persona, les di algunas recomendaciones para ayudar a liberar la casa.

"Era un espíritu molesto; se encimaba en la señora, imposibilitándole el movimiento y el habla. Incluso el esposo llegó a ver la sombra.

"Siguieron todos mis consejos: en primer lugar, debían integrarse como pareja y arreglar sus conflictos personales; en segundo lugar, debían llevar un sacerdote a bendecir la casa y la familia; la tercera operación consistía en prender un cirio bendito por las noches y hacer un novenario por el difunto, por el eterno descanso de su alma, para así ayudarle a trascender.

"La pareja realizó todas las indicaciones, de tal forma que se liberaron la familia y la casa. Las ánimas pueden ser buenas o malas en su caminar por la vida; si dejaron cosas pendientes, esa liberación ayuda en su nivel espiritual.

"Agradecidos por la ayuda y los consejos, pasado un tiempo vinieron a mi pueblo y se presentaron en mi casa para retribuirme porque habían logrado deshacerse del fantasma. Tenían curiosidad de conocerme. Además se enteraron de que doy masajes, y como el señor traía problemas con la columna, lo estuve nivelando para darle alivio en varias sesiones hasta que regresaron a Estados Unidos. Después ellos me enviaron a unos amigos para que los ayudara en otro caso."

Niño extraviado

"Algunas veces no me entero hasta transcurridos algunos meses o años, de que mi ayuda fue de utilidad. Tal es el caso de un señor que vino a verme porque su niño tenía extraviado tres días.

"En cuanto toqué la mano del señor me llegaron imágenes del niño resguardándose en una cueva. Pude regresar al momento en que se perdió y vi que se distrajo por andar jugando con un palito; caminó en dirección opuesta a la que se encontraba su padre con sus amigos. Los adultos, también por ir platicando, no se aseguraron de que el niño fuera detrás de ellos; cuando voltearon a buscarlo se dieron cuenta de que no estaba. De inmediato regresaron pero no lo encontraron.

"Alguien les habló de mí y por eso vinieron a consultarme y yo les dije dónde localizarlo".

Vicky: ¿Pudiste ver en esa ocasión cómo hacía el niño para sobrevivir?

Ramona: Sí, cerca de la cueva había un río donde él tomaba

agua y se alimentaba de zacate que cortaba también por ahí. Por la noche colocaba unos matorrales tapando la pequeña cuevita para evitar que se le acercara algún animal. Cuando el niño se extravió no pudieron encontrarlo porque buscaban al lado contrario de donde estaba. Les describí el lugar y la situación del pequeño; fueron en su búsqueda, aunque dudaban encontrarlo con vida. Como te digo, no me enteré de inmediato si tuvieron éxito; lo hice hasta que pasados dos años se les ofreció de nuevo otro favor".

Vicky: ¿Cuál fue ese favor?

Ramona: Mira, apareció el papá del niño y me preguntó si me acordaba de él. Al verlo recordé su caso y le dije que sí.

"Entonces el añadió:

"—Señora, le quiero agradecer porque sí encontré a mi hijo donde y como usted dijo; ahora traigo este amigo porque está buscando a una persona.

"Entonces se acercó un hombre vestido de civil, pero gracias a la clarividencia pude darme cuenta de que era un militar. El hombre se me acercó y me indicó que un amigo de él estaba extraviado y que necesitaba mi ayuda.

"Lo pasé a mi casa y le pedí a su amigo que nos esperara afuera. Entonces le expliqué a aquél hombre:

"—Mire, usted no viene por un amigo, sino por una persona que se fugó, y yo no puedo ayudarle porque pongo en riesgo mi vida y la de mi familia. Antes de salir de su oficina usted comentó esto con otras dos personas, además del señor que lo trajo y otro que está afuera esperándolo. Es por eso que no puedo ayudarlo; al rato todo mundo va a enterarse. A mí no me engaña, usted es un militar, y disculpe, pero no pondré en riesgo a mi gente por un caso así, le ruego que se vaya y utilice sus propios recursos para localizar a ese sujeto.

"El hombre se disculpó por tratar de engañarme y me dio las gracias diciendo que yo tenía toda la razón."

Así como éste le llegan casos difíciles a Ramona, pero su don le permite ver cuándo hay un peligro y cómo evadirlo para bien de todos.

Curación vía telefónica

El último caso que me gustaría narrar sobre la ayuda que ha brindado Ramona vía telefónica es uno que me ocurrió. Podría contarles muchas anécdotas, ya que continuamente le llamamos y ella nos ayuda a resolver problemas sencillos, como puede ser encontrar objetos perdidos.

Cierta mañana le llamé para notificarle a Ramona que mi hija se iba a casar, y ella se me adelantó:

—Sí ya lo sé, se quieren ir a vivir a la playa.

—¿Cómo sabes? —le pregunté, porque a veces se me olvida que tenía el don de ver hacia delante.

Sólo se rió y dijo:

—Ya lo había visto.

—¡Pinche Ramona! —así le digo cuando me sorprende—. ¿Por qué no me habías dicho que mi hija se iba a casar?

—Para que fuera una sorpresa.

—¿Entonces no es noticia para ti?

—Ja, ja, ja —rió divertida mi amiga.

—Ni hablar —le dije riendo yo también—. A ti casi nadie te puede sorprender.

Transcurrieron unos días. Una mañana estaba en mi escritorio buscando unos documentos, cuando al girar mi rodilla sentí un dolor agudo que me hizo gritar y llorar de dolor. Mi pierna quedó estática porque no consentía el mínimo movimiento. Le hablé a mi esposo suplicándole que viniera porque estaba grave.

Luego Mary, la señora que me ayuda en las labores cotidianas, estaba tan asustada que llamó a mi madre, quien vive al lado nuestro. En cuanto llegó se asustó al verme aquejada por la dolencia.

—¡Qué tonta soy! —les dije a mi madre y a doña Mary—; voy a llamar a Ramona para que me diga cómo calmar la molestia, porque así como estoy no podré subirme al carro para ir al hospital.

Le marqué de inmediato y me contestó su hija Mitzi.

—Pásame a tu mami por favor, porque estoy muy mal —le dije ansiosa.

—Sí, claro, ahorita le hablo.

Ramona tomó la bocina apresurada:

—¿Qué pasa, Vicky? —me preguntó mi amiga.

—Tengo un fuerte dolor en la rodilla —le dije.

Enseguida le expliqué el suceso. De inmediato empezó a darme indicaciones:

—Junto al huesito del centro de la rodilla tienes un huequito, presiona ahí, te va a doler pero eso va a desinflamarte.

Localicé el punto y empecé a presionar. Solté un grito lastimero y las lágrimas me rodaron, pero confié en lo que ella me decía y continué presionando. Tuve que pasarle la bocina a mi mamá y la pobre de Ramona sólo escuchaba mis gritos y mi llanto. Aunque está acostumbrada a mis exclamaciones, porque cuando me da masaje siempre me quejo, ella podía darse cuenta que ahora eran palabras mayores.

Comencé a sentir alivio al poco tiempo de estar presionando y me di cuenta que podía mover mi pierna con sumo cuidado. De nuevo tomé la bocina y le dije a Ramona que había sentido mucho alivio.

—Ahora debes presionar el mismo punto pero atrás de la rodilla —me indicó.

De inmediato lo puse en práctica y vi con satisfacción que iba mejorando.

—Ahora, ¿dónde queda molestia? —me preguntó.

—A un lado de la rodilla —contesté aún sorprendida por la gran mejoría.

—Fíjate bien —me dijo—; quítate el zapato y dile a doña Mary que te presione en la planta del pie, en un punto donde vas a sentir dolor, dos dedos debajo de donde tenías el juanete.

Así lo hicimos. Doña Mary comenzó a presionar el punto que mencionó Ramona en mi planta del pie y, tal como ella dijo al principio, era un dolor punzante pero fue disminuyendo porque se fue descongestionando.

Lo que estábamos haciendo en conjunto se llama digitopuntura, un método tradicional chino que consiste en presionar determinados puntos del cuerpo para tratar distintas enfermedades. Es el equivalente al método de acupuntura, pero utilizando los dedos en lugar de agujas. Ramona ha estudiado éste y otros tipos de terapias alternativas para tratar a sus pacientes; gracias "a su visión" de rayos X que le da la clarividencia puede lograr grandes beneficios.

Cuando el dolor se había ido, doña Mary dejó de presionar y soltó mi pie. En ese momento sentí y escuché un tronido en el costado de mi rodilla, algo había regresado a su lugar. Tomé la bocina y le di las buenas nuevas a mi amiga y las gracias por haberme ayudado, nuevamente, a salir de un problema difícil.

Me indicó que de cualquier manera debía guardar reposo, tratando de evitar movimientos bruscos de mi pierna, y acudir a la toma de una radiografía para asegurarnos que no había ningún problema en mi rodilla. De acuerdo con lo que ella pudo percibir me comentó que todo se debió a una contractura de un tendón o ligamento.

Mi esposo apareció cuando la molestia había desaparecido; sin embargo, me trajo unas muletas y acudimos a una sala de rayos X y al médico traumatólogo, para que revisara la radiografía. Efectivamente, no hubo ningún problema de huesos sino una contractura de un ligamento o un tendón.

Son incontables las ocasiones que Ramona nos ha ayudado a sanar. Por ésta y mil razones agradezco a Dios el gran regalo de contar con su amistad. Creo que sería de gran ayuda que todos tomáramos nociones básicas de alguna terapia alternativa para ayudar a aliviar algún dolor.

¿Se puede estar en dos lugares al mismo tiempo?

Claro que sí, algunos santos como San Martín de Porres y San Pascual Bailón lo han hecho. Es una cualidad divina que algunos humanos han logrado alcanzar, aunque no de manera tan amplia como Dios.

Fray Antonio de Marfil de Jesús, un franciscano quien vivió en el famoso convento de la Santísima Cruz de los Milagros de Querétaro, en la época de la Conquista, tenía el don de trasladarse a varios sitios al mismo tiempo para ayudar al prójimo, al menos eso es lo que se cuenta a los turistas que visitan el convento.

Asimismo, podemos mencionar al padre Pío, que fue visto en dos lugares al mismo tiempo. "Para mí no hay distancias", decía.

No es de extrañar que los santos realicen estas proezas, pues con tanta dedicación a la oración, a la espiritualidad y al misticismo dan origen a sucesos insólitos. Además de ser vistos en varios lugares al mismo tiempo, algunos fueron vistos levitando mientras estaban sumidos en la oración.

Algunas personas psíquicas lo mismo que comunes mortales han vivido este tipo de experiencias y eso es lo que deseo relatarles. ¿Qué tiene que ver Ramona en todo esto? Lo descubrirán en estas líneas.

Una tarde, entré al *messenger* y me encontré a Norma, quien me comentó que mi amiga psíquica, Ramona, la había visitado en astral.

Les pondré en antecedentes. Norma es una persona que vive en la Ciudad de México y que se hizo mi amiga a través de Internet. Un día, hablando de cuestiones esotéricas, me dijo que había soñado algo muy extraño y que además le habían sucedido cosas inexplicables. Le comenté que si en algo le podía ayudar me enviara una fotografía y que yo se la mostraría a Ramona, para que le interpretara su sueño y le enviara un consejo. Así lo hizo.

Ramona, en cuanto vino a Guadalajara vio la fotografía; me dijo que Norma trabajaba con personas de la tercera edad por su carrera, y me comentó dos o tres cosas que la aludida después nos confirmó. Sin embargo, ella nunca conoció físicamente a Ramona hasta que le ocurrió algo excepcional.

Pasaron los meses, esa tarde que entré al *messenger* estaba platicando con otra amiga cuando me saludó Norma. A continuación reproduzco textualmente la conversación electrónica.

Norma dice:

Hola. Respóndeme esto, por favor. Dime cómo es Ramona, digo, físicamente.

Vicky dice:

Es robusta, morena clara, pelo largo, ojos un tanto almendrados y una sonrisa hermosa.

Norma dice:

Creo que Ramona vino a visitarme.

Vicky dice:

¿En serio? Te voy a enviar su foto por *e-mail*.

Norma dice:

Por favor.

Vicky dice:

Lo hizo en astral, estoy segura. Ya lo ha hecho con otras personas pero no se da cuenta, hasta que se lo dicen.

Norma dice:

Tuve un sueño que me pareció premonitorio, lo recuerdo perfecto.

Vicky dice:

Luego le hablan y le reclaman que no ande asustando. Voy a ir a mi correo para enviarte la foto.

Vicky dice:

Ahí está la foto para que la veas.

Norma dice:

Claro.

Norma dice:

Ok. Gracias. ¡Ay! Me dan nervios o emoción.

Vicky dice:

Se está transfiriendo, me avisas si te llega bien.
Norma dice:
Sí.
Vicky dice:
¿Ya abriste la foto?
Norma dice:
Aún no termina de bajar.

Se completó la transferencia de "Teco1.jpg".

Vicky dice:
Ok, ve la foto.
Norma dice:
¡Es ella!
Norma dice:
¡Santo cielo! Es ella, la de mi sueño.
Vicky dice:
¡Qué increíble! Ahora sí que esta pin… Ramona se está desarrollando enormemente.

Entonces Norma me relató el sueño.

"Fue este jueves. Soñé que me enviaban a una cárcel antigua a ver a unas personas que me necesitaban para darles luz. Era un lugar oscuro, como una ciudad perdida, como una vieja vecindad con casas de techos de cartón y paredes de madera podrida, maloliente. Se veían sombras caminando de un lugar a otro.

"Entonces una mujer, ahora sé que se trata de Ramona, se paraba frente a mí y me hablaba. Yo trataba de mirar más allá de ella, buscando, no sé, gente, algo, lo que fuera que me diera pistas para saber a qué había ido a ese lugar. Pero Ramona no se movía y tampoco me dejaba pasar más allá. Fue entonces que me percaté de ella.

"Su rostro brillaba. Ella era luz, era color, era paz y era seguridad. Era la sensación de que detrás de mí estaba una luz enfocándola a ella y delante de mí sólo la oscuridad y todo ese lugar sombrío que, parecía, estaba prohibido para mí.

"Ella parecía conocerme, me hablaba directo, sin buscar información, y mostraba que lo sabía todo de mí. Luego empezó a mover sus manos y a pasarlas junto a mi cuerpo, como haciéndome una limpia.

"Entonces escuché claramente su voz; me decía que a partir de ese día las cosas me iban a cambiar notablemente, por supuesto, a favor. Yo la miré de arriba abajo, sorprendida, asombrada, como buscando más respuestas a mis preguntas. A las tantas preguntas que me había formulado en este tiempo tan difícil para mí. Al recorrerla, noté que junto a ella estaba una niña que me miraba fijamente a los ojos, como buscando a fondo.

"La niña de pronto se reía y en un instante lloraba, se tranquilizaba y volvía a sonreír. Le pregunté qué pasaba y me mostró algunas fotos de mi vida de momentos felices y tristes.

"Yo me preguntaba qué hacía esa niña con esas fotos de distintos momentos de mi vida, en distintas épocas. En eso, Ramona me dio unas tazas que contenían un líquido violeta. Las tazas estaban apiladas y en ese orden debía, bueno, no supe si debía beber su contenido o verterlo sobre mi cuerpo."

Aquí regreso a la transcripción de la charla por Internet.

Vicky dice:

ME TIENES CON LA BOCA ABIERTA. ¿Ahí terminó todo?

Norma dice:

Imagina cómo estoy desde el jueves. No logro comprender todo el sueño cargado de simbolismos, pero desenmarañar la madeja poco a poco me ha dado esa paz que tanto estaba buscando.

Vicky dice:

¡DEFINITIVAMENTE TE FUE A AYUDAR EN ASTRAL!

Norma dice:

Te decía que no supe a ciencia cierta qué debía hacer con ese líquido violáceo, cristalino, luminoso, bellísimo. Pero me hizo algunos pases más, con sus manos, y yo cerré los ojos. Sentí el calor de sus manos sin que ella me tocara. Al cerrarlos, empecé a girar lentamente hacia la izquierda; en ese momento tuve como un desdoblamiento, pues observé cómo mi cuerpo giraba sobre un, no sé, un círculo que se formó en color beige.

Norma dice:

Y me dije: a la izquierda es para cerrar la energía y que no entre la negativa. Y a la derecha para abrir paso a la energía positiva… Sí, es así. Entonces supe que Ramona podía entender lo que yo pensaba y me preguntó que cómo trabajaba yo con las personas. Le dije que les daba energía con mis manos y ¡con las cartas! Me preguntó si usaba el Tarot. Le comenté que mi fuerte eran las españolas, y entonces ella empezó a leerme las cartas. Eran unas cartas grandes, hermosas, nunca había visto esas figuras, no recuerdo qué me dijo de ellas. Me hizo girar justo al contrario de cómo me encontraba. Pude ver una luz brillante y todo cobraba su color natural; es más, el verde se veía más verde, el azul más azul, y cada color se veía con toda su intensidad. Ella tomó de la mano a la niña y yo empecé a caminar por una calle con enormes casas y jardines con flores bellísimas.

Norma dice:

Entré a una de esas casas y subí las escaleras de madera sin ninguna dificultad. Las escaleras eran de caracol, pero muy amplias, como rodeando las paredes del lugar. Se trataba de una estación de radio, y mi meta era comunicar… no sé bien qué debía comunicar, pero sabía que tenía qué hacerlo y nada sería un obstáculo para hacerlo.

Después de charlar un rato, me despedí de Norma. Estaba impresionada de sus sueños y experiencias con Ramona en astral. A mediados de semana llegó Ramona a mi casa y le pregunté si no había tenido una experiencia extraña con Norma, la de México; se quedó pensativa. Cuando recordó quien era me dijo:

—Ahora que lo mencionas sí, soñé que la visitaba.

Luego me describió su casa y los alrededores. Confirmé su descripción con Norma. y a través del *messenger* nos contactamos. Ramona le explicó su sueño. Efectivamente la había ayudado a nivel astral.

En otra ocasión, una amiga de Ramona la vio en Puerto Rico y le llamó por teléfono para regañarla y decirle que no se le anduviera apareciendo así de improviso, porque la asustaba. Ramona le explicó que al pensar en ella, la sintió preocupada. Enseguida le describió toda su casa en Puerto Rico. Riendo añadió lo siguiente:

—Cuando te visité estabas sirviéndote una taza de café en la cocina, y al voltear pegaste un grito y soltaste la taza.

—Sí, porque ahí estabas tú enfrente de mí. Apareciste de la nada —le contestó su amiga.

A muchas personas les han sucedido este tipo de eventualidades. Algunos lo pueden controlar pero otras lo viven, se asustan y lo cierran. Las personas sensibles como Ramona no sólo asisten a la gente durante el día, sino que por la noche trabajan a nivel astral porque su misión es ayudar al prójimo. En ese nivel sí existen riesgos de encontrarse con seres del bajo astral, por lo que es muy importante tener una buena vibración para atraer a los buenos y, como dice Ramona, siempre hacer oración y portar un escapulario, una medalla milagrosa o la cruz de San Benito, que estén benditos, o un objeto de protección necesario según la religión que cada quien profese

En la carretera

Resulta que una mañana, Mariana llamó a mi casa solicitando una cita con Ramona. Dijo que era un asunto urgente y delicado. Hacía un año que Mariana no aparecía a consulta.

Al terminar su cita salió llorando. Al verla no pude menos que consolarla y preguntarle por qué lloraba. Ella me confió que la primera vez había venido a ver a Ramona porque falleció su hijo y quería saber si él se encontraba bien. La vidente la había consolado diciéndole que estaba en un lugar maravilloso, y le dio información concreta de su hijo que sólo Mariana sabía.

—En esta ocasión vine a preguntarle de mi ex esposo—, me dijo Mariana entre sollozos.

—Siéntate. ¿Gustas tomar un té? Si deseas compartirme algo puedes hacerlo —le dije.

Ella necesitaba compartirlo con alguien más.

—Mira, Vicky, mi ex esposo recién murió en un accidente en carretera. Pero todo fue muy extraño porque en el lugar donde se accidentó no había curvas, no chocó contra otro auto; además, el mecánico del seguro revisó el auto y estaba bien. Los mismos agentes del seguro me comentaron que no entendían por qué se había accidentado. Lo único positivo es que no sufrió porque murió instantáneamente.

—¿Y cómo fue que ocurrió? —le pregunté.

—Él conducía por una recta cuando súbitamente frenó y perdió el control del automóvil, impactándose contra unas rocas. Esas fueron las conclusiones a las que llegaron los del seguro, porque incluso dejó las huellas de los neumáticos en el asfalto al frenar con fuerza, como si algo se le hubiera atravesado.

—¿Y qué te dijo Ramona? —le pregunté.

—No vas a creer lo que me dijo. Resulta que, según Ramona, a mi esposo se le atravesó el espectro de una mujer. Pero lo más increíble fue que me dijo que ese espectro ya había causado muchos accidentes, y como prueba de lo que decía podía ver varias cruces que había en ese tramo del accidente.

—¿Por qué lo hace?

—Ella me dijo que no lo hacía por maldad, sino porque necesita ayuda. Me explicó que ella murió en ese sitio y desea que le coloquen una cruz. Sucede que de pronto se materializa y los automovilistas, creyendo que está viva, tratan de esquivarla y así se accidentan. Finalmente, Ramona me aconsejó que era importante colocar una cruz a mi esposo, y a la mujer para que dejara de causar accidentes.

Gracias a este relato comprendí el porqué de tantas experiencias de aparecidos en las carreteras, aunque casi siempre son relatos de mujeres. ¿Será tal vez porque el apego religioso de la mujer es más fuerte?

No he vuelto a ver a Mariana, pero espero que, para bien de todos los que transiten por ese lugar, haya puesto una cruz. Después de su visita vi un reportaje en la televisión en el que narraban que en cierta carretera norteamericana se habían registrado muchos accidentes, y algunos de los testigos señalaron que el fantasma de un niño se les aparecía súbitamente, y al frenar para esquivarlo se accidentaban.

Luego José Luis, un amigo de Ciudad Pemex, me contó que allá por 1958 le quitaron la vida a una chica de manera atroz. Años después empezó a aparecer en las noches una visión, una mujer de blanco como un fantasma, en el kilómetro diez o trece de la carretera que va de Ciudad Pemex a Villahermosa; aparecía siempre de noche, entre la medianoche y las dos de la madrugada. Nunca habla o sonríe, sólo se muestra descarnada de su rostro, se sube a los vehículos en plena marcha, o los vehículos se detienen sin causa aparente. Muchos de los accidentes ocurren cuando sus conductores imprimen mayor velocidad para salir de ese lugar.

A mí nunca se me ha aparecido un fantasma en la carretera, pero una noche, alrededor de las once, íbamos Ramona y yo circulando por una avenida importante de la ciudad, y llegamos a una glorieta donde hay unas esculturas de unos caballos galopando. Al pasar por ahí me dijo:

—¿Viste a esos muchachos que están arriba de los caballos?

—¡No, Ramona, arriba de los caballos no había nadie! Son los muertitos que tú ves.

Entonces, para cerciorarme de que no había nadie, regresé y me estacioné cerca de la glorieta para que tratara de averiguar lo que deseaban comunicarle. Me quedé en silencio y la dejé que se trasladara a su dimensión. Después de unos minutos me dijo:

—¡Ya sé por qué se mostraron! Uno estaba montado sobre uno de los caballos más altos y el otro muchacho estaba sobre uno de los de más abajo. Me dicen que murieron en un accidente en esta glorieta y que sus familiares trataron de colocarles una cruz en su memoria, pero que por ser un lugar público y de ornato no se los permitieron. Solicitan mi ayuda para que les coloque aunque sea un pequeño crucifijo.

Le dije a Ramona que ellos habían llamado su atención subiéndose a los caballos, y que si de alguna manera podíamos ayudarlos debíamos hacerlo.

Pasaron unas semanas y yo sentía el compromiso de poner el crucifijo. Una mañana llegó Ramona; no le comenté nada y subí a mi recámara por un rosario; bajé con él sin mostrárselo, sólo le dije que había un pendiente y que debíamos completarlo. Ella me contestó:

—Sí, llevar el crucifijo a los muchachos de los caballos.

Sólo me quedó reírme, porque con Ramona es difícil guardar secretos. Le mostré el rosario, ella desprendió cuidadosamente el crucifijo y yo guardé el resto del rosario.

Nos dirigimos a la glorieta, rezamos una oración en silencio y luego Ramona colocó el crucifijo en un sitio donde estuviera seguro. Me sentí contenta por haber cumplido con una petición. Nunca los volvimos a ver.

Es curioso cómo el espíritu regresa solicitando algún tipo de ayuda. En dos de los casos los fantasmas solicitaron una cruz, por sus creencias y apegos religiosos. Me imagino que, según la religión que hayan practicado en vida, solicitan lo que haya quedado sin resolver. Hay quienes imploran sea pagada alguna manda, de ahí la importancia de no hacer promesas que luego no podamos cumplir. Se repite constantemente el deseo de que se les remedien pendientes de cualquier tipo: económico, religioso, moral, material.

El fantasma de don Luis

El budismo sugiere no tener apegos, ni materiales ni familiares. Aunque se escucha un poco cruel cuando se dice "ni familiares", esto es muy cierto porque al dejar el cuerpo físico no se puede trascender si no se han cortado esos apegos.

Más de una vez mi amiga vidente, Ramona, y una servidora, cuando nos han llamado porque hay fantasmas en alguna casa u oficina, hemos descubierto que los apegos propios del ánima no la dejan partir. Otras veces son los de la propia familia. Hemos tratado casos en los que los inquilinos se aferran sólo al espacio, al inmueble, provocando disturbios a quienes llegan como nuevos huéspedes a la casa.

Tal fue el caso de la señora Berta, una mujer afligida por el inquieto fantasma que deambulaba en su casa, haciéndola víctima de sus manifestaciones. Bertita compró una casa varios años atrás, ignorando que con ella compraba también un fantasma muy aferrado a la vida y a su persona. Ese fantasma había vivido y fallecido en esa casa. ¿Quién eligió la finca? ¿Doña Berta? ¿Será acaso que por una buena razón el fantasma la eligió a ella? Más adelante sabrán a qué me refiero.

La pobre mujer tenía mucho tiempo soportando las travesuras del ánima chocarrera, que además de asustarla ya la había cansado.

Bertita estaba muy molesta con él ánima de don Luis, quien se había vuelto tan descarado que se dejaba ver hasta por las visitas. Estaba tan apegado a su casa y a sus costumbres, que en múltiples ocasiones se le veía sentado en la banca del jardín de ingreso al inmueble, a las cinco de la tarde, tal y como acostumbraba hacerlo en vida.

Eran tantas las cosas que le hacía, que Bertita se sentía incómoda de convivir con el fantasma. Más de una vez dejó un vaso de agua sobre algún mueble y el agua desaparecía. En varios lugares lo vieron deambular, pero principalmente en la habitación de su hijo y de su hija. En la cocina, en repetidas ocasiones llegaron a escuchar que movían los trastes. Las pisadas de don Luis también se escuchaban. Le gustaba mover objetos, causando la sorpresa de doña Berta.

No era nada agradable tener al visitante, porque también gustaba de jalar las sábanas, y según le dijo una vidente, el difunto se sentía muy atraído hacia Bertita, por su parecido con su esposa.

Esa misma persona le dijo a doña Berta que en su casa había dinero y que el difunto deseaba dárselo a ella, pero lo que la pobre mujer deseaba era que la dejara en paz.

Después de años de aguantar a don Luis, la familia decidió vender la casa, pero al parecer el fantasma alejaba a los compradores, porque los clientes se retractaban casi al firmar papeles.

Finalmente Bertita solicitó ayuda a Ramona, mi amiga psíquica, para que le ayudara a desalojar a don Luis de la casa y poder venderla. Acudimos a la casa para ayudarle con su problema.

Llegamos a la finca un poco antes de lo acordado. Presenté a Ramona con doña Berta y nos invitó amablemente a pasar. Ya en el interior ella nos presentó a su esposo y a sus hijos.

La vidente de inmediato les indicó los lugares donde percibían con mayor frecuencia a la entidad y ellos confirmaron con la cabeza. Ramona incluso les mencionó algunos hechos con exactitud.

Solicitamos su permiso para prender en la estufa el carbón para el incienso de copal. Mientras Ramona les explicaba sus sensaciones y percepciones sobre don Luis yo fui a la cocina a preparar el carbón. Se prendió y enseguida procedí a colocar unos cristales de copal encima. De inmediato el humo empezó a brotar y a perfumar el ambiente; pero de pronto el carbón se apagó. Entonces coloqué de nuevo el mineral en la estufa, Ramona, viendo mis dificultades se acercó a ayudarme.

Algunas veces, cuando el ánima no se quiere ir pone obstáculos para evitar la limpieza. El carbón se apagó sin razón física aparente. Lo más seguro es que don Luis trataba de impedir el proceso de la liberación.

Doña Berta nos entregó el agua bendita y la flor blanca que le habíamos solicitado para hacer la limpia de la casa.

Finalmente Ramona logró encender el incienso y solicitó permiso para iniciar el trabajo en la planta alta. Pidió que se le fueran abriendo todas las puertas y cajones de los muebles y habitaciones de la casa. Me indicó que la siguiera con la flor y el agua bendita para que sellara cada rincón que ella iba limpiando con el incienso.

El trabajo comenzó y Ramona se iba deteniendo en lugares donde ella sentía la presencia de don Luis. Al entrar a una de las habitaciones de la planta baja se encontró con un baño muy oscuro en donde el fantasma se hacía sentir más fuerte. Ahí de plano tuvo que hincarse y suplicar que se fuera. Le pedí a Ramona permiso para tomar algunas fotografías durante el recorrido y ella me iba indicando hacia dónde debía tomarlas con el fin de tratar de registrar la energía de la entidad. Precisamente en ese baño, a pesar de prender el flash no lograba tomar la fotografía. Prendimos luces para tener mejores resultados y entonces se logró capturar el instante en que ella hacía la liberación.

Hubo tres ocasiones en que Ramona se detuvo a rezar con mucha devoción para pedirle al difunto que se fuera y dejara esa familia en paz, porque él no pertenecía a este plano. Finalmente, se logró la liberación de la casa. Según explicó Ramona, a pesar de hacer tantas y tantas travesuras, el ánima de don Luis no era una presencia negativa.

En dos ocasiones sentí la piel chinita sobre mi cuerpo, pero realmente todo sucedió con gran tranquilidad. Para finalizar, Ramona pidió a la familia que se tomara de las manos formando un círculo, y procedió a decir su oración de protección y liberación tanto para la familia como para la casa.

La visita se terminó con una breve consulta para cada uno de los integrantes de esa familia y con algunos consejos para que les fuera mejor en sus proyectos personales.

Resultó cierto el parecido de doña Berta con la esposa de don Luis, como lo había explicado anteriormente otra vidente; razón suficiente para que el ánima la eligiera para vivir en su casa. Ramona nos indicó que don Luis no deseaba irse por su apego tanto a la casa como a doña Berta.

—Tú ya estás muerto y debes de ir hacia la luz. No perteneces más a este plano —le dijo Ramona con determinación.

También se le explicó que doña Berta no era su esposa. Aunque un poco terco, finalmente aceptó irse y dejarlos en paz.

Meses después me enteré por una conocida de Bertita, que tras del trabajo de liberación ya habían logrado vender el inmueble.

Algunas personas terminamos por acostumbrarnos a convivir con los fantasmas de casa, a tal grado que para que nos dejen vivir en paz les damos oración y un día descubrimos que pueden ayudarnos y que son muy agradecidos. Bien decía mi abuela: reza a las ánimas del purgatorio y ellas siempre te protegerán. Además, si hoy rezas por ellas, mañana alguien rezará por ti.

Quiero dejar asentado que a veces unos seres se van y llegan otros, porque en ocasiones no son espíritus del lugar sino que buscan ayuda de alguien especial que puede verlos, escucharlos, sentir su presencia pero, principalmente, darles luz para encontrar su camino.

La oficina

Hay otro caso de liberación muy interesante en el que participamos Ramona y yo, donde podemos constatar claramente cómo nos afectan los apegos.

Como les decía anteriormente, desde pequeños transitamos por la vida llenos de apegos. Cuando somos bebés, nos apegamos a nuestra madre. Lloramos para llamar su atención, aunque no tengamos ni hambre, ni dolor, ni molestia física, sólo por el gusto de que nos abrace y nos mime. Hay quienes nunca aprenden a soltar a su madre ni a independizarse de ella. Aun cuando establecen una relación con una pareja, no pueden darle el lugar que le corresponde, sobreponen a la madre y ahí empiezan muchos conflictos matrimoniales. La figura materna está sobre todo el mundo. También está la madre apegada al hijo o a la hija que no desea soltarlos, particularmente cuando es el primero; ¡cuidado con quien se atreva a arrebatarle a su primogénito!

En la infancia nos apegamos a nuestros juguetes y, si somos caprichosos o egoístas, no deseamos compartirlos con nadie. De hecho, al kinder nos llevan con el osito o el biberón para que no lloremos. Durante la adolescencia nuestros apegos son la ropa, la privacidad de nuestra habitación, nuestros discos, nuestros, nuestros, nuestros...

En la juventud nos aferramos al novio o la novia. Cuidado con que alguien nos critique a nuestra pareja o considere que no nos conviene, porque esto es una razón suficiente para huir del hogar o terminar con una amistad. Nos apegamos en cuerpo y alma a nuestra relación, al grado de sentir que nos falta el aire si nuestra pareja no viene a vernos.

En la madurez nuestros apegos son nuestro esposo o esposa, nuestra casa, nuestros autos, nuestros hijos, nuestros padres, hasta las adicciones al cigarro, al alcohol, a la coca cola, etcétera. No comprendemos que las personas no son de nuestra propiedad, que la libertad es parte del amor, porque desde bebés nos amamantaron con la idea equivocada de que los sujetos son pronombres posesivos.

Desafortunadamente muchas personas al morir cargan sus apegos al otro lado. Después, andan deambulando por casas arrastrando las cadenas que los atan al mundo de los vivos. Sabios los tibetanos que ayudan al moribundo y posteriormente al muerto a trascender en su siguiente etapa evolutiva.

Para hacer más ameno este comentario y que se den cuenta de la importancia de poner fin a los apegos, les voy a relatar esta experiencia que tuve al lado de mi amiga Ramona, a quien acompañé una noche a hacer una limpia.

Rafael, un amigo, me comentó de un negocio ubicado en una antigua casona que requería una visita de Ramona porque estaban sucediendo cosas extrañas en el lugar.

Hicimos la cita con el dueño y llegamos a la hora en que el negocio da por terminadas las labores cotidianas, para evitar que algún cliente se sintiera incómodo o se asustara ante los hechos; nunca se sabe qué puede suceder, es decir, si pueden darse manifestaciones. Nos presentamos con los dueños, Gloria y Sebastián quienes nos comentaron sus experiencias. Sebastián nos recibió muy contento porque tenía la esperanza de que todas esas cuestiones terminaran, y le comentó a Ramona que continuamente se sentía observado, lo que le incomodaba mucho. Cuando estaba en la cocina desayunando o comiendo, tenía la sensación muy fuerte de que en la puerta, ubicada detrás de él, alguien lo observaba, por lo cual volteaba inquieto sin encontrar a nadie; estaba solo.

Ramona le indicó que principalmente sentía la presencia en su oficina y que por esa razón no toleraba trabajar ahí, mucho menos de noche. Él asintió sorprendido ante las palabras de la vidente. Seguramente hasta pensó: "¿Ella cómo sabe eso si acabo de conocerla?".

Ramona comenzó a recorrer la casa y aseguró ver a un hombre alto, bien vestido, adinerado, soberbio, nada conformista, acostumbrado a los retos y muy ambicioso. En otro espacio, que alguna vez fue una habitación, vio a una anciana enferma, con gran sufrimiento y tristeza en su vida, postrada en cama por largo tiempo, aferrada al lugar. Sebastián comentó que, precisamente en ese lugar, la hija de la señora que hacía la limpieza decía ver a "la abuelita", quien le pedía su muñeca. Asimismo nos confirmó que la propietaria original de la antigua casona había padecido de cáncer y había estado postrada en cama hasta su muerte.

Ramona señaló a Gloria y Sebastián que había otros personajes en la casa, pero que los más importantes eran esos dos. Les indicó los lugares que debían proteger, porque eran portales dimensionales por los que entraban y salían estas presencias. Dichos lugares estaban decorados con grandes espejos; uno de ellos era un cuarto que alguna vez fungió como alacena.

—Mira, Sebastián, estos espejos enormes permiten el paso a los fantasmas que luego deambulan por la casa —explicó Ramona.

—¿Cómo es eso?

—Para que me entiendas, son como puertas de entrada a tu casa.

—Con razón.

—¿Con razón qué?

—Ya sé a que te refieres. ¿Al sueño? —dijo Gloria a Sebastián.

—Sí —respondió el hombre.

—¡Cuéntaselo a Ramona!

El hombre resopló y relató:

—Resulta que en una ocasión, Gloria y yo soñamos lo mismo, sólo que ella estaba en Canadá y yo aquí en Guadalajara.

—Y ¿qué fue lo que soñaron?

—Un personaje, ataviado como español, salir por este espacio.

—Eso comprueba lo que les digo, que estos espejos son portales —afirmó la vidente y añadió:

"Los conocedores del Feng Shui no recomiendan el uso de espejos en el centro de los inmuebles, solamente en ciertos lugares y colocados cuidando la armonía del lugar".

Ramona les dio un diagnóstico y les indicó donde debían de trabajar. Era necesario regresar para proceder a la limpia del negocio. Sebastián se comprometió a comprar el incienso y Ramona llevaría el agua bendita.

Igual que en la primera ocasión, la siguiente regresamos a las ocho de la noche. Se procedió a abrir todas las puertas del inmueble, que eran muchas. Alacenas, gavetas, aparadores y cajoncitos que abundaban por toda la casa. Una vez abiertas todas y cada una de las puertas, Ramona comenzó a limpiar espacio por espacio, nosotros la seguíamos a una distancia prudente. En algunos rincones se detuvo a rezar. Al llegar a la oficina principal, nos pidió esperarla afuera de la habitación; desde ahí podíamos ver a Ramona con los brazos en alto haciendo oración, enseguida observamos que se hincó en actitud suplicante. Estábamos en espera de Ramona cuando escuchamos al fondo del pasillo donde nos encontrábamos, un sonido extraño, justo en ese sitio nos había indicado que había una presencia muy fuerte.

Finalmente Ramona salió de ese cuarto y procedió a revisar y limpiar todos los rincones de la casa. Cuando terminó nos sentamos a charlar sobre lo que había visto, percibido y escuchado. Algo muy significativo fue que, al comenzar a dar detalles, dijo que la anciana le había mostrado un cuadro con el vidrio roto, a través del cual ella podía liberarse porque se identificaba con la imagen del dolor. Cuando Ramona dijo eso, Gloria se paró de inmediato y fue a traerlo. Al mostrárselo a Ramona, ésta lo reconoció como parte de su visión. Lo extraño de todo fue que Gloria encontró el cuadro en el suelo, cuando al principio de la limpia se hallaba colgado en su lugar. ¿Quién lo bajó? ¡Gajes del oficio!

Además, Gloria aseguró que desde que recibieron el cuadro, el vidrio se rompió de manera inusual, sin haberse caído ni golpeado, y que por descuido no habían remplazado el cristal.

Finalmente, Ramona explicó la dificultad que tuvo para enviar a la luz al caballero. De hecho, señaló haber tenido que implorarle que se fuera porque ya no pertenecía a esta dimensión. Estaba tan aferrado a la casa y a su orgullo que la vidente se tuvo que hincar para ayudarlo a partir.

Al terminar, les dio indicaciones a Gloria y a Sebastián de colocar ciertos elementos de ornato y de protección, como cruces de palma en los portales, una fuente en un jardín y un rehilete al frente del negocio, para propiciar el bienestar del mismo.

Tuvimos que volver porque después de un tiempo regresaron los fenómenos. En un evento musical que hubo durante la noche, inexplicablemente no funcionaron los equipos de sonido, cuando por la mañana habían sido probados. Era el hombre de nuevo molestando, continuaba aferrado y ahora estaba enfadado porque alguien lo había agredido, según dijo Ramona. Sebastián nos comentó que justo al otro día de nuestra visita, la señora del aseo lo había insultado.

Ramona explicó lo que sucedía:

—Ustedes se imaginan lo que significa que una sirviente insulte a un hombre de alcurnia y orgulloso como él. Por eso se molesta y hace de las suyas. Tienen que hablar con la señora y decirle que no debe insultarlo.

Gloria y Sebastián quedaron de acuerdo. La vidente tuvo que explicarle de nuevo al caballero que no era su tiempo ni su espacio, que se fuera en paz.

Transcurrieron unas dos semanas de nuestra visita a la Galería cuando una amiga llamó a Ramona a su casa para que hiciera una limpia. La amiga tiene una casa de vacaciones, justo en el pueblo donde vive Ramona.

Al entrar a un sitio, ocurre, según me ha explicado mi amiga, que le aparecen imágenes de otra época y se desconecta por completo del presente.

Ramona revisó la casa y le llamó la atención que en la habitación de su amiga percibía mucho sufrimiento y tristeza. Este dolor le recordó a la misma anciana del negocio de Sebastián. Su sorpresa fue grande cuando al salir del trance y ver de nuevo la recámara reconoció el mobiliario como parte de la antigua casona de Sebastián y Gloria, porque tenía el mismo peculiar diseño de cajoncitos, puertitas, cajones más grandes, etcétera. Al preguntarle a su amiga dónde había adquirido esa recámara, ella le dijo que había pertenecido a una familia adinerada de la ciudad de Guadalajara y le dio los apellidos que Ramona de inmediato reconoció. Entonces comprendió que era la misma anciana, aferrada aún a la recámara en la que estuvo postrada tantos años a causa de su terrible enfermedad.

¡Qué chiquito es el mundo! ¿No creen? ¿Cómo fue Ramona a casa de la amiga, en su pueblo, para terminar de dar luz a esa pobre mujer. ¿Coincidencia?

En otros casos los espíritus le han preguntado incluso por determinados muebles u objetos, los que tuvieron mucha estimación para ellos cuando vivían en este plano. Ha habido quien le pide que ese objeto sea entregado a determinada persona.

En varias sesiones, he escuchado cuando les dice a las presencias que ya no están en este plano y que esos objetos ya no existen, que se vayan a descansar. Algunas veces no comprenden, porque le insisten que desean saber sobre el paradero de tal o cual cosa. Al comunicar a sus parientes lo que solicita el fallecido, éstos de inmediato reconocen el objeto de su preocupación.

Todo esto para mí ha sido un gran aprendizaje. Sólo espero que cuando llegue el día en que esté del otro lado, no quede atorada por culpa de mis apegos. De manera que he empezado a trabajar en eso cotidianamente, a través de la concientización y meditación.

Sólo quiero añadir un agradecimiento a Sebastián, quien falleció a mediados del año 2006; solicito una oración para él a quienes están leyendo este libro.¡Hoy por mí, mañana por ti!

El huésped

En la vida de Ramona, ha habido muchos casos sorprendentes, pero el siguiente en especial es digno de atención porque me hizo reflexionar en cuánta gente andará así por el mundo.

Resulta que una tarde se presentó en su consultorio un joven, quien le dijo que tenía más de diez años deambulando por clínicas de sicólogos y psiquiatras sin poder encontrar una solución a su depresión, que tampoco él entendía del todo porque no había una razón lógica para sentirse deprimido todo el tiempo.

El joven le comentó a la vidente que alguien lo había enviado con ella para ver si de una vez por todas, encontraba una solución o por lo menos desentrañaba el misterio de su tristeza.

Ramona le pidió su mano como hace siempre con quienes solicitan su ayuda. Al tendérsela, el muchacho cayó en una especie de trance y su cabeza cayó hacia abajo, aunque podía escuchar perfectamente la voz de la psíquica.

Ramona de inmediato visualizó al muchacho años atrás, cuando apenas era un niño. Una noche que estaba en su casa, despertó, se levantó a tomar agua, bajó las escaleras, se sirvió el vital líquido y, cuando regresaba a su cuarto, vio de frente una sombra negra que sin darle tiempo a nada atravesó su cuerpo.

Al mismo tiempo que ella veía las imágenes, se las describía al joven y él asentía o respondía que así había sido todo.

Ramona se percató de que el ánima de un ser atormentado se refugió en el cuerpo del chiquillo y que desde entonces lo acompañaba a todos lados, transmitiéndole su pena y alimentándose de su energía.

Comenzó a hacer una oración de liberación para aquella ánima en pena. El muchacho, al sentirse liberado volvió en sí y comenzó a llorar expresándole a Ramona su gratitud. Ella le dio de nuevo los detalles del hecho y el joven le confirmó que sí recordaba el episodio, pero añadió que nunca se imaginó que aquella alma se había hospedado en su cuerpo.

Esto nos hace concluir que es importante entender que, cuando un niño con sensibilidad nos comenta que se siente triste o diferente, hay que poner atención y llevarlo con algún sanador de confianza para que lo revise y lo saque adelante.

Sanación de columna

A través de estas páginas les he venido contando del severo problema que Ramona padece con su columna. Un día me mostró una protuberancia que salía de su piel, de considerable tamaño, por eso estoy consciente de que Ramona fue sanada en forma extraordinaria.

Gracias a Bety, una amiga cercana, Ramona conoció al doctor que le sanó su columna, a quien nombraré doctor Rangel; un buen traumatólogo pero principalmente un excelente sanador y conocedor del mundo de las energías. Debo aclarar qué no todas las personas son candidatos para ser sanados, algunos por su karma y otros porque es momento de partir.

Aunque yo acompañé a mi amiga a la primera cita con el doctor Rangel, le pedí a Ramona que fuera ella quien narrara estos hechos.

"Para mí, el doctor Rangel es un gran maestro, con amplios conocimientos sobre la medicina y las energías. Había oído hablar sobre él a mi amiga Bety, pues le estaba dando tratamiento a su hija, pero yo lo veía inalcanzable porque no podía cubrir sus honorarios.

"Bety me pidió que fuera a una consulta con él. Ella le había hablado de mí y el doctor deseaba conocerme. Además, le comentó que me cobraría una cantidad módica porque mi problema podía resolverse en pocas sesiones, mientras otros casos le llevan hasta más de un año.

"El día de mi cita, el doctor me evaluó y dijo que en tres sesiones arreglaría mi columna. Para mí fue extraordinario después de tantos años de sufrimiento y dolor, enterarme de que podían alinearme la columna para siempre.

"—Lo recuerdo bien; las dos nos alegramos —le dije a Ramona.

"Al saludarlo me ocurrió lo mismo que con los médicos orientales, cuando era adolescente: me dio una descarga energética en la mano.

"—Sí, me acuerdo que incluso le pregunté: ¿Cómo ve a Ramona, doctor? Y respondió sonriendo, '¡Esta señora ya trae hecha la sopa!' —refiriéndose a tus dones.

"Desde la primera cita comenzó a manipular mi columna y mi cuerpo con gran destreza. Me colocó en posturas muy difíciles e increíbles, cualquiera diría en posturas imposibles. En su consultorio tenía dos camillas altas de madera, instaladas en forma horizontal. En una de ellas colocó mi cabeza y en la otra puso mis pies, y el resto del cuerpo quedó suspendido en el aire, y mientras yo estaba ahí, creía que el peso de mi cuerpo me iba a hacer caer al suelo. Eso nunca sucedió. Antes de eso comenzó a mover la energía de tal manera que sentí cómo mi estructura ósea se iba acomodando, incluso advertí varias veces el chasquido de los huesos, que iban quedando en su lugar. Después de la primera sesión mi postura, de ser un poco encorvada, se enderezó.

"En la segunda sesión manejó el nivel de la cadera y de los pies, dando excelentes resultados y transformaciones en mi sintomatología. Para la tercera sesión, el tratamiento fue completo: desde la cabeza hasta los pies. Me hizo una alineación general.

"En una de mis visitas a su consultorio, salí rumbo a la terminal de autobuses para ir a mi pueblo, y me percaté de que el trabajo del doctor había desarrollado aún más mi percepción auditiva.

"Iba en el autobús y vi que pusieron una película, pero como estaba tan cansada, y con tanto sueño, decidí taparme los oídos para poder descansar. Entonces me di cuenta que seguía escuchando de manera clara y fuerte la televisión, con todo y los tapones. Además, podía escuchar a quienes hablaban en voz baja en la parte de atrás del camión.

"—Yo lo comprobé una tarde que esperábamos estacionadas en la calle y me dijiste: '¿puedes escuchar a los pajaritos?'. —¿Cuáles pajaritos? —te pregunté—. No se escucha nada, ya es tarde y están dormidos. Tal vez estés escuchando cómo se acomodan en el árbol.

"Sí, escuchaba una algarabía fuerte y me parecía imposible que tú no pudieras oírlos.

"En resumen, volví a tener movilidad; jamás retornaron los

dolores. Uno de los huesos que tuvo que alinear era el sacro, que estaba hacia fuera. Yo no podía erguirme porque ese huesito me picaba el intestino por el desacomodo.

"Al mismo tiempo que me alineó la columna me reacomodó órganos y me liberó energías pesadas que traía conmigo. Le estoy eternamente agradecida.

"Además, después de mi curación hubo un acercamiento y en varias ocasiones lo acompañamos a hacer curaciones en comunidades donde él y un grupo de personas fuimos para dar asistencia médica a personas de escasos recursos.

"—A pesar de que sólo los acompañé una vez, la experiencia que vivimos ese día al lado del doctor Rangel fue de total servicio al prójimo; se vieron unos casos increíbles. Además, el número de pacientes que se atendió fue enorme —recalco yo durante la entrevista.

"Unas ochenta personas se atendieron el día que tú mencionas. Cada uno de quienes lo acompañamos teníamos designada una labor de apoyo.

"—Ramona, tú eras quien daba los diagnósticos antes de que pasaran con él —recordé.

"Sí, tocando la columna, utilizando mi visión, podía identificar el problema que tenían. Al entrar al cuarto donde se les atendía, los más delicados los revisaba él y otros con menos complicaciones se los turnaba a los otros compañeros.

"—Me gustaría que narraras la curación más sorprendente de ese día.

"Fue la de una mujer que iba con un grave problema de hernia estrangulada. La señora tenía cita de urgencia para cirugía dos días después, por eso iba tan delicada.

"En el cuarto de curación estábamos cinco personas aparte del doctor y de la paciente. El doctor, después de revisar el problema, nos pidió un objeto punzante; ahí estábamos locos buscándolo, sin saber para qué lo deseaba.

—Sí —intervengo sin poderlo evitar—, recuerdo muy bien el episodio porque yo también me puse a buscarlo y recordé las curaciones del "hermanito", que había leído en un libro donde se menciona que con un cuchillo oxidado y viejo realiza sus cirugías energéticas con gran éxito.

"El mismo doctor recordó que cuando limpiamos el cuarto para instalarnos y atender a la gente, al mover una mesa vio en un cajón un picahielo guardado; ordenó que se lo diéramos.

"Fue impresionante ver cómo introducía el instrumento rudimentario en el sitio donde la paciente tenía la obstrucción intestinal. Poco a poco fue colocando el picahielo y al mismo tiempo le preguntaba a la mujer: '¿Cómo se siente?' Ella era la única que no podía ver lo que estaba haciendo el médico.

—Ay, doctor, se me está quitando el dolor; ya me siento mejor.

—Sí, y va a mejorar y a sentirse cada vez más aliviada —le respondía el doctor.

"Los demás, que veíamos lo que ocurría estábamos atónitos y sin perdernos un detalle del suceso. Introdujo aproximadamente cuatro centímetros del picahielo, lo suficiente para maniobrar y lograr la curación. Al terminar el procedimiento y retirar el instrumento, la mujer no mostraba ni sangre ni rastros de aquella cirugía. Luego nos pidió que cerráramos la herida, obviamente, era la herida energética, y fui yo quien cerró los tejidos. Procedimos a vendar para dar por terminada la cirugía.

—¿Fue entonces una cirugía energética, a pesar de utilizar un utensilio físico? —preguntó.

—Es una situación de manejo de energía. Los que estamos en contacto con niveles energéticos podemos mover materia molecularmente—, me responde Ramona.

—¿Esto es física cuántica?

—Sí, lo que puede estar afuera puede estar adentro. Lo que puede estar a un lado puede estar al otro. Todo está en continuo movimiento, nada está fijo. Es lo más increíble para los que lo pueden vivir y manejar. En años venideros se van a dar muchas investigaciones de niveles de energía, de física cuántica, muchos descubrimientos científicos. Los que trabajen con las energías van a poder discernir cuáles son buenas y cuáles son malas; asimismo, podrán saber quiénes manejan las buenas o las opuestas. Todas las personas que estén en el lado opuesto van a ser descubiertas, en todos los niveles: culturales, sociales, políticos, de salud, etcétera. Las cuestiones negativas van a salir a la luz. Desde el 2007 se va a dar mucho trabajo espiritual en todos los ámbitos, y los años posteriores también. La luz y la noche van a estar en completa actividad, por eso debemos estar equilibrados, debemos evitar la bipolaridad.

—Y, ¿qué pasó con la paciente?

—Después vi a sus familiares y les pregunté por la enferma; me comentaron que no fue necesario hospitalizarla, pues se curó por completo.

—¡Maravilloso! ¿No crees? Yo también fui sanada por el doctor Rangel, pero conmigo no utilizó picahielo. ¿Te acuerdas? Fue en su consultorio, introdujo el dedo índice en mi piel debajo de mi axila y después de eso mis nódulos mamarios desaparecieron, sin utilizar medicamento alguno. Lo más extraño fue enterarme por él mismo que había detenido un paro cardíaco, pero sorprendentemente me alivió de otras cuestiones que yo misma confirmé. Por tanto, también estoy infinitamente agradecida con el doctor Rangel.

El picnic

Ramona tenía tiempo invitándome a mí y a un grupo de amigos a su pueblo para ir a la sierra, que está a unos cuantos kilómetros, así que finalmente decidimos aceptar su invitación, lanzarnos a conocer y a pasar un día de campo.

El grupo de invitados estuvo formado por María Luisa y sus tres hijos, José, su hermana Nena, Ramona, su compadre Raúl y una servidora. De los invitados sólo Raúl y yo no tenemos dones desarrollados ni de clariaudiencia ni de videncia. Así que era un grupo interesante.

Llegamos al pueblo de Ramona cerca del mediodía; nuestra amiga ya tenía todo preparado para el paseo. Había mandado hacer taquitos al vapor y tortas. Sólo nos detuvimos a comprar unos refrescos y unas cervezas; en dos autos nos encaminamos al bosque.

Es increíble cómo abruptamente cambia el paisaje de árido, con cactus, a bosque, con pinos y coníferas. Además, el clima del bosque es fresco y húmedo y el del pueblo seco y caluroso.

Al llegar a un mirador, gracias a Ramona nos detuvimos para admirar el paisaje y, ¿por qué no?, empezar a relajarnos con una cervecita. Tomamos fotos y proseguimos nuestro camino. Justo ahí, hacia el lado izquierdo, hay una cruz de la que nadie se percató.

Continuamos por un camino de tierra hasta adentrarnos en el bosque, y elegimos un paraje para pasar nuestro día de campo.

Eran como las dos o tres de la tarde cuando nos dispusimos a comer. Ramona le pidió a su amigo Raúl que nos abriera la cajuela del carro para sacar los taquitos y las tortas, y entonces de broma le dije: "Te voy a tomar una foto para que quede bien sentado quien comenzó el desorden".

Nunca me imaginé lo que iba a aparecer en la fotografía. Luego les cuento.

Estábamos disfrutando los taquitos sudados, típicos de Jalisco; Ramona estaba sentada junto a la hija mayor de María Luisa cuando sintió y vio la presencia de un niño pequeño. Sin decir nada le hizo oración y lo mandó a la luz, y los demás ni cuenta nos dimos.

Después de comer, para hacer algo de ejercicio nos fuimos caminando hacia donde se encuentra un árbol famoso en esa sierra por su extraña y casi perfecta forma de lira; fue una caminata corta porque estábamos muy cerca de su ubicación.

Cuando llegamos, nos paramos junto al árbol para recibir su energía, lo admiramos y le tomamos fotografías. En verdad que tiene esa forma clara y caprichosa de una lira, y unos ocho metros de altura. Al parecer sólo hay unos tres en el mundo y éste es el más perfecto.

Árbol de la lira

Cuando terminamos de admirarlo, caminamos un poco más lejos para respirar aire puro y encontramos un paraje con un riachuelo que, según Nena, era un paraje de hadas y duendecillos.

En algún punto de nuestro recorrido Ramona se detuvo y nos mostró una especie de pino que es especial, muy efectivo para limpiar cargas energéticas de nuestro cuerpo que se pueden ir acumulando por los lugares que visitamos o las gentes que tratamos a diario. Se acercó a Nena y la comenzó a limpiar con las ramitas del pino, no sin antes pedirle permiso al árbol y a la misma Nena, quien algunas veces hace limpias y se lleva consigo algunos seres del bajo umbral. En esa ocasión, Beto, hijo de María Luisa, y Ramona, pudieron observar cómo salía del cuerpo de Nena un ser energético.

Al regresar al pueblo nos quedó de camino el cementerio. Yo les pedí que me permitieran unos minutos para visitarlo; recuerdo que José se bajó para acompañarme. Tomé algunas fotos y continuamos nuestro paseo a la plaza del pueblo, donde nos detuvimos a tomar agua fresca de sabores y nieves naturales. Disfrutamos de un día ameno y fuera de la rutina; regresamos a nuestra ciudad a buena hora, antes de que anocheciera.

Pasaron dos o tres días hasta que me di a la tarea de bajar las fotografías a la computadora. Creo que fue mi esposo el que observó que detrás de la figura de Ramona se veía un niño, con tanta claridad que parecía que estaba con nosotros en el picnic. Era justo la fotografía que había tomado a Ramona de broma. Yo misma la tomé y sé perfectamente que ese niño no estaba ahí en físico; sólo estábamos nosotros, no había nadie más. Además, el niño en la fotografía aparece caminando hacia nosotros y muy cerca. De haber sido un niño vivo lo habríamos visto todos.

Les compartí a los demás la fotografía, la verdad es que nos sorprendimos por la claridad con que aparece. Se ve cargando un juguete en su brazo izquierdo, y en el derecho parece que lleva una cerveza.

Una tarde mientras estaba frente a la computadora llegó Ramona. Aprovechando su presencia, le pedí que tratara de averiguar quién era ese niño y si era el que ella había visto en el paseo. Abrí mi archivo de imágenes, le mostré la fotografía y nos quedamos unos momentos en silencio para que ella pudiera conectarse con esa dimensión.

Fantasma de niño en día de campo

—No es el mismo niño —me dijo—. Éste es mayorcito. Pero sé quién és —añadió—: es un chamaco que no era tan pequeño, sólo que era muy bajito y delgado, hijo de una conocida del pueblo. Tenía unos dieciséis años y murió allá arriba en la sierra. Ese día fueron varios muchachos al campo y estuvieron tomando. Cuando iban a regresar, se subieron a una pick up y él se sentó en el filo de la cajuela. Como había tomado varias cervezas seguramente no se afianzó bien y al arrancar el vehículo cayó de espaldas y se golpeó la nuca; aunque lo atendieron de emergencia, posteriormente falleció.

—¿Ahí murió? ¿Donde aparece en la fotografía?

—Murió en el hospital, y al detenernos para ver el mirador, donde ahora sé que está su cruz, fue cuando se invitó al picnic.

—¿Por qué nos siguió? —pregunté.

—Por la luz. Recuerda que la mayoría de quienes fuimos al paseo somos sensibles a estas cuestiones.

—Así es, hace mucho tiempo alguien me dijo: "Si tú estuvieras perdida en el bosque, de noche, y a lo lejos ves una lucecita, ¿qué harías?". Le respondí: "La seguiría".

—Exactamente es lo mismo que hacen las ánimas, siguen la luz de quienes son sensibles, para comunicarse con ellos —me explicó.

Es una perfecta comparación que me ayudó mucho a entender por qué no siguen a todos, por qué no todos pueden percibirlos.

Ánima del dinero

Hacía tiempo que un amigo de León, de nombre Daniel, quien radica en Riverside, California, había conocido a Ramona en una de sus visitas a Guadalajara. En esa ocasión le preguntó sobre una propiedad que tiene su familia, donde estaban seguros que había dinero. Ramona le dijo que sí veía dinero, pero que antes debían ayudar al guardián que lo custodiaba.

Daniel nos comentó que hace muchos años, cuando su mamá vivía en esa casa, no la dejaba dormir un espíritu porque toda la noche escuchaba cómo si cayeran monedas al suelo. Eran tantas que parecía llenarse el cuarto. Aunque ellos no viven más en la casa siguen conservándola, mientras hay un valiente que escarbe para buscar las monedas de oro.

Aprovechando un puente para un 1 de mayo, nos trasladamos Ramona y yo a León, porque Daniel estaría visitando a su familia por esas fechas. Llegamos cerca del mediodía y nos dirigimos a la casa de los padres de Daniel; la familia completa nos estaba esperando. Conversamos un rato sobre el asunto, y la familia sorprendida por las cosas tan acertadas que Ramona les decía sobre trabajo, economía y problemas familiares, aceptó que revisáramos el inmueble.

La mamá de Daniel nos contó que, en el tiempo que vivió en la casa, la llegó a fastidiar tanto el ánima del dinero que buscó ayuda. Una mujer con visión le dijo que mandara al ánima a descansar mediante un conjuro que decía más o menos así: "Ánima bendita, baja al seno de Abraham y dile a Santa Lucía que me mande unas flores". Le funcionó radicalmente, porque nunca volvió a molestarla. Sin embargo, varias personas de la familia, incluso el mismo Daniel, llegaron a sentir que los asfixiaban cuando empezaban a caer dormidos. Daniel acordó con el espíritu que si lo dejaba en paz buscaría sus huesos y les daría sagrada sepultura. Otra noche antes de dormir, sintió que lo veían y descubrió la figura de un hombre en una ventana de la habitación.

Después de escuchar las anécdotas de la familia, Ramona solicitó agua bendita y flores blancas para proceder a limpiar el inmueble que está ubicado justo enfrente de la casa que ahora habitan. Una vez que reunieron las cosas, dijo que era necesario que toda la familia participara, y nos encaminamos a la casa para proceder a la limpieza.

Ramona, sin conocer la finca, inmediatamente ubicó el cuarto donde sucedía la mayor parte de los hechos. Ahí se hincó para hacer oración y liberar el ánima del guardián del dinero que había estado cuidando el lugar durante años.

Toda la familia hizo oración junto con ella y luego se procedió a rociar el agua bendita conforme íbamos avanzando por toda la casa. Ramona les dijo que la casa ya estaba liberada; pudimos darnos cuenta que fue una ardua tarea, ya que se vio en la necesidad de hincarse para suplicarle que desalojara, que se fuera a la luz porque ya no era su tiempo, ni su espacio.

Una vez terminado el asunto, regresamos a la casa familiar a comer porque ya era muy tarde, todos estábamos hambrientos. Ahí también se hizo oración para que la familia fuera liberada de las energías negativas que les estaban afectando. Todos quedaron muy agradecidos con Ramona.

Más tarde, en el centro, buscamos un hotel para pasar la noche. Al otro día mi esposo y mis hijas quedaron de reunirse con nosotros para ir a visitar la hermosa ciudad colonial de Guanajuato.

Desde que llegamos a la habitación sentí que había alguien, pero no le comenté nada a Ramona, porque deseaba dejarla descansar, y ella tampoco me dijo nada. Yo estaba segura de que no me decía nada para evitarme sustos, además deseábamos estar un rato en el mundo de los vivos aunque con Ramona esto es casi imposible.

Salimos a dar un paseo y en la noche nos encontramos con Daniel, su esposa María y algunos miembros de la familia, para cenar ¿y por qué no? tener un rato de farra. Nos divertimos mucho y finalmente

nos retiramos a descansar cerca de la una de la mañana. Al otro día noté a Ramona muy seria, estaba rezando. Fue entonces que le pregunté
si había alguien en la habitación, y me dijo que una mujer que había
sufrido mucho, a quien habían humillado casi toda su vida. Me uní a
su oración para que por fin aquella pobre alma pudiera irse en paz. Terminamos de arreglarnos y bajamos al comedor a esperar a mi familia.

Una ciudad de fantasmas

A las diez de la mañana aparecieron mi esposo y mis hijas. Desayunamos en el hotel y partimos rumbo a Guanajuato. María y Daniel quedaron de alcanzarnos allá.

En el camino pasamos por Silao y visitamos el cerro del Cubilete, famoso por la enorme escultura de veinte metros de alto, localizada en lo alto de una montaña, y erigida a Cristo Rey desde el año de 1945. Para llegar a la montaña hay que recorrer un camino empedrado, con altas pendientes y curvas, que termina en el Santuario, el cual puede albergar a cientos de peregrinos que visitan continuamente el recinto por ser tan milagroso.

Al llegar a la cima todo estaba nublado, y no podíamos ver la figura porque estaba cubierta por una nube.

—¡Lástima, no vamos a poder tomar buenas fotografías! —le dije a mi esposo.

De pronto, al iniciar a tomar las fotografías, mientras los feligreses escuchaban la misa, se abrió un círculo en el cielo despejando la escultura del Cristo Rey. Entró la luz e hicimos unas lindas imágenes. Fue como si él mismo Cristo nos quisiera dar ese regalo por nuestra visita.

Ramona estaba extasiada por la hermosa energía del lugar, que según nos explicó se extiende hasta las laderas de la montaña.

"Conforme vas ascendiendo la energía también va en ascenso. Ahí sentí una energía revitalizadora, y se puede decir que la gente con depresión, angustias, miedos, soledad, cuestiones emocionales, pueden lograr ahí una liberación. Para lograrlo deben de entrar en contemplación desde la parte baja de la montaña; al llegar arriba, mirar hacia abajo y luego pararse al pie del Cristo Rey y mirarlo hacia arriba".

Luego nos dirigimos a la hermosa e histórica ciudad colonial de Guanajuato, donde tengo muchos recuerdos de juventud porque cada año mi abuelita Victoria nos llevaba a visitar a mis tíos Isabel y Enrique en Semana Santa, o para el Festival Cervantino. Siempre me atrajeron sus callejones, misterios y leyendas que cuentan los niños con un hablar cantadito, despertando la curiosidad del turista.

En cuanto ingresamos a los túneles, Ramona se quedó como hipnotizada, mis hijas le hablaban y ella estaba inmersa en sus vivencias y visiones. Yo les dije que le dieran tiempo, que algo estaba viendo y luego nos contaría. Y por la cara que mostraba no eran escenas agradables. Si recordamos, Guanajuato fue lugar de hechos históricos y enfrentamientos de sangre. ¿Qué podía estar viendo Ramona?

Efectivamente, veía correr sangre por algunas paredes de los túneles, estaba impactada y lo narra de la siguiente manera:

"Yo iba muy emocionada porque por primera vez visitaba el estado de Guanajuato. Para mí fue muy impresionante recorrer los túneles porque no me imaginaba que las calles estaban debajo de la ciudad. Las paredes no las veía de piedra sino salpicadas o escurriendo de sangre. Era tan grande mi asombro que no podía ni hablar. Eso era sólo el comienzo, faltaba mucho por vivir.

"Nos instalamos en un hotel que está ubicado en una casona antigua, justo arriba de un túnel, lo primero que sentí fue una presencia sobre la escalera, era un descanso donde había una salita y podías preparar café. Al terminar de subir comencé a darme cuenta de que había muchas ánimas, pero no les mencioné nada. En la habitación, que me tocó compartir con Cristy y Gaby, también había una presencia, pero no comenté nada para que no se asustaran. Cualquier recámara era igual, donde quiera estaban."

—Me lo imaginaba, Ramona, pero en Guanajuato, ¿qué puedes esperar? Si es una ciudad tan antigua, llena de pasajes históricos, hubo tantas muertes en el pasado, y si añades los antiguos habitantes de esa casona ahora convertida en hotel, deben de seguir ahí cuidando sus apegos. Unos se marchan pero otros se quedan, hasta que llega su momento de partir —afirmé.

—Así es, siguen ahí en forma pacífica; no molestan, por eso tampoco les dije nada. Cuando me asomé al balcón de la habitación para ver la ciudad veía muerte, llanto, opresión, sufrimiento. Eran muchas situaciones muy fuertes que me tenían impresionada, siguió Ramona.

—¿Puede decirse que ha sido el lugar donde te has sentido más angustiada de todos los lugares que has conocido en tu vida?

—Sí, recuerdo que la ciudad me parecía hermosa, pero me jalaba la pesadumbre de sus antiguos habitantes, los que muy pocas personas pueden percibir. Luego me distraje con tus hijas, platicando y riendo con ellas fue como logré un estado más llevadero.

—Me acuerdo que dijiste que tu hija Mitzi no soportaría visitar Guanajuato. ¿Recuerdas si algún fantasma te pidió ayuda?

—Desde el momento en que entré a la ciudad, cuando vi la sangre, me cerré a percibir las otras dimensiones, porque de lo contrario no iba a poder soportar estar ahí, y yo quería disfrutar de mi visita. Sé que eran demasiados para ponerles atención; me vi obligada a ignorarlos.

—¿Viste alguna presencia vestida a la usanza antigua?

—Cuando estuvimos en el restaurante de un hotel de la plaza principal, sí los vi. Fuimos, como siempre se ofrece, a conocer el baño; yo no me di cuenta a qué hora te saliste porque a mí me transportaron a otra época, el presente desapareció. Ahí no pude cerrarme, ni pude evitar ver lo que deseaban mostrarme. Fue una de las experiencias más desagradables, angustiantes y fuertes de toda mi vida. No supe en qué momento me fui. Veía una casa tan enorme que no correspondía sólo al espacio del hotel, sino a los edificios de los lados.

"Mi visión comenzó donde vi que entraron unos hombres con fusiles y revisaban habitación por habitación, registrando, buscando a los habitantes de la casa. Recorrieron todo el inmueble. Al mismo tiempo pude ver cómo toda una familia iba evadiéndoles buscando un lugar seguro; se escondieron en la cocina, en un lugar pequeño como una alacena. Ahí se amontonaron, tratando de no hacer ruido. Pude ver a tres criaturas y a dos personas mayores. Era una familia agazapada en silencio, presintiendo su muerte. Luego me mostraban la otra escena de los hombres aventando puertas y muebles, buscando en todas partes a la familia. Sentí y viví la angustia de los niños y de sus protectores."

—¿Eran militares?

—No sé si eran soldados, no vi sus ropas, sólo sé que eran hombres armados con fusiles de bayoneta y podía ver cómo iban recorriendo cada cuarto, cada espacio de la casa. Finalmente llegaron al lugar donde estaba escondida la familia; sentí la sorpresa de ellos y el pánico ante los hombres armados, quienes en ningún momento sintieron compasión porque empezaron a clavar la bayoneta a cada uno; a un niño en un costado y al otro en el pecho; a la mujer cuchilladas y al hombre también lo mataron. Yo estaba impresionada porque sentí todas y cada una de sus emociones, de sus sentimientos: miedo, angustia, desesperanza, dolor, y yo estaba temblando como si me fueran a matar a mí. Perdí la noción del tiempo, no supe cuánto rato pasé ahí adentro viendo todo eso. Lo que me trajo de regreso fue cuando alguien entró al baño y le jaló al sanitario; el sonido fue el que me trajo de vuelta, pero ya había visto toda la escena y sentía un gran dolor.

Y luego tú te fuiste, me dejaste ahí. Al regresar de mi visión, no recordaba ni dónde estaba, me vi en el baño y puse todo en claro; salí a buscarlos y vi que se iban.

—Yo me salí del baño porque habíamos pedido la cuenta y recuerdo que te avisé que te esperaba afuera. No me contestaste. Pero te tardaste una media hora, porque te esperamos y no salías. Luego hasta nos íbamos a ir, y al preguntarles a mis hijas si te habían visto, me dijeron que la última vez había sido en el baño. Creí que andabas conociendo el hotel, y al momento que iba regresar a buscarte apareciste con la cara pálida reclamándome: "¿Por qué me abandonaste? ¡Me acaba de suceder algo espantoso!".

—En ese momento me di cuenta de que había pasado un buen rato viviendo esa terrible experiencia. No podía ni hablar porque realmente estaba impresionada.

—¿Y ayudaste a esa familia a que partieran a la luz?

—Sí, por eso me permitieron ver su agonía y muerte. Así pude hacer una oración para que pudieran descansar. El miedo que sufrieron al sentirse acorralados los hizo pegarse unos a otros y así murieron.

—Además, qué extraño todo, qué caprichosas visiones te tomaron por sorpresa en el lugar menos adecuado, ¿no crees?

—Ja, ja, ja, así es esto, te toma por sorpresa en cualquier lugar. Hubo otro sitio donde me tocaban con insistencia llamando mi atención, y fue al terminar de ascender hacia el Pípila. En los escalones me tocaron insistentemente y no quise ni voltear porque ya había tenido bastante, y fue enseguida del suceso del hotel.

"Cuando visitamos la alhóndiga, vi mucha sangre que escurría desde el techo en las esquinas del edificio. Luego de ahí fuimos a visitar a tu primo, y recuerdo que había una persona fallecida que está protegiendo ese lugar. En cada rincón había almas, sucesos que me jalaban.

"En la mina que visitamos, escuchaba desde el fondo que salían muchos lamentos, dolor, agobio, sacrificios, pero los quejidos venían de una parte que estaba cerrada porque hay mucho riesgo de derrumbes. Ahí al fondo hay una cruz y se hizo una especie de capillita, desde ahí escuchaba esos lamentos. Lo que pude ver es que algunos murieron y nunca los pudieron sacar. Si en nuestra época es aún difícil hacer un rescate de esa naturaleza, ¿te imaginas en aquellas? Es más, al momento de abrir túneles, se derrumbaban, quedando enterrados los mineros; no los podían rescatar. Esas profundidades están llenas de personas que dieron su vida trabajando, explotados, y permanecen aún en esos espacios."

—Y pensar que uno no se da cuenta de nada de lo que me dices. ¿Se puede ayudar a las almas de los mineros? —pregunté.

— Sí, el simple hecho de que esté una cruz en el interior de la mina y algunos cuantos les ofrezcan oración les ayuda a trascender.

—¿Qué me dices de la iglesia que está a un lado de la mina? Es muy famosa en Guanajuato porque el Cristo de Villaseca, que se venera en ese sitio, es reconocido por sus milagros. Recuerdo que cuando íbamos a Guanajuato con mi abuelita siempre nos llevaba a visitarlo para pagar sus mandas y yo me entretenía leyendo los milagros colgados en la pared, algunos del año mil setecientos, cuando se erigió el Santuario. Además los dibujos, según tengo noticia, los que podían pagar hasta contrataban artistas de la época para que pintaran los retablos.

—Ese templo tiene muchísima energía, energía sanadora. Sí, ese Cristo tiene que ser muy milagroso por el nivel de la oración, de la fe y la energía que fluye en ese lugar y por la energía que expele el mismo mineral. Eso aumenta los factores para que se den los milagros. ¿Cómo explicarte? Es como si te dieran un medicamento homeopático al trescientos por ciento —concluye Ramona.

Nuestro viaje a Guanajuato, después de todo, terminó en santa paz, al fin Ramona tiene la habilidad de manejar la entrada y salida a las diversas dimensiones, aunque de vez en cuando le forzan a ingresar para darle alguna enseñanza, unas veces desagradables y otras hermosas. Tiene sus compensaciones el caminar sobre espinas.

De visita en Mazatlán

En una de mis visitas al bello puerto de Mazatlán, donde acostumbro ir de vacaciones, Lalys, una gran amiga, me propuso que fuera a presentar mis libros y que ella me ayudaría a organizar el evento. Le dije que sí pero no formalicé nada. Luego recibí un correo de una jovencita llamada Carolina, quien había leído uno de mis libros y también me invitaba a presentarlos en Mazatlán.

Finalmente me decidí y acepté su apoyo para que avisaran a los medios y me consiguieran un lugar propicio para la presentación, el 10 de marzo del 2006. Tanto Lalys como Carolina se alegraron mucho. Las puse en contacto vía Internet para que se conocieran y coordinaran. Era tanto su entusiasmo que involucraron a otras personas a apoyar el evento. La maestra Lourdes fue una de las invitadas de Carolina que nos apoyó de manera incondicional. Estas atenciones hacia mi persona me comprueban que los libros están cumpliendo su objetivo. A través de la editorial les hice llegar unos ejemplares para que pudieran preparar la presentación.

Le comuniqué a Ramona del evento y me dijo que ella me acompañaría; por supuesto que me alegré. Organizamos la presentación unos dos meses antes para que todo saliera muy bien.

Mi amiga Lalys trabaja en una empresa reconocida en Mazatlán; entre sus negocios cuenta con un hotel, así que nos reservó una habitación por dos noches.

Se llegó la fecha de la presentación y nos trasladamos al bello puerto. Llegamos al mediodía y, por ser un horario de trabajo, ni Lalys ni Caro pudieron ir a recogernos. Nos instalamos en el hotel que estaba justo enfrente del mar. El clima era muy agradable y se podía percibir en el ambiente un inconfundible aroma a mar. Revisé mi agenda y vi que teníamos un tiempo corto para comer y luego debía trasladarme a una estación de radio para una entrevista.

Por la noche estaba planeada una junta con las organizadoras y presentadoras del libro: Lalys, Carolina y la señora Lourdes, en el hotel. Me comuniqué con Lalys para avisarle que habíamos llegado.

Comimos, nos arreglamos y tomamos una pulmonía: un auto pequeño, sin ventanas, característico de Mazatlán, rumbo a la primer cita en una difusora. La cita era a las tres en punto.

Las entrevistas me ponen un poco nerviosa ya que estoy acostumbrada a ser yo quien realice la entrevista. Llegamos puntuales y pasé a la cabina; Ramona me esperó en la antesala. Eran tres jovencitas quienes conducían el programa; eso me alegró porque los jóvenes siempre gustan más de estos temas. Eran tan entusiastas y amigables como la mayoría de la gente norteña. Al final una de ellas terminó contándome una anécdota de una sobrina que jugaba con el ánima de su nana.

El programa dio término con mi entrevista, y al despedirme de las chicas, Ramona me dijo que deseaba hablar con una de ellas sólo unos minutos. Las dejé solas para que charlaran a gusto y tras poco tiempo la chica mostró una cara de *what* que decía todo. Unos meses después escribió el siguiente correo:

Para: victoriavalon@gmail.com
Fecha: 24-jun-2006 11:20
Asunto: saludos desde Mazatlán

Reciba un cordial saludo señora Victoria. Sé que le resulta extraña mi carta pero haciendo un poco de memoria le diré que nos conocimos en meses anteriores, para ser exactos en cabina de radio en la cual trabajo en el programa de espectáculos, su visita fue con el motivo de la presentación de uno de sus libros.

En esa ocasión la acompañó su amiga y consejera Ramona, quien me dijo cosas que pasarían en mi vida, las cuales fueron tal y como ella me dijo al terminar la entrevista. Me comentó que cuando tuviera alguna duda se lo hiciera saber por medio de usted, es por eso que me permito enviarle este mensaje.

Bueno el asunto es el siguiente. No es la primera vez que me dicen lo mismo sobre mi persona, desde hace mucho una persona que se dedica a la lectura de cartas me lo dijo y continuamente me han repetido que se ve en mi, una sombra producida por un hombre, la cual no me permite ser feliz con ninguna pareja, bueno para ser exacta no me da ni tiempo...

Ramona le dio una respuesta a sus inquietudes a través de mi correo y nunca supimos más de ella.

Regresemos a nuestro viaje. De la estación de radio nos trasladamos al hotel para descansar un rato y encontrarnos más tarde con Lalys y compañía. Decidimos esperarlas en el área de la alberca para disfrutar un rato de la hermosa vista del mar, y además desde ahí podíamos ver cuando llegaran. Mientras hacíamos eso, Ramona empezó a observar un fenómeno único dentro de los lugares que ella ha visitado. Al ver a las personas, podía apreciar una especie de empalme energético en la gente que paseaba por el malecón. Luego advirtió que algunos no tenían eso, y cuando se puso a analizar quiénes sí y quiénes no, descubrió que los turistas no tenían esa especie de empalme, sólo los mazatlecos. Ella dedujo que tal vez por la energía tan fuerte que impera ahí, no sólo por el mar sino por otras cuestiones que es mejor no mencionar. Es algo muy difícil de explicar; espero me haya dado a entender.

Nuestros amigos fueron apareciendo uno a uno y nos reunimos en el restaurante del hotel, donde Lalys había apartado una mesa. Carolina y su amigo Manuel estaban un poco nerviosos; Lalys como siempre, dando conversación y puntualizando todo lo que debíamos hacer al siguiente día, antes y durante la presentación de los libros. Yo estaba sorprendida por todo el esfuerzo y trabajo realizado para brindarme su apoyo. Les hice saber mi agradecimiento.

Terminada la sesión de trabajo les propuse, si lo deseaban, cuestionar a Ramona sobre alguna inquietud, ya que quizás al otro día no habría tiempo.

La señora Lourdes preguntó por su hijo, a quien le estaba yendo muy mal desde hacía tiempo. Ramona le dijo que alguien lo había dañado y que sólo podía darle pormenores en privado.

Lalys invitó a Itzachel, una amiga que ocupa un puesto distinguido en la sociedad mazatleca, a que conviviera un rato con nosotros esa noche. Ella se presentó mas tarde y se integró fácilmente a la conversación, haciéndonos saber que los temas paranormales no eran de su interés porque no creía mucho en ellos. Sin embargo, decidió compartirnos un evento que le había sucedido hacía unos años y le impresionó sobremanera.

—Hay una antigua hacienda cerca de Mazatlán... A mí nunca me había sucedido ningún evento inexplicable, y aun cuando lo viví creo que debe de haber una explicación lógica o cuerda para ello —comentó.

Ramona, al escuchar los eventos comenzó a describirle con detalles la hacienda, incluso haciendo un dibujo para hacer más clara la descripción del lugar donde Itzachel había visto una sombra. Le explicó que hay seres que se quedan en los inmuebles, debido a los apegos de su vida.

Itzachel fue cambiando su expresión de incredulidad a asombro al escuchar los detalles que le daba Ramona, porque la vidente jamás había puesto un pie en la hacienda. Entonces, ¿cómo podía describirla tan bien? Incluso le dio detalles de cómo era la hacienda originalmente, referencias que la propia Itzachel desconocía.

Entonces yo intervine preguntándole a Itzachel si podíamos visitar la hacienda para tratar de averiguar más sobre la historia del lugar y los fantasmas que por ahí deambulan.

Aceptó con gusto y quedó de avisarnos si conseguía el permiso, ya que en la actualidad la mamá de su amiga vivía allí y cuidaba el inmueble.

Ramona tomó la mano de Itzachel para responderle algunas inquietudes personales que tenía en ese momento:

—Tienes tres proyectos que quieres realizar, uno en Mazatlán y dos fuera —dijo.

Itzachel pasmada de nuevo porque Ramona no podía saber nada de eso, le preguntó cuáles eran más posibles de realizar.

Después de charlar por unas tres horas sobre cuestiones paranormales, nos despedimos y quedamos de vernos al otro día en la presentación del libro *El umbral de los prodigios*. Itzachel se despidió aceptando la invitación.

¡Fue una excelente e interesante noche!

Debido a que nuestra charla de esa velada era totalmente informal, no realicé una grabación, y pasados los meses tuve que solicitar a Itzachel que me enviara un *e-mail* resumiendo los hechos que le ocurrieron en la hacienda a fin de no desvirtuar la información.

Asimismo, le solicité sus impresiones sobre Ramona. La siguiente es una carta que comparto con ustedes, amigos lectores:

Queridas Amigas:

Qué pena siento con ambas, la verdad es que sólo recibí uno o dos correos de Vicky, cuando recién estuvo por aquí, uno de agradecimiento, aún no sé por qué, y otro para enviarme una felicitación con motivo de mi cumpleaños el pasado mes de marzo. Vicky, me da mucho gusto saber de ti y de Ramona y que sigan al pie del cañón con su misión. Por otro lado, preciso que, no es que estos temas no fueran de mi interés, pues éstos han sido siempre motivo de curiosidad e intriga; sin embargo, el desconocimiento sobre el tema y tanto charlatán alrededor nos obligan a ser cautelosos en la materia. Aún reconociendo que no soy muy inclinada hacia el tema, he cambiado de opinión al respecto, pues ahora sí creo en los fantasmas. En mi caso, tuve la suerte de encontrarme con fantasmas buenos. Como apasionada de la historia que soy, siempre busco datos fidedignos, por lo que preferiría se hiciera mención de la hacienda propiedad de los dueños del antiguo ingenio azucarero cercano a Mazatlán, que fue vendida a mi amiga, a quien personalmente le insistí que me invitara a pasar unos días, invitación que pospuso debido a que apenas iniciaba los trabajos de restauración. Apenas se instalaron los servicios de electricidad y agua potable, tuvimos la maravillosa experiencia, mi hija y yo, de pasar las vacaciones navideñas del 2003. Frente al mágico cerro del Zacanta encendimos la fogata para recibir el 2004.

En un ambiente de tranquilidad, enmarcado por la naturaleza y vetustas paredes centenarias, una mañana cuando apenas amanecía vi una sombra de enormes dimensiones, muy parecida a la pintura de Antonio López Sáenz, por lo que, nerviosilla, abrí la ventana para buscar a quien proyectaba ese gigante en la pared, sin encontrar a nadie.

Por temor a hacer el ridículo o que me dijeran que la soledad y la tranquilidad de la ex hacienda me estaban volviendo loca, no comenté nada a nadie, pero al día siguiente, cerca de las diez de la mañana vi desplazarse a una silueta humana de espectro nebuloso, entre verduzco y gris que salía del cuarto de baño y se introducía al cuarto del clóset; entonces, ya no aguanté y le comenté la experiencia a mi hija y luego a mis anfitriones, diciéndome estos últimos que los vecinos comentaban que en la propiedad había fantasmas.

Mi hija a su vez me comentó que, al cruzar el umbral que dividía la sección del corredor-cocina y patio solariego hacia la sala de tertulias, sentía muy denso el pasillo, también otros visitantes después experimentaron la misma sensación, y tu servidora.

Si antes no creía en fantasmas, ahora creo en ellos, aunque sigo sin entender su existencia, a no ser como dice nuestra impresionante amiga Ramona, que sean seres o espíritus que aún no se han alejado del lugar donde acunaron afectos, amores, temores y sufrimientos y que se resisten a salir de ahí.

Efectivamente, quedé súper impresionada cuando Ramona, a quien conocí un día antes, me describió la hacienda, aun cuando jamás la había visitado. Yo jamás le conté su fisonomía. Convencida de que estaba frente a una auténtica vidente conseguí una invitación para visitar de nuevo el lugar, acompañada por Vicky, Lalys, Ramona y otras amistades.

Me quedé mucho mas tranquila cuando Ramona nos dijo que los espíritus que se encontraban en el lugar eran de gente de faena y de mucho sufrimiento (seguramente la servidumbre de la familia original que habitó el lugar) y que sólo requerían de un novenario de misas para que se alejaran tranquilas a descansar, después de casi cien años de deambular por los amplios salones, pasillos y corredores, bodega y tienda de raya ahora convertida en biblioteca pública para el pueblo de El Roble.

Vicky querida, muchas gracias por tomarte la molestia de incluir mi relato en tu libro de evidencias, me gustaría que intercalaras las precisiones que aquí te escribo o que las incluyeras tal cual, como una carta.

Te envío un afectuoso abrazo, lo mismo a nuestra mutua amiga Lalys. Por cierto, a ver cuándo tenemos la alegría de verte de nuevo por estas asoleadas costas.

Un beso a las dos.

Itzac.

Día de la presentación

Amanecimos de nuevo en el bello Mazatlán, y antes de ir a las entrevistas había tiempo suficiente para ir a desayunar a un restaurante muy famoso en el puerto, llamado La Panamá, donde hay platillos para todos los gustos y paladares exigentes, o no.

Nos fuimos a la sucursal del centro, por estar más cerca de mi primera entrevista en la televisión, para disfrutar sin prisa nuestro desayuno. Ahí Ramona tuvo una especie de *déja vu* y se sentía inquieta porque recordaba todo con detalle, hasta a los comensales.

Llegamos con tiempo anticipado a la televisora porque me gusta ambientarme al lugar y no llegar justo a la hora y comenzar de golpe. Me presentaron a la conductora y nos pusimos de acuerdo sobre la entrevista, ya que ella no tenía mucho conocimiento sobre cuestiones paranormales.

Dio comienzo el programa y la entrevista fluyó de manera espontánea. En algún momento recordé que años atrás habíamos ido a depositar las cenizas de mi padre en el mar, ahí en Mazatlán, y relaté los hechos.

En esa ocasión mi esposo, mi hermana Lucía, mis hijas y yo contratamos una lancha para llevar a depositar las cenizas al océano. Salimos del hotel por la mañana y hacía un excelente día, pero al llegar al embarcadero nos sorprendimos de encontrar una densa neblina. Preguntamos al lanchero si podríamos salir así y dijo que no había problema, que esa neblina no tardaría en disiparse.

La neblina cambió nuestro estado de ánimo y nos tornamos muy pensativos y silenciosos, pero tal como dijo el lanchero, la neblina se disipó. Al llegar al sitio donde es la tradición depositar las cenizas, Gaby mi hija pidió ser quien depositara la urna en el agua.

Mi papá muchas veces la llamaba por el apodo de "Gaviota". Casualidad, coincidencia o señal, unos cuantos segundos después de que mi hija colocó la urna en el agua, arriba de nuestra embarcación apareció una gaviota que comenzó a dar vueltas en círculo sobre nosotros. Mi esposo fue quien la vio primero. Yo pensé que eso no podía ser sólo una casualidad; era mi padre quien nos estaba despidiendo. Mi hermana lo dijo en voz alta, porque la gaviota no cesaba de seguirnos. Luego el lanchero, al vernos tristes nos ofreció por cortesía llevarnos a ver los lobos marinos. Aceptamos con agrado. La gaviota permanecía arriba de nosotros dando vueltas hasta que llegamos con los lobos marinos, quienes alegraron con sus sonidos y gracias nuestra mañana. Entonces, nos distrajimos un poco y cuando buscamos la gaviota ya se había marchado. Estoy segura de que mi padre se despidió de esa manera y nos guió hacia los lobos para hacernos sonreír, porque nunca le gustó la tristeza.

Narré esos hechos en la televisora y quedé con un agradable sabor de boca. Terminó la entrevista y nos despedimos dejando algunos ejemplares para el público.

Ramona de inmediato me dijo que había estado muy incómoda en el lugar debido a las energías que percibió de envidias y recelos de quienes ahí laboraban.

De ahí nos fuimos directo a una estación de radio pequeña que sale al aire a través de Internet. Es operada por un grupo de jóvenes entusiastas, entre ellos Manuel, el amigo de Carolina, quienes me apoyaron en mi presentación.

Los muchachos aprovecharon para cuestionar a Ramona sobre si sentía a alguien en el lugar. Ramona les informó que ahí estaba la presencia del abuelito del dueño del inmueble:

—Te protege para que les vaya bien en este negocio. Tú y él estaban muy cerca el uno del otro y por eso no se ha ido, continúa estando cerca de ti. Él te regaló una cajita de madera con un paquetito de óleos porque a ti te gusta pintar y a él también le gustaba—, relató.

Fue todo muy emotivo porque el joven afirmó lo que le dijo Ramona y se sintió reconfortado. Después se realizó la entrevista y firma de libros.

Al terminar la entrevista nos dirigimos al Museo de Arte, donde sería por la noche la presentación del libro para hacer algunos arreglos administrativos. Después nos desplazamos caminando a comer en la plaza Machado, corazón del centro histórico de la ciudad, admirando las casonas antiguas que pertenecieron a comerciantes alemanes, españoles e ingleses. Ahí también se ubica el Teatro Ángela Peralta, sitio de reunión de escritores, estudiantes, turistas y bohemios que son atraídos tanto por el encanto y paz del lugar como por los pequeños restaurantes que hay en la zona.

Respecto a esta zona y en general sobre la ciudad, Ramona explica:

"Todo Mazatlán posee una fuerza energética alta, que las personas transforman en positiva o negativa de acuerdo con sus emociones y sentimientos. O son gente que lo da todo o son gente de enfrentamiento. Es necesario que las personas que perciban esto traten de canalizar su energía en positiva para el bien personal y el de la comunidad".

Como todo llega a su momento, después de tantos preparativos y días de planeación llegó la hora de la presentación de mi segundo libro *El umbral de los prodigios*. Ramona y yo nos dirigimos dos horas antes del evento al Museo de Arte, donde nos citamos con Lalys, Carolina y Lourdes.

Mi querida amiga Lalys tenía todo bajo control y profesionalmente organizado; había comprado unas flores para la mesa de los expositores y preparado un coctel mazatleco, especial para compartir con el público, así como unos bocadillos de marlin. Lourdes, la maestra de Carolina, llevó una charola de canapés. Gibrán, el hijo de Lalys, sería el encargado de proyectar el audiovisual, así que le entregué el material y lo proyectamos dos veces para que no hubiera fallas, aunque con los fantasmas nunca se sabe. Así que, previendo que hicieran de las suyas como me ha ocurrido en otras ocasiones, les dediqué un momento de silencio y oración para que todo saliera bien.

El Museo de Arte de Mazatlán cuenta con un gran patio abierto donde llevaríamos a cabo la presentación. Atrás del foro hay un enorme árbol muy antiguo, que desde el primer momento cautivó mi atención. El lugar era ideal porque tendríamos el cielo estrellado como testigo del evento. La frescura del aire nocturno evitaría que el público padeciera de calor.

Pasados unos minutos de las ocho y estando el público presente en su gran mayoría, indiqué a las presentadoras que era tiempo de subir al foro. Lalys hizo la presentación de una servidora elogiándome más de lo que esperaba. Luego continué dando algunos pormenores de cómo inicié mi caminar en el mundo paranormal. En cuanto inicié mi lectura me invadió una enorme tristeza y no entendía por qué, luego sentí un escalofrío recorrer mi espalda y tuve que reprimir mis deseos de llorar. No me explicaba esa extraña sensación que no me permitía cambiar el tono de mi lectura. A fin de dar a conocer un poco mi trabajo leí uno de los capítulos del libro.

Una vez que terminé, Carolina y Lourdes procedieron a dar sus impresiones de los dos libros, explicando a la vez cuáles relatos les habían impresionado más y por qué. Hicieron un trabajo excelente.

Terminadas las exposiciones le pedí a Gibrán que proyectara el audiovisual y me puse de pie para explicar algunas de las fotografías. Hasta ese momento pude ser consciente de que el sitio estaba saturado y fue muy gratificante. A pesar de que la presentación había sido larga todo mundo seguía ahí, como esperando más y más.

Antes de cerrar el evento me dirigí al público dando lugar a que hicieran comentarios o preguntas. La primera que tomó el micrófono fue Itzachel, quien estaba en primera fila y sin dudarlo me instó a que presentara a Ramona, quien había decidido permanecer anónima.

Así lo hice y entonces Ramona tuvo que saludar al público y dirigir unas palabras. Cuando ella terminó, una señora se puso de pie y comenzó a relatar un suceso extraño dentro de su casa y comenzó a llorar por no encontrar una solución a su caso.

Ramona le dio los pormenores y le describió su casa diciéndole que parte de lo que padecía era porque le habían hecho un regalo con un trabajo de brujería para dañarla. Le dijo dónde estaba, en una especie de librerito de madera. La señora asintió recordando el objeto y comenzó a tranquilizarse.

Luego la vidente le expresó que todos en su casa debían tomar agua bendita y hacer oración por nueve días, y le pidió que antes de retirarse se acercara con ella para darle otras instrucciones.

La gente comenzó a levantar la mano, una y otra y otra, todas dando quejas de fantasmas que les aquejaban o eventos inexplicables que sucedían en torno a su persona o a su casa.

Al ver que aquello se estaba alargando y que debíamos terminar la presentación para cumplir con el horario del Museo, cerré el

evento e invité al público a pasar al brindis, informándoles que podían consultar a Ramona unos momentos antes de retirarnos.

Me conmovió mucho ver que jovencitas con una energía muy
bonita, además de ser niñas muy guapas, se acercaron a mí para
decirme casi llorando y con la cara desencajada lo mucho que les
molestaban por las noches seres de otras dimensiones tratando de
asfixiarlas, o encimándose en ellas, jalándoles el cabello, agredién-
dolas de formas diversas.

De la mejor manera les expliqué por qué lo hacían y cómo protegerse. Me hubiera gustado darles más tiempo y seguimiento a
cada uno de los casos pero desafortunadamente no podía estar en
todo, porque al mismo tiempo se me acercaba gente para que le
pusiera una dedicación en los libros, mientras otros me contaban sus
historias, muchos querían ayuda y debíamos dejar el inmueble. Varias
veces vi a Ramona; la gente estaba haciendo fila para consultarla.

Era desesperante la situación, porque la ayuda que se necesitaba
en ese momento era inmensa. Me sentí impotente.

En un momento se acercó a mí un señor y me comentó que él
había asistido a la presentación porque había escuchado el relato de
cuando depositamos las cenizas de mi padre en Mazatlán y la gaviota que apareció volando a nuestro alrededor. Me comentó que
ese hecho le conmovió muchísimo porque a él le había sucedido algo muy parecido.

Después se acercó Connie, la mamá de Carolina, a felicitarme
y contarme algo muy especial. Ella me dijo que en cuanto yo comencé a hablar vio algo blanco flotando en el árbol que estaba atrás
del foro y que se restregó los ojos para verificar si no estaba imagi-
nándolo, pero que aquello seguía ahí. Cuando ella me comentó eso
me dirigí con Ramona y le conté lo sucedido.

—Recuerda a quién trajiste a Mazatlán cuando murió —me
rocordó mi amiga.

—¿A mi papá?—, le respondí.

—Era él quien vino a estar contigo, porque se siente muy orgulloso de ti. Ha estado en todas tus presentaciones.

—Con razón sentí tanta tristeza en cuanto comencé a hablar,
un escalofrío que me recorrió la espalda, y la mamá de Caro dijo
que justo cuando comencé a hablar ella vio esa especie de gasa flotando junto al árbol.

Mi padre estuvo ahí, acompañándome. Me dio mucha alegría, si Ramona no hubiera estado esa noche no me habría enterado.

Le solicité a la señora Connie que me enviara un *e-mail* dándome los detalles de lo que vio esa noche, y esto es lo que me escribió:

En el mes de marzo de 2006 asistí, por invitación de mi hija Carolina, a la presentación del libro *El Umbral de los Prodigios,* que se realizó al aire libre en un casona muy antigua del viejo Mazatlán. He de decir que soy escéptica a hechos paranormales; sin embargo, este día presencié algo que haría cambiar mi forma de pensar y de creer.

Mientras la escritora hablaba sobre el libro y otro hechos sucedidos, llamó mi atención una flor artificial que colgaba de un árbol central en la casa, debajo de éste estaba colocada una mesa larga que ocupaba el panel de la presentación; entonces mi vista se desvió hacia el techo de una casa que estaba justo al frente, en donde yo podía ver una sombra blanca que se movía y deslizaba sobre ese techo y entre las ramas del árbol atrás del foro. Podía observar que cambiaba de posición. Sin imaginar nada, me dije que era una fina tela blanca que tal vez alguien había colgado del árbol y dejé de mirarla, pensando que al final me cercioraría. Volví a prestar atención a los relatos que se hacían acerca de algunos hechos paranormales y me olvidé por el momento aquella situación.

Al final, cuando estábamos en las preguntas y sin formalidades, recordé aquello y aproximándome un poco al árbol fui a buscar y a tratar de indagar qué era. Mi hija, al ver que yo buscaba algo en lo alto del árbol, me preguntó qué estaba haciendo y le dije esto mismo que acabo de relatar. Estaba un poco intranquila, porque pude ver que no había absolutamente nada en el árbol. En ese momento, Ramona me dijo que no me asustara, que lo que había visto era un ser bueno: "Es el papá de Vicky (la escritora). Siempre asiste a todas las presentaciones de su hija".

He de añadir que esa noche no dormí bien, sentía mi cuarto muy pesado, me costó trabajo conciliar el sueño, cerraba los ojos y veía sombras por todos lados. Opté por taparme la cabeza con mi sábana y hacer mucha oración hasta quedarme dormida.

Ahora les comparto un *e-mail* que me envió Marisol, una de las personas que asistió al evento, sobre sus impresiones de Ramona.

Sent: Wednesday,
November 08, 2006 8:30 PM

Hola Vicky:

Nuestra experiencia con Ramona fue extraordinaria. Cuando Lalys nos invitó a la presentación del libro fuimos con mucho gusto, sin imaginar que conoceríamos a Ramona.

Ella nos pareció una persona mística, llena de paz y sabiduría, pero lo que más nos impactó fueron sus comentarios acerca de asuntos muy personales de mi esposo, su mamá —ya fallecida— y cosas mías. Fue ahí donde nos llenamos de curiosidad y sobre todo de admiración. Nunca antes habíamos tenido la oportunidad de conocer a una persona con dones tan especiales, a la cual hay mucho que aprenderle. Realmente fue una muy buena experiencia.

Vicky, fue muy grato conocerte y ojalá nos tomes en cuenta y nos invites a la próxima presentación de tu libro. Además te deseamos éxito en todas tus publicaciones.

SUERTE!!!

Atte.
MARISOL Y RAFAEL

El evento terminó porque debíamos salir del Museo, pero de no haber sido así se habría prolongado más tiempo, porque la gente estaba ávida de información y por compartir sus experiencias. Me impresioné mucho cuando vi tantos problemas de energías negativas que atacan por la noche tanto a niños y jóvenes como a adultos, que no saben qué hacer para protegerse. Salimos de ahí a las doce de la noche, y en muestra de mi agradecimiento le propuse a Lalys ir a cenar. Marisol y su esposo se quedaron hasta el final, les pregunté si deseaban acompañarnos y se apuntaron gustosos porque deseaban platicarnos su caso. Carolina, su mamá y Lourdes se despidieron porque era tarde y debían trabajar al otro día. Les mostramos nuestro agradecimiento y salimos juntos del Museo.

A continuación les comparto los comentarios de Carolina, quien también los envió vía Internet.

Para: victoriavalon@gmail.com
Fecha: 11-nov-2006 13:41

Hola Vicky:

La primera vez que vi a Ramona fue cuando estuvimos en el restaurante del hotel para acordar lo de la presentación.

Recuerdo que nos platicó algo sobre su don, lo que veía, y yo la
percibí sincera. Ese día le di mi mano y le conté un suceso referente a
mi abuelita, quien ya había fallecido, pero me dijo que debíamos hablar
a solas.

La segunda vez que tuve la oportunidad de hablar con ella fue antes de la presentación del libro. Ese día me tomó de la mano y me dijo
que mi abuelita me había hecho llegar una medallita a través de mi amigo Manuel, para protección y para darme a entender que ella seguía ahí
de alguna manera, cuidándome. Me contó cosas de mi abuela muy acertadas, como que siempre se sentaba en una mecedora y subía un pie a
una maceta que había junto a ella. Dijo que le veía algo en el cuello que
siempre usaba, una especie de chalina delgada. También me dijo cosas
acertadas de mi persona. En lo personal Ramona es sincera, buena,
acertada y humilde de corazón. Espero te encuentres bien. Un saludo a tu
familia y un fuerte abrazo.

KARO

Marcas en la piel

Uno de los casos fuertes que vimos en Mazatlán fue el de Marisol. Ella realmente ha vivido agobiada y llena de fenómenos desde niña; afortunadamente sus padres fueron siempre muy comprensivos con ella y la apoyaron en todo momento.

Terminada la presentación de mi libro buscamos un restaurante, como ya era muy tarde estaban cerrando o habían cerrado. Finalmente encontramos en la zona hotelera uno abierto y no dudamos en quedarnos.

Después de ordenar nos dispusimos a platicar sobre el evento, y luego le pedí a Marisol que nos contara lo que le sucedía desde niña, que no la dejaba vivir en paz.

Sin dudarlo Marisol comenzó a narrar cómo desde pequeña, sin ninguna razón, comenzaba a vibrar todo su cuerpo y en ese momento la transportaban a otros mundos donde veía seres desconocidos y extraños. El aviso de que algo iba a sucederle era esa extraña vibración. La mayoría de las veces esto le ocurría cuando se iba a la cama. Y ante sus extrañas experiencias comenzaba a gritar desaforada, al grado que no dejaba dormir a sus padres, quienes siempre mantuvieron la paciencia. La llevaban con un médico y otro sin encontrar ninguna solución.

A través del tiempo Marisol fue reconociendo cuándo iba a tener un episodio de esa índole, y corría al baño a mojarse la cara y la cabeza y eso detenía el fenómeno. Lo curioso es que ella sola descubrió la solución.

Luego nos contó que ya adulta y casada con Rafael vivió algo absurdo. En su recámara tenía un espejo grande colocado al lado de su esposo. Una noche se durmieron y súbitamente, como a las tres de la mañana, ella se despertó inquieta como si alguien la observara; al hacerlo vio un ser verdoso, feo y como gelatinoso junto a su esposo. El extraño ser, al saberse descubierto entró al espejo como quien ingresa a una puerta.

—Efectivamente, los espejos son puertas —le dijo Ramona.

—¿Quién o qué era ese ser? —preguntó Marisol.

—Era un ser dimensional —respondió Ramona, y agregó—. Hay diversas especies en los múltiples mundos que existen en el Universo. A través de los espejos ellos pueden entrar y salir como de su casa. Puedo atreverme a afirmar que este ser que viste era del agua, por la zona en que vives.

Una segunda vez apareció el extraño sujeto, pero en esa ocasión lo vieron tanto Rafael como Marisol. Entonces ella tomó la precaución de colocar el espejo contra la pared cada noche.

—¿Por qué he vivido con tantas cuestiones raras, Ramona? —preguntó Marisol.

—Porque tus chacras o puntos energéticos están muy abiertos y eso es también como un portal para ellos —dijo Ramona.

—¿Y la vibración?

—Es el indicador de que entrabas en un estado alterado, el que te permitía vivir esos episodios —respondí yo.

—¿Cómo puedo cerrar mis chacras?

—Con ciertas posiciones de yoga en las que conectas el chacra raíz con la Tierra. ¿Alguna vez jugaste a la ouija? —Ramona se mostró inquieta.

—Sí, ¿por qué?

—También por eso abriste puertas. Eres sensible, tus chacras están abiertos y atrajiste seres del bajo umbral que te atormentaban.

Lalys hizo un comentario en voz alta:

—Yo creo que los del bajo astral y don diablo también merecen nuestras plegarias. Debemos enviarles luz.

Casi enseguida, mientras cenábamos, Marisol exclamó:

—Mira, Lalys, ahí va un gatito negro.

Todos volteamos pero sólo Marisol pudo verlo.

Continuamos conversando y entonces Ramona se dirigió a Rafael y le dijo que él sentía mucha tristeza por la pérdida de su madre, porque estaba muy apegado a ella, más que sus hermanos, y además él sentía que en vida debió haber hecho más por ella. Tú fuiste muy buen hijo —añadió.

Rafael estuvo de acuerdo con lo que comentó la vidente y dejo ver un destello muy intenso de tristeza. Enseguida le confió otros comentarios personales.

De nuevo Marisol interrumpió para decirnos que ahora el gato había pasado por la banqueta, detrás de ella. De nuevo nos estiramos para tratar de verlo, y nada. Ni siquiera me explico cómo lo vio Marisol si yo estaba casi frente a ella y no pude hacerlo.

Nos olvidamos del gato y continuamos nuestra charla, en la cual Ramona nos compartió muchas enseñanzas entre las que destacó no mencionar al maligno y menos a esas horas de la noche, porque era llamarlo a que se presentara.

—¿Qué pasa si tú vas por la calle y alguien grita tu nombre? —nos inquirió Ramona.

—Volteas a ver quién te llama —respondió Lalys.

—Así es, de esa manera al mencionar al enemigo, aparece.

Y en verdad esa noche se presentó. Tal vez en forma de gato.

Terminamos de cenar y nos llevaron al hotel a descansar, quedando de vernos al otro día por la mañana para ir a la hacienda El Roble.

Al llegar al hotel y cruzar por el área de las albercas, Ramona me comentó:

—Ay, Vicky, ¿qué crees que me pasó en el restaurante? No quise decir nada para no asustarlos, pero al poco tiempo de que Marisol comentó lo del gato, sentí que algo me arañó las piernas, pero el gato nunca pasó junto a mí.

—¿Qué? ¡No friegues! ¿Fuerte? ¿En qué parte? —exclamé azorada.

—No fuerte, pero pude sentirlo. Mira, déjame decirte cómo.

Ramona se acercó para mostrarme cómo y yo grité:

—¡No lo hagas en mí, me da escalofríos; muéstrame en ti misma!

Al decirle eso se levantó un poco la falda para mostrarme la sensación y el lugar de los arañazos. Las dos pegamos un grito de espanto y nos quedamos pasmadas al ver que entre sus piernas tenía unas marcas de tizne, unas líneas como si unos dedos le hubieran marcado.

—¿Qué es eso? ¡Qué grueso, Ramona!

Enseguida nos dio un ataque de risa nerviosa.

—Ramona, bien dijiste que el maligno podía presentarse.

—¡En mi vida me había pasado algo así! —exclamó Ramona sobrecogida.

Ella misma estaba tan sorprendida como yo y eso que mi amiga había vivido toda clase de eventos inauditos. Subimos a la habitación y ahí pudimos observar las marcas con toda claridad.

Ramona se puso seria y sacó de su bolsa una reliquia que yo le había traído de Perú, de Santa Rosa de Lima. Buscó el agua bendita, se limpió, se quitó las marcas con el agua y luego me limpió a mí con la reliquia. Procedimos a hacer oración y no comentar más el asunto para no volver a llamar al fulanito.

Definitivamente esa noche no quise dormir frente al espejo y tuve dificultad para conciliar el sueño.

Hacienda El roble

Un nuevo día, pero aún daban vueltas en nuestra cabeza los hechos de la noche anterior. Nos bañamos, acicalamos y fuimos a desayunar para regresar a tiempo a recibir a todo el grupo que se había apuntado para la visita a la hacienda.

Lalys llamó por teléfono y me dio comentarios de varias personas que a su vez le habían llamado para decirle que la presentación había sido un éxito y que muestra de ello fue que sólo unas cuantas personas se habían retirado antes de terminar el evento en contra de su voluntad y disculpándose porque tenían otro compromiso, pero que se habían quedado hasta donde les fue posible. Eso me alegró mucho.

Quedamos de acuerdo para vernos en el lobby del hotel a las once de la mañana, queríamos tener tiempo de visitar con calma la antigua y enigmática hacienda.

Llegada la hora, Ramona y yo nos dirigimos al lobby para esperar al grupo. Los primeros en aparecer fueron Marisol y Rafael, enseguida Lalys y una amiga de Itzachel que nos estuvo contando historias fabulosas de sanadores que ella en persona había conocido y que obraban milagros, así que nos hizo la espera amena mientras aparecía Itzachel, quien llegó sonriente y disculpándose por la demora.

Una vez que todos estuvimos reunidos procedimos a repartirnos en los dos autos. Con la charla, el trayecto a nuestro destino se nos hizo breve.

El Roble, que ahora es un poblado, en su tiempo fue gran parte de la hacienda. Algunas casas de los pobladores fueron las casas de los jornaleros que trabajaron para los hacendados.

La anfitriona nos esperaba con un rico café, y nos invitó amablemente a conocer las instalaciones. Después de presentarnos y
tomar algunas fotografías, Ramona visualizó con detalle la hacienda
en sus buenos tiempos y comenzó a describirnos, dirigiendo su atención principalmente a la anfitriona, cómo era originalmente el inmueble y cómo se fue construyendo; lo que alguna vez existió y se
había destruido con el paso de los años:

Aquí, donde ahora es la entrada, había cinco recámaras con un tejabán

En este sitio estaba antiguamente la cocina y el comedor

Recién construida la hacienda, había unas caballerizas

Con los amigos de Mazatlán en la hacienda. De derecha a izquiera Marisol
Vázquez, Rafael Valdéz, joven amigo de la familia, María Alarcón (anfitriona),
Itzachel Brambila, Julieta Pimentel y Lalys González

—Donde ahora está este tejabán grande, era la entrada —explicó
Ramona—. Después construyeron esta parte, aunque también podían ingresar por la caballeriza. En la bajada que ahora está al frente
de la casa, ahí también había cuartos, dos espacios grandes. Por allá
entraban y salían rumbo a la iglesia.

—¿Usted cree que había túneles allá en la parte de abajo? Porque vimos unas piedras que en apariencia fueron colocadas después,

como tapando algo, y el señor que trabaja conmigo se rió cuando le dije eso —preguntó la anfitriona.

—Yo siento que había un espacio por el que se transportaban hasta la iglesia, porque no salían por acá por la finca. Por ahí llegaban directo a un lado de la sacristía —respondió Ramona.

—¿Por qué crees que hicieron el túnel? —insistí yo.

—El túnel era un medio de escape o de refugio en la época de los cristeros, porque entonces había junto a la hacienda un sendero que los llevaba directo a un camino real y de esa manera evitaban atravesar el pueblo, subían a una loma y llegaban a una ranchería, donde podían resguardarse.

—¿Y es verdad que hay dinero en el túnel? —cuestionó la anfitriona.

—El túnel lo hicieron para proteger al sacerdote y protegerse ellos mismos de cualquiera que llegara a la hacienda con malas intenciones. Alguien los ponía sobre aviso y salían el sacerdote y la familia por el túnel hasta librar el camino real hacia otra ranchería. No para ocultar dinero.

—¿Qué energías siente aquí usted? —tocó el turno de Itzachel.

—Son de trabajo. Aquí hay muchas energías positivas. ¡Eso sí, mucho sacrificio, dolor y angustia! Por eso las sombras se ven grandes. Es necesario que hagan un novenario, que prendan un cirio bendito; principalmente en el área donde estaban los trabajadores, donde existían las caballerizas, porque antes de eso ellos habitaban en esa área. La tienda de raya estaba fuera de este espacio.

—Sí, es correcto, en la esquina —confirma la anfitriona.

—Ahí era donde ellos compraban, aquí era donde dormían los trabajadores.

—Y el espectro que vi, ¿qué explicación le das? —inquirió Itzachel.

—Lo que ya le señalé; había mucho dolor y sufrimiento de varias presencias que se condensan, forman una sola y se proyectan; pero no porque sea alguien atorado; son sólo energías.

—Fíjese, señora, cuando estaban instalando la luz en el corredor tuvieron que escarbar un poco, y el señor electricista se encontró como siete ombligos —recordó la anfitriona.

—Antes en las casas se acostumbraba eso.

—¿Con qué finalidad?

—Ninguna, solamente por ser parte del cuerpo los enterraban.

—Fue la época del agrarismo y ellos eran latifundistas y se las quitaron para entregarlas a los ejidatarios, y hubo muchos problemas. Asesinaron a mucha gente —explicó la anfitriona

—Precisamente aquí en El Roble se formó un movimiento para defender a los latifundistas y a ellos se les llamó "los Dorados" o "los del Monte", luego se atacaban mutuamente. Debido a que los latifundistas no querían soltar las tierras, aquí se dio una gran matanza —añadió Itzachel.

—Pero esa matanza no se dio aquí en la finca sino allá abajo y en la de la entrada —aseguró tajante Ramona ante sus visiones.

Para terminar, nos explicó dónde comenzaba y terminaba la hacienda. En dónde vivían los peones y los dueños de la hacienda:

"Todo el rancho en sí era parte de la hacienda; los dueños vivían al cruzar la calle, ahí era su casa. El túnel aún existe, sólo que la entrada está bloqueada".

Terminada esta charla, Itzachel nos llevó a hacer un recorrido por las habitaciones y nos explicó dónde y cómo vio aquella enorme presencia, justo en la habitación donde se desarrollaron los hechos.

Durante nuestra visita tuvimos la oportunidad de admirar una hermosa puesta de sol que les comparto en este libro, junto con las otras fotografías de la hacienda.

Tomamos el cafecito, conversamos sobre otros hechos inexplicables, y cuando empezaron a hablar de política y vimos el reloj ya era hora de partir. Agradecimos infinitamente a la dueña de aquel antiguo lugar el habernos abierto las puertas de su casa para averiguar parte de su pasado, que está impreso tanto en los terrenos como en sus muros.

Itzachel regresó a Mazatlán con su amiga, mientras Ramona, Lalys y yo nos regresamos en el carro de Marisol y Rafael, porque ellos nos llevarían a la central de autobuses para tomar nuestro camión rumbo a Guadalajara. En el trayecto acordamos ir a cenar antes para despedirnos y comentar todos los incidentes.

Cerramos con broche de oro en el restaurante del hotel Playa, que es muy romántico: una terraza a la orilla de la playa, con veladoras en las mesas y, si se le añade un cielo estrellado y luna llena: ¡una noche perfecta! Además, la compañía era muy agradable y la cena, suculenta.

Ramona me dijo que tomara fotografías hacia un lado de donde estábamos, es decir hacia el espacio abierto, porque sentía presencias. La siguiente es una de las fotografías de ese momento.

Fue un viaje de gratas sorpresas y de gran enseñanza, en el que conocimos personas de gran corazón, revisamos casos interesantes y admiramos la naturaleza.

¡Gracias, amigos de Mazatlán!

¿Casualidad?

31 de mayo del 2006

He vivido infinidad de acontecimientos al lado de Ramona, hechos que han cambiado y marcado mi vida, todos para bien, para ser mejor persona, para evolucionar, para despertar mi conciencia; algunos han sacudido mi ser y otros me han sobrecogido; pero todos, sin excepción, me han dejado muchas enseñanzas.

En este mundo de incógnitas, desafíos y espacios dimensionales es necesario, para ingresar, tener valor, coraje y, por supuesto, espíritu de aventura. Más que nada es indispensable tener un guía a tu lado, alguien que te ayude a interpretar las señales que a medida que avanzas se van dando con mayor frecuencia y rapidez; las respuestas a tus inquietudes llegan de manera increíble, y si vas por buen camino, también recibes muchos regalos. Esa compañera, esa guía, esa intérprete para mí ha sido Ramona.

Me he dado cuenta y he comprobado, no sólo por mí sino a través de los testimonios que me confían, que no hay casualidades sino causalidades. Sé que es una frase trillada pero es necesario que aflore, en las páginas siguientes verán por qué. Parte de esta anécdota viene narrada en mi libro *El umbral de los prodigios,* por tanto voy a ser breve al mencionarla. Su relato es indispensable para que comprendan por qué ya no creo en las casualidades.

Allá por la década de 1970 me ocurrió un hecho que hasta hoy recuerdo con suma claridad, está relacionado con los relatos que deseo contarles. En esa época, como estudiantes de la carrera de Comunicación, una compañera y yo trabajábamos en una empresa televisora. Resulta que uno de tantos promotores ofreció un intercambio de clases de meditación trascendental por anuncios. Las únicas que nos anotamos fuimos mi amiga Bety Novelo y una servidora.

Desde el primer día en que el maestro me dio mi mantram personal, en la ceremonia de iniciación, me ocurrió algo extraño: debía de estar sentada, con los ojos cerrados y relajada para recibir el mantram. En cuanto el maestro me entregó mi mantram la cabeza comenzó a moverse hacia un lado y otro, y un brazo comenzó a elevarse. Hasta la fecha no entiendo por qué, aunque me ha ocurrido lo mismo en varias ocasiones. La ceremonia fue muy importante en mi vida. Después de varios días de hacer meditación como me había indicado mi maestro, me llegó la visión de un anciano con pelo largo y canoso, extremadamente delgado y ataviado con una túnica blanca y vieja, sentado en flor de loto en el interior de una caverna y repitiéndome un nombre: Sri Lanka, Sri Lanka.

Le expliqué a mi maestro lo que me había ocurrido y él me dijo que ese anciano era mi guía y mi verdadero maestro, que Sri Lanka era el antiguo nombre de Ceilán. Hasta aquí la anécdota.

Volaron los años, y a principios del 2006, nos reunimos en casa varios amigos, entre ellos José (astrólogo), Ramona, María, y Bertha, otra amiga curiosa e inquieta igual que una servidora. El caso es que platicando de uno y otro asunto paranormal, José nos preguntó si deseábamos saber en qué lugar del planeta estaban nuestros puntos astrales, los que debíamos visitar para que todo en la vida —lo espiritual, lo económico, lo social, el amor, etcétera— se nos diera de mejor manera.

Por supuesto, le dijimos todas, y de inmediato lo pusimos a trabajar.

José había descubierto un programa en Internet en donde, indicando el nombre y la fecha de nacimiento, así como el lugar y la hora, se establecían los puntos del planeta que debían visitarse para recibir todos los regalos que nos pertenecían astrológicamente.

A mi amiga Bertha le explicó que uno de sus puntos era Argentina, y curiosamente a ella siempre le había atraído conocer ese país. ¡Oh casualidad! Ella había visitado Argentina a finales de 2005 e inicios de 2006.

Ramona también deseaba saber cuál era el punto que debía visitar, pero como no sabía la hora de nacimiento tuvimos que pedirle a María que echara mano de su videncia.

María, sin titubear, conectándose con la información universal, dijo:

—Lo que me llega es que eran las cinco de la tarde —apuntó con una sonrisa que expresaba su satisfacción.

—Creo que sí porque yo había tratado de indagar con mi don y esa hora fue la que me llegó —asintió Ramona.

—Ahora tú, Ramona, por favor investiga la de María que tampoco sabe su hora, ni tiene forma de indagarlo —pedí yo.

—Eran las 12:35 cuando ella nació —aseguró Ramona.

—Sí, también yo tenía esa hora —consintió María.

¡Qué par de videntes! ¡Sabían su hora de nacimiento, pero no creían en sí mismas! Creen que su don no es para ayuda propia.

Sus vidas guardan similitudes y una de ellas es, que las dos desconocían la hora exacta de nacimiento, porque sus madres habían muerto sin dejar estos datos precisos.

José pudo instalar la información en el formato astrológico y el programa estableció que uno de los puntos principales que Ramona debía visitar era Teotihuacán. A Ramona no le extrañó porque siempre le ha atraído conocer físicamente ese sitio.

Luego José me pidió mis datos y los puso en el programa. Cuando me dijo cuál era uno de mis puntos lancé un grito de emoción, porque era nada menos que ¡Sri Lanka! No podía creerlo; estaba muy emocionada.

Ahora estoy convencida de que es inminente visitar Sry Lanka y la India, porque son lugares que siempre me han atraído. Les conté el porqué de mi emoción y el mismo José estaba sorprendido de la información; entonces añadió:

—Cuando vayas a ese sitio vas a regresar hecha toda una gurú.

Otro de los sitios que yo debo visitar de acuerdo a mis puntos astrológicos es la Florida; meses después entendí por qué y exactamente dónde debía ir.

Continuamos jugando con el programa y preguntando por otras personas; salieron cosas muy interesantes. José mismo consultó su sitio y su punto más importante es en Egipto, específicamente debe visitar la gran pirámide de Keops, en donde tiene planeado instalarse y dormir en su interior, pues en un sueño le fue revelado que ahí recibirá un gran regalo como astrólogo. Yo siempre le digo que él fue discípulo de Hermes o el mismo Hermes. José solamente se ríe y dice que porque lo estimo mucho. Sin embargo, todos le auguran, entre ellos Ramona, que va a llegar a ser un gran astrólogo, más grande de lo que es ahora.

El año pasado, cuando estuvieron de visita los monjes tibetanos, fue a que le hicieran su carta astral. Al término le pregunté al monje qué veía en él y me contestó:

—Mucha luz, tu amigo tiene mucha luz y le sale por los ojos. Una gran sabiduría. Él no necesita hacer nada porque ya lo trae todo, solamente dile que haga meditación.

Ese mismo día de juegos astrológicos decidí que debíamos llevar a Ramona a Teotihuacán, porque además otra persona, al abrir sus akáshicos, encontró que ella había sido un sacerdote indígena de una antigua civilización de México. Otro acierto o casualidad. El caso, que me hice la promesa de llevarla y le dije que iríamos juntas para festejar su cumpleaños y el mío. Después fijé la fecha, el 27 de mayo del 2006. Es por eso que ahora deseo contarles nuestra aventura en Teotihuacán.

Invité a varios amigos, pero al final sólo fuimos seis: José, el astrólogo, quien recibió con mucho agrado la invitación; su hermana Nena, quien también experimenta fenómenos y vivencias sobrenaturales con una personalidad muy especial, ya sabrán por qué; su esposo Víctor, quien es un estudiante apasionado de la cultura náhuatl, todo un guardián de sus tradiciones y protector de sus construcciones; Tere, la pareja de José, quien apenas empieza su caminar por estas extrañas sendas de lo insólito y paranormal; Ramona, obviamente, porque era ella quien iba a recibir un gran regalo espiritual en su punto astrológico; y una servidora, feliz de poder participar, investigar y confirmar muchas cuestiones, pero principalmente llevar a Ramona a este encuentro.

Hacía muchos años que Nena y Víctor deseaban conocer Teotihuacán, pero nunca habían podido cumplir ese deseo. Yo les dije que fue porque debían visitarlo en compañía de Ramona.

Por otra parte, había otros invitados que se contactaron conmigo vía Internet luego de leer mi segundo libro, y a sabiendas que radican en México y en Toluca, los invité a que nos encontraran en Teotihuacán. Son personas muy especiales. La primera en contactarme por medio de su hijo fue Carmelita, quien a sus 65 años ha vivido una serie interminable de eventos increíbles. Para mí es una gran sanadora y espiritualista. Una vez que su hijo Christian me contactó y me contó algunos episodios de la vida de su madre, le llamé por teléfono a Carmelita y duramos dos horas charlando; podría haber sido más si fuera una llamada local. Entre tantas experiencias me contó que ella había tenido una visión donde vio al dios Quetzalcóatl, la serpiente emplumada, rey del imperio tolteca, pero en lugar de su cabeza veía la de ella, después recibió un mensaje en donde le indicaron que era su protector.

Cuando Carmelita me comentó eso, recordé que yo había tenido una visión a finales del 2005, en donde vi una serpiente de barro enorme, larga, sin fin, con unas grecas a los costados, arrastrándose hacia mí en zigzag. Le comenté a Ramona esta experiencia y ella de inmediato me dijo que era Quetzalcóatl, pero no estaba claro por qué la había visto. Al mencionar a Carmelita ese testimonio, de inmediato comprendí que había recibido un aviso de que estaría en contacto con ella.

De igual manera me comentó que ella soñaba mucho con leones y que en otra visión se había visto en medio de las pirámides de Egipto, con un león a su lado, y que continuamente soñaba con eso. En el último sueño que tuvo con leones, ella veía a uno adentro de su casa, mirando hacia la calle. Yo le comenté que entonces el león era su protector. Curiosamente yo también había estado soñando con leones desde meses atrás, sólo que huía de ellos.

María Elena fue otra joven entusiasta que me contactó y me confió algunas de sus terribles experiencias a lo largo de su vida, en la que ella siempre había lidiado con la muerte. En uno de tantos *e-mail* le comenté que a mi parecer el protector de ella era La Bella y que por eso se había librado varias veces de morir. De manera que no debía preocuparse porque la misma muerte la protege y además le permite ver cuándo alguien va a dejar este plano. María Elena deseaba consultar a Ramona y yo le sugerí que llamara primero a Carmelita, porque estaba más cerca y podía ayudarla con sus problemas de salud. Además cuando visitáramos Teotihuacán podría también consultar a Ramona.

Uno a uno fueron integrándose los invitados a Teotihuacán. Es de llamar mi atención cómo todo se conjuntó para que realizáramos el viaje. Teotihuacán, esa antigua ciudad prehispánica, era un punto fuerte astrológico para Ramona y ahí ella recibiría un regalo espiritual que aumentaría sus dones como clarividente y sanadora.

Salimos el día 26 de mayo rumbo al estado de Hidalgo. En Teotihuacán nos encontraríamos el sábado 27 con el grupo de personas que me habían contactado por Internet.

Salimos a las seis de la mañana para llegar a buena hora a Tula y a Pachuca. Durante el trayecto le pedí a Ramona que nos contara un sueño que tuvo durante la noche del 25. Ella detalló que estaba soñando que daba un masaje a dos personas cuando escucharon un ruido estruendoso en la calle. Ramona abrió la puerta y se llevó una desagradable sorpresa al ver toda la ciudad en ruinas; escombros y gente muerta por todos lados, edificios caídos, niños enterrados, etcétera. Enseguida recordó que su mamá estaba en otro extremo de la ciudad y le llamó para avisarle que no podía ir a buscarla porque había mucha gente que la necesitaba en las calles. Luego soñó parajes verdes, muy hermosos, que caminábamos juntas, veía que subíamos muchas escaleras y a lo lejos me veía a mí pero también al lado de ella. Lo mismo ocurría con otras personas, las veía en dos lugares al mismo tiempo. Finalmente soñó que, al proseguir nuestro camino, ella perdía todos los dientes.

A manera de interpretación puedo decirles lo siguiente: Ramona soñó un terremoto el jueves y el sábado se registró uno en Indonesia. El paisaje verde y hermoso fue el del estado de Hidalgo. Las escaleras eran las que íbamos a subir en las pirámides. El vernos en dos lugares fue porque en Teotihuacán pudo verme en el pasado y en el presente, así como a otras personas. La caída de los dientes significa muerte, pueden ser las muertes en Indonesia.

Cuando ella nos narró su sueño nos dejó pensativos, sobre todo por lo del terremoto, ya que muchos visionarios han tenido este tipo de imágenes destructivas en todo el mundo. Proseguimos nuestro camino entusiasmados por todo lo que nos esperaba.

Nuestro primer sitio a visitar sería Tula, para recorrer la zona arqueológica donde se encuentran los famosos Atlantes, esculturas enormes de piedra, de casi cinco metros de altura y vigilantes de su ciudad. Hacía más de veinte años que había hecho el mismo recorrido con mi esposo y ahora deseaba compartir esa hermosa ruta con mis amigos y ser espectadora de sus vivencias paranormales.

Llegamos a Tula como a la una o dos de la tarde, era un día muy caluroso, pero la aventura nos estaba llamando. Todo era muy diferente a como lo recordaba porque habían pasado muchos años.

Tula constituye una de las zonas más importantes de la cultura tolteca.

Pagamos nuestra entrada y nos dispusimos a caminar hasta llegar a la zona de los Atlantes. De inmediato, Ramona comenzó a percibir cómo vivían, mencionó varios ríos que delimitaban el lugar y detectó el punto más importante de las ruinas, un espacio ubicado entre múltiples columnas en la parte baja y que forma parte del llamado Palacio Quemado.

Una vez ubicado, se detuvo unos momentos a sentir la energía y a recibir visiones de la antigüedad; enseguida me indicó que yo también lo hiciera, pero antes llamé a los demás para que también probaran su sensibilidad.

Aunque yo no tengo visiones, sí percibo la energía. Al pararme en el área indicada por Ramona sentí magnetismo debajo de mis pies e intuí que debía moverme hacia adelante. Justo en ese momento Ramona me pidió que lo hiciera. Me moví poco a poco hasta que encontré el punto tonal, es decir el punto exacto donde se percibe una corriente energética que emana del centro de la Tierra hacia el cosmos, lo más seguro es que se encuentre dentro de la malla energética que rodea el planeta.

Tere, en la columna izquierda; Vicky, al centro

Me salí e invité a Nena a vivir la experiencia. Ella se paró exactamente en donde debía, yo me acomodé para tomarle una fotografía y algo de video. Cuando empezó a correr la película, ella inició una serie de movimientos, como si estuviera volando; poco a poco fue asemejándose al vuelo de un águila. Era hermoso poder estar ahí, ver a Nena en trance, convertida en un águila real. Sus movimientos eran perfectos.

Vicky a la izquierda; Nena, al fondo, en el vuelo de el águila

De pronto Víctor me pidió que detuviera la grabación y lo hice, muy a mi pesar, porque sabía que ese evento jamás se iba a repetir; sin embargo, comprendo que algunas veces no hay permiso para tomar testimonios.

Finalmente, José y Tere entraron al círculo y sintieron la fuerza energética y mágica de ese lugar. Tere comentó que cuando Nena estuvo en el centro, ella vio cómo varios indígenas se acercaron en astral a rodearla, a manera de bienvenida o simplemente acompañándola en su vuelo.

Ramona, por su parte, vio a un ser que acompañaba a Nena en su caminar desde hacía mucho tiempo, se había ido, que ese vuelo representaba su libertad. En lo personal, siento que el águila representa al nahual[5] o protector de Nena.

Respecto a Tula Ramona comentó lo siguiente:

"Desde el momento en que me preguntaste cómo imaginaba Tula, yo no vi lo que es ahora, sino cómo era cuando sus habitantes estaban ahí.

"En épocas remotas, la entrada a la ciudad la veía desde otro ángulo, muy diferente a la actual. La entrada era donde había un arroyo, en la parte baja, donde ahora hay una vía. Pude ver que por ahí subían los indígenas a la parte donde están las ruinas. Por esa razón, al llegar a ese lugar, no me ubicaba. Me di cuenta, por medio de mis visiones, que habitaron tres tipos de indígenas, los que se fusionaron en una sola cultura. El área en que ahora está el estacionamiento constituyó parte de una pirámide, incluso donde se encuentra el museo era parte de la ciudad.

"En el Palacio Quemado pude ver que había una especie de plataforma, sostenida por columnas. Ahí algo llegaba y aterrizaba, no sé con certeza si era una nave.

"En esa área hay un punto energético muy grande, muy fuerte, una conexión directa a nivel de subsuelo, justo donde nos paramos todos a sentir la energía. Cuando me coloqué en ese foco de energía sentí un desprendimiento, algo que muy dentro de mí salió; mis pesadumbres y mis cargas aminoraron hasta desaparecer".

---

[5] Nahual. Según antiguas tradiciones indígenas mexicanas, cada persona, cuando nace, tiene a su lado el espíritu de un animal como su protector y guía. Estos espíritus se denominan nahuales o naguales. También hay animales que no lo son, sino brujos que se convierten en su nahual.

Ramona en el Palacio Quemado, transportándose a otras dimensiones

Fin del vuelo: Nena en el Palacio Quemado

Recorrimos toda el área y efectivamente, Ramona, al subir a la pirámide denominada Tlahuizcalpantecuhtli, para apreciar de cerca a los Atlantes (enormes estatuas que se yerguen imonentes y miden unos cinco metros de altura), comprobó que la energía era más fuerte abajo y que las enormes esculturas eran la base de un techo, como lo dicen los estudiosos de la zona, y que están mirando como custodiando hacia donde podía venir el enemigo.

¡Algún día van a regresar a realizar un rescate!

Respecto a los Atlantes, Ramona me explicó:

"Es muy triste encontrar que sólo dos son originales y que, al moverlos, quienes lo hacen no se dan cuenta de que afectan la labor de esas figuras enormes. Los antiguos habitantes las colocaron para que hicieran una función, al removerlas se pierde el equilibrio, la función de los Atlantes".

Vicky: ¿Cuál crees que era su función?

Ramona: Es como el nivel de las pirámides, hacen un contacto para nivelar el eje magnético de la Tierra. Al moverlos ocasionan alteraciones. Si destruyeran las pirámides y todos estos lugares clave, se vendrían hecatombes a causa de los desniveles que provocarían en el eje magnético de la Tierra. Es por esta razón que los visitantes no se quedan mucho tiempo en la pirámide de los Atlantes. Si te pones a observar en Teotihuacán o en otras pirámides no sucede lo mismo, ahí la gente se queda mucho rato a disfrutar el lugar.

Vicky: ¿Qué representan para ti los Atlantes, las figuras?

Ramona: Siento que fueron seres que vivieron en su época, quienes les dieron el conocimiento a los habitantes y ellos los representaron, de esa manera, como dioses, por toda su sabiduría, por ser sus guardianes, sus maestros. En mi opinión quienes estudian y preservan estos lugares deben de tratar de hacerlo de la manera más precisa, para evitar desalinear algo que nuestros ancestros dejaron. Es como quien se abrocha el cinturón para que no se mueva la ropa. Todo ese tipo de construcciones tienen una función en el planeta. Los lugares en que están situadas este tipo de construcciones son muy precisos y científicamente está comprobado que su inclinación, localización y orientación tienen un porqué y no dejan de sorprender a quienes las estudian a conciencia.

Vicky: ¿Por qué los Atlantes están orientados todos viendo hacia un mismo punto?

Ramona: Porque de allá llegaron los visitantes, los dioses, y de allá van a llegar nuevamente. Es como decir, aquí es el lugar y aquí colocamos a los guardianes para que estén vigilando ese punto. Tula me llenó de paz, de tranquilidad.

Vicky: ¿Cuándo van a regresar y por qué?

Ramona: ¿Por qué? Porque estamos destruyendo el planeta, a nosotros mismos y al ser espiritual que vive dentro de nosotros, es como la tríada, a pasos agigantados. Es decir, estamos destruyendo lo mental, lo físico y lo espiritual. Lo mental son las energías cósmicas o universales, lo físico es lo material y lo espiritual son las conexiones entre el ser que te creó y tus propios valores. Acerca de cuándo van a volver, sólo podemos hablar de un lapso de tiempo desconocido, porque ellos vendrán a hacer un rescate y el tiempo de alguna manera lo decidimos con nuestros actos.

De izquierda a derecha: Ramona, Victoria, Nena, Víctor y Tere

Luego de estar un rato en la pirámide de los Atlantes, todos bajamos y cada quien se dirigió a visitar los puntos de su interés. En lo personal deseaba ver el juego de pelota y el área de los muertos, donde me encontré con Nena y Víctor; de ahí nos dirigimos a apreciar los relieves de Coatepantli, el muro de las serpientes, que muestra a estos reptiles devorando seres humanos.

Antes que nosotros, Ramona se adentró en ese pasillo. Ahí sintió el impulso de sentarse recargada en uno de sus muros. Al hacerlo, cerró los ojos y sintió como si en el subsuelo se abriera un embudo hasta el centro de la Tierra, también una fuerte energía moviéndose en circunferencias y causándole mareos. Así lo describe:

"Es una sensación de paz, que te inunda, hay muchísima energía. Ahí puedes hacer una especie de limpieza a tu energía y al magnetismo del cuerpo. Para lograrlo es necesario sentarse con la espalda recargada en el muro, completamente recta para lograr la conexión directa con el centro de la Tierra.

"A nivel de columna es donde nace la energía, por algo tenemos la médula que reparte el alimento a huesos, sistema nervioso y sangre. Es la fuente de alimentación de la sangre y ésta a su vez es la vida para todos los órganos. También poseemos en nuestra columna la base a nivel de energía, es como una antena en donde entra, circula y baja.

"Yo sentí la necesidad de sentarme ahí y sucedió algo curioso:

apareció un hombre, el chamán de una tribu indígena, un gu[...]
que está relacionado con el lugar. Me hizo varias preguntas, y [...]
contesté y después seguí mi recorrido por la zona; él se mant[...]
a corta distancia de mí, cuidándome, sin molestar. No me volvió a
hablar, sólo me observaba. Él percibió mi energía y yo la de él. Los
individuos con dones nos reconocemos.

"Recuerdo que cuando me senté a recibir la energía, iba a acercarse un grupo a donde yo estaba y él los detuvo, les impidió el paso
diciéndoles que ese día no se podía visitar ese espacio. Perfectamente
sabía lo que yo estaba haciendo y él era mi protector. Se quedó en
ese corredor cuidando que nadie más se acercara. Por mi parte, continué con mi experiencia, con mi estado de contemplación que me
permitía ver los grabados en los muros, pero no como están ahora,
que lucen dañados, sin color; la maravilla de este don en lugares así,
es que podía ver tanto los grabados y las pirámides en su máximo
esplendor, como originalmente era ese lugar".

Vicky: ¿Y a los habitantes, los viste?

Ramona: Vi sus casas abajo, cerca del río; sólo subían al centro
ceremonial a realizar sus rituales. También había otras viviendas hacia el otro lado, por donde ahora es la entrada pero un poco más
lejos. Había otra agrupación en otra zona. Aunque no era una sola
civilización, todos se reunían para realizar sus ceremonias y convi-
vían como si fuera una sola, en paz.

Vicky: ¿En algún momento hubo alguna comunicación con seres de otras dimensiones?

Ramona: No hubo ninguna, sólo vi cómo eran su vida, sus ceremonias y sus construcciones. Fue una experiencia muy bonita; al
final me sentí cansada y me acerqué a un árbol, ahí recuperé mi
energía para poder continuar todo el trayecto.

Vicky: ¿Viste alguna otra pirámide que existió en aquel tiempo
en Tula?

Ramona: Sí, pero eran pequeñas. Se encontraban cerca de la
entrada. Para que ubiques bien, si ingresas estaban hacia el lado derecho y si vas de salida, a mano izquierda.

Terminamos todos el recorrido y salimos de la zona con un buen
sabor de boca. Nos urgía tomar de nuevo la carretera para localizar
a Lina, en Pachuca, una amiga vidente que José había conocido veinte
años atrás y deseaba volver a localizar. José había recibido infor-

mación de Lina que se había cumplido. Ella es una persona que practica el espiritualismo, religión que básicamente tiene sus fundamentos en la creencia de que el espíritu sobrevive la muerte física, por lo que piden el permiso para que entren en ellos espíritus de maestros, doctores, filósofos y sanadores para curar o ayudar a sus creyentes. Según nos explicó José, Lina entra en éxtasis, pierde la conciencia de sí misma y da paso al espíritu que la encarna. Así es como describe a cada persona que la visita, describiéndole sus problemas y visualizando el futuro. Cuando vuelve en sí no recuerda nada.

Llegamos a Hidalgo alrededor de las cinco de la tarde. Averiguamos sobre el barrio donde está la casa de Lina. Tuvimos que subir una calle muy empinada para llegar a su casa, pero lo logramos. Al llegar a la cima descubrimos que había otro camino más fácil por la carretera, justo ahí estacionamos la camioneta. José y Tere bajaron del vehículo y se adelantaron para buscar a Lina, porque él no estaba seguro de que todavía habitara en la misma dirección. Nena y Víctor los alcanzaron. Ramona y yo decidimos quedarnos a cuidar la camioneta ya que traíamos todas nuestras pertenencias y se nos hacía arriesgado dejar solo el vehículo. A los pocos minutos regresó José, sonriente porque había encontrado a su amiga, quien había fundado una casa de ayuda y oración espiritualista para los desamparados. Fuimos todos a su encuentro y ella enseguida nos ofreció enviar un chamaquito a cuidar la camioneta, se dispuso a darnos una charla larga y detallada sobre su vida espiritual y cómo inició en ese sendero.

Una extraña enfermedad de su niño, la falta de recursos para aliviarlo y la desesperación la llevaron a reclamar un día a Dios el porqué sólo algunos cuantos podían acceder a la salud, principalmente los ricos. La enfermedad se manifestó en la piel del pequeño a los quince días de nacido; transcurrió un año entre médicos y hospitales sin lograr un avance, mientras que el infante iba de mal en peor. A tal grado se había hinchado que parecía un monstruo. Lina, llorando, reclamó a Dios eso y muchas otras cosas, sin imaginar lo que le iba a suceder.

—¿Qué hizo mi niño para merecer esta enfermedad?;¿En qué te ofendió? ¿Por qué los pobres tenemos que sufrir tanto?

Para entonces Lina y su familia se mudaron de Veracruz a Pachuca. Casi llegando a la nueva ciudad se encontró una persona conocida, quien al ver a su pequeño tan delicado le aconsejó que acudiera con unas personas que lo iban a curar. Debía llevar agua y flores blancas. Así lo hizo, al llegar al sitio vio que una de las personas entraba en trance y le pasó sus manos al niño, enseguida le indicó una serie de hierbas. Así lo trae a la memoria:

"Decía palabras que no comprendía. Otra persona que le ayudaba me pidió mi botella de agua y rezando la abrió, simulaba tomar cosas del aire y ponerlas dentro de la botellita. Luego me la entregó diciéndome que era una medicina preparada, que debía darle varias cucharadas y bañarlo con agua y con las hierbas. Seguía sin entender nada, pero como deseaba que mi hijo se aliviara hice todo lo que me dijeron. Mi sorpresa fue que al otro día mi pequeño amaneció enjuto, arrugado como un viejito, ya no estaba hinchado, lo que nunca habían logrado los médicos de tantos consultorios y hospitales. Tardó en curarse tres años, pero lo hizo. Así empezó mi camino en el espiritualismo."

Yo observé a Ramona durante la visita a la casa de Lina y advertí que le ofrecía una mirada de respeto y admiración; aquella sencilla mujer que dejaba ver un gran corazón y en todo momento nos mostró humildad, nunca se jactó de hacer milagros sino de ser el canal para que se lograran. También comprobé que las dos, Ramona y Lina, se parecían en muchas cosas, en facetas de su vida y hasta en muecas físicas.

Lina, a través de algunos episodios de su vida, nos permitió ver que es una persona espiritualista que se entrega de lleno a dar a los demás. Recibió el don de la sanación, y a través de su cuerpo entran maestros iluminados a decirle a cada persona lo que debe corregir. Fue muy interesante platicar con esta buena mujer; nos dio muchas enseñanzas, aunque a nosotros nos atendió la Lina normal, sin entrar en trance.

Cuando terminamos nuestro viaje no pude quedarme con la siguiente duda: ¿Qué piensa Ramona de este personaje cuya misión queda muy clara: el servicio a los demás?

"En primer lugar vi una persona con un alma tan noble, tan generosa, que tiene tanta disposición de darse a los demás, que puedo asegurarte que hasta daría su vida. Es una persona que por su ignorancia, en un principio, comenzó a tomar contacto con las cuestiones de nivel espiritual; a través de la necesidad de la enfermedad de su hijo le dieron un regalo de sanación, se convirtió en médium. Esta cualidad le ayuda a ella a percibir los problemas de los demás en ese estado de trance, en el cual te alejas del espacio físico para entrar al terreno espiritual. Es una mujer que se metió en ese campo por necesidad, pero poco a poco dio alivio a su sufrimiento.

”Al sanar a su hijo, ese grupo de personas espiritualistas se convirtieron para ella en la verdad de todo, eso era lo que realmente salvaba y sanaba. Entonces se entregó a esa verdad, a ese grupo de personas, a esos dogmas. Ella enfrentó a su familia como cualquier sanador, porque al dar servicio uno va descuidando a su familia para entregarse a los demás. Es un espacio y un tiempo que la familia interpreta como una pérdida: ‘me están quitando a mi madre y me invaden mi casa’. Se pierden la privacidad y el descanso.

”No es cierto lo que dice la gente. ‘¡Qué padre, yo quisiera tener tus dones!’ No es así, porque es un camino de servicio total, un dar aunque te duela, como decía la madre Teresa de Calcuta.

”Uno sufre cuando ve tantos casos, al ver un bebé enfermo y sin esperanzas, un joven con tendencias suicidas, una mujer con cáncer terminal y con tres o cuatro hijos pequeños, una anciana deprimida y abandonada por la familia, un hombre con tendencias homosexuales, otro con tendencias criminales. Ver eso no es agradable y no es fácil encontrar soluciones, pues a veces no pueden darse y, sin embargo, no puedes matar las esperanzas de las personas”.

Vicky: ¿Entonces sentiste una gran empatía con Lina?

Ramona: Definitivamente. Ver todos estos casos que sólo son ejemplos no te hace la vida fácil, tienes que mantener los pies bien firmes en la tierra y eso lo vi en Lina. Se da a manos llenas, no se siente elevada, ni siente que ella es quien sana. Es humilde, bondadosa, amorosa y te recibe diciendo: ‘¡Pasa hermanito, ésta es tu casa! ¿En qué te puedo ayudar?’ Te ofrece todo lo que tiene de todo corazón. Desde ese momento te das cuenta que ella, lo que expresa, es honesto; su labor es admirable. Me identifiqué tanto, que sentí que parte de mí era como parte de ella.

Vicky: ¿Qué diferencia encuentras entre Lina y tú en cuanto a cualidades?

Ramona: La diferencia es que ella practica su habilidad para entrar en trance, pone en práctica sus dones a través de su religión espiritualista. Ellos tienen sus oraciones, sus niveles de canalización. La Iglesia católica reconoce que a través del Espíritu Santo llegan los dones. Dones de ver, de oír, de saber, de hablar lenguas y de interpretarlas. Dones que vienen del espíritu de Dios a través del espíritu Santo. La religión espiritualista tiene sus dogmas igual que los católicos, cristianos, musulmanes, judíos, tibetanos o cualquier religión o filosofía. Lo que realmente vale es que lo vivan, lo sientan y se entreguen con amor a los demás. Dar y respetar. Lina expresa, "Señor, yo soy un canal". Yo digo, "Señor, yo soy un instrumento". Casi es lo mismo.

Vicky: Ella pierde totalmente la conciencia y tú no.

Ramona: Sí, porque es una médium. Los renovados carismáticos, grupo de la Iglesia católica, también pierden la conciencia, no escuchan, no oyen, dentro de ellos están recibiendo el mensaje y lo transmiten. Son hechos increíbles que no tienen lógica, ni explicación. Así como hay cuestiones físicas misteriosas, que no tienen una verdadera explicación como las pirámides, también hay cuestiones espirituales que no podemos explicarnos.

Vicky: Resumiendo, Lina es una gran sanadora que está cumpliendo su misión. ¿En cuanto al espacio físico, a su casa, percibiste algo?

Ramona: Sí, que es una casa de amor, que ahí llegan todo tipo de personas que no tienen nada, absolutamente nada, pero ahí encuentran una montaña de amor y cobijo de parte de una persona que, aunque es pequeñita, es enorme en espíritu.

Vicky: ¿Por qué sientes que fue elegida para ser sanadora?

Ramona: Por su entrega, por su fortaleza. Todo su caminar es de dar. Solamente una vez recriminó a su creador, pero al recibir la curación de su hijo volcó todo su ser y agradecimiento en ayudar a los demás y eso borró por completo su reclamo.

Vicky: Resumiendo de nuevo, Lina es un gran ejemplo de amor y servicio al prójimo. Una gran mujer, amiga, madre, hermana y sanadora.

Ramona: Exacto.

De paseo por Real del Monte

Salimos de la casa de Lina al anochecer, con muchas reflexiones y pensamientos en nuestra mente, y nos dirigimos a buscar un hotel. Yo les sugerí que nos fuéramos a pasar la noche a Real del Monte, que es un poblado minero, colonial antiguo y pintoresco, a sólo nueve kilómetros de Pachuca.

Calles retorcidas, angostos callejones y hermosas plazoletas enmarcan el pueblito de Real del Monte, fundado por el año de 1500. Es como un Guanajuato en pequeñito: romántico, misterioso y lúgubre por la noche.

"Seguramente por aquí deambulan muchas ánimas. Ramona debe andarlas viendo", iba pensando al llegar al pueblo. Todos estábamos muy atentos buscando un hotel y un restaurante porque moríamos de hambre. Yo había pasado por ahí hacía muchos años y sólo recordaba que era un pueblo muy bonito. Víctor, el esposo de Nena, lo conocía muy bien porque había vivido en Pachuca, que está a corta distancia, cuando era estudiante.

Al entrar vimos un hotel, pero decidimos buscar más adelante. Transitando por una de las calles principales vimos un acogedor restaurante; decidimos primero cenar y luego buscar el hospedaje. José estacionó la camioneta en un espacio que estaba en tinieblas, cerca del restaurante. Al bajar del vehículo, Ramona me dijo que volteara a ver hacia una esquina en total oscuridad: "¡Ahí está lleno de fantasmas; mira, mira!". De pronto se le olvida que yo no puedo verlos, claro que no vi ninguno, pero sentí escalofríos y seguí mi camino hacia el restaurante. Al entrar nos recibieron amablemente y nos dimos cuenta de que elegimos un lugar muy típico y de buena comida. Como Víctor sabía y conocía los platillos regionales como los pastes, unas empanadas rellenas, tlacoyos y enchiladas con mole negro, nos hizo sugerencias de lo que debíamos pedir.

Estábamos muy tranquilos merendando cuando de pronto sentí que me tocaron fuertemente la espalda; sabía que no era un vivo, pues tenía una pared detrás de mí.

—¡Ay, ya me tocaron la espalda!— les dije a Nena y a Víctor, quienes estaban junto a mí —De seguro se me pegó alguien ahí donde dijo Ramona. No le dije a nadie más porque todos estaban cenando muy a gusto.

Al salir de inmediato le dije a Ramona:

—Oye, Ramona, traigo un fantasmita pegado, ¿verdad?

Ella soltó la risa sin dejar de caminar y sólo me dijo:

—Te estaba dejando para ver si lo sentías. El lugar que te señalé al llegar era una cárcel y ahí hubo mucho sufrimiento; sí, se te pegó uno.

—Y ahora, ¿cómo me lo quito?

—Sólo dile que no es su espacio ni su tiempo, mándalo a la luz ofreciéndole oración.

Nos subimos todos a la camioneta para dirigirnos a buscar un hotel; yo, con el ánima pegada, me puse a hacer lo que dijo Ramona, pero no funcionaba.

—Vuelve a intentarlo —me dijo—. Quiero que te enseñes.

Lo probé de nuevo sin lograr nada. En mi opinión el ánima deseaba la ayuda de Ramona y sólo me utilizó para que ella lo ayudara. En el centro del pueblito llegamos a un hotel muy bonito, estilo colonial, pequeño, acogedor y con estacionamiento para guardar la camioneta y no arriesgarnos a vivir sorpresas desagradables.

Una vez que nos registramos cada quien se fue a su habitación, porque estábamos muy cansados. Debíamos madrugar al día siguiente. Instaladas en la habitación le pedí ayuda a Ramona:

—Ramona, no te vayas a dormir y a dejarme con él ánima a cuestas.

—¡Claro que no! —me dijo riéndose.

Enseguida guardó silencio y comenzó a hacer oración para darle luz al ánima. Una vez terminada, sentí mi ser libre de nuevo aunque sabía que de seguro había otros seres en el cuarto, pero no quise averiguar. Quedamos de levantarnos a las ocho de la mañana, para ir a desayunar y alcanzar a visitar los Prismas Basálticos, ubicados a unos veinte minutos del pueblo, antes de dirigirnos a Teotihuacán. En el transcurso de la noche me despertó el quejido de un ánima mujer, seguido de un escalofrío que recorrió mi cuerpo. Me puse a rezarle y seguí dormida, estaba muy cansada para indagar y no la sentí negativa como para molestar a Ramona.

A las ocho de la mañana en punto todos estábamos listos para partir a desayunar. En la búsqueda de un restaurante descubrimos que no había nada abierto. Era una mañana soleada, fresca, con un cielo pintado de azul claro, y se sentía un ambiente hospitalario en las calles, que estaban casi desiertas. Las fondas y comedores estaban cerrados o apenas estaban limpiando y aderezándose para atender a la clientela.

Real del Monte

En la plazoleta del monumento al minero descubrimos un puesto de tamalitos y atole. Yo fui a buscar dónde comprar un paste porque no me quería ir sin probarlos. El delicioso olor me guió hasta una tienda. Le pedí a la chica que me vendiera uno, pero me explicó que era un pedido y no podía disponer de él. Entonces le dije: "¡Ay, niña, no seas mala, vengo desde Guadalajara y no me quiero ir sin probarlos; véndeme uno, por favor!". La joven se compadeció y me lo vendió. Enseguida le llegó la reprimenda del panadero y mi agradecimiento total porque aquél pan relleno de pollo con verduras estaba suculento.

Volví a admirar aquella hermosa, soleada y perfecta mañana. Me uní al grupo, que ya estaba comiendo tamales y atole en unas escalinatas, a un costado del mercado. Me senté con ellos a tomar el solecito y disfrutar un café humeante para acabar de despertar.

Real del Monte. Escalinata

Al terminar su desayuno, Ramona se desapareció. Tere y yo nos fuimos hacia el mercado a buscarla, y cuando salimos todos estaban en la camioneta. Al abrir la puerta para subirme, Ramona traía un pastel en la mano y todos me cantaron las mañanitas, porque ese día era mi cumpleaños, sábado 27 de mayo. Luego Víctor las cantó en náhuatl y prendieron la velita para que yo pidiera un deseo. Fue un momento perfecto y emotivo. Entonces me di cuenta de que Ramona se había escapado para comprarme el pastel. Les agradecí el detalle.

Arrancamos hacia los Prismas Basálticos. Yo estaba emocionada por ir de nuevo, por que ellos los conocieran. Sabía que algo interesante iban a descubrir, a ver o a percibir. Nos informaron que estaban a veinte minutos y que debíamos tomar el camino a Huasca. Amigos lectores, si alguna vez tienen oportunidad de ir hacia Hi-

dalgo, ¡háganlo! Hay lugares maravillosos, con atractivos paisajes y
precios accesibles. Cada pueblo que íbamos pasando nos invitaba a
quedarnos, pero no podíamos hacerlo porque a las doce nos esperaba el grupo de México en Teotihuacán.

Un cumpleaños inolvidable

Mundos paralelos

Luego de atravesar los hermosos pueblitos, tomamos un camino de tierra rumbo a la hacienda de Santa María Regla, que es donde se ubican los Prismas Basálticos, únicos en el mundo y un gran misterio natural. Su nombre lo deben a la semejanza que existe entre las formaciones de roca ígnea y las figuras geométricas llamadas prismas.

Al llegar me percaté de que el sitio estaba muy cambiado, ahora había restaurantes, baños, tienda de souvenirs, juegos, áreas de acampar y de esparcimiento. Una cooperativa de ejidatarios protege el lugar que, aunque usted no lo crea, no es Área Natural Protegida. Ellos se encargan de cobrar un importe de ingreso y de limpiar la zona. Construyeron un mirador y un puente colgante de madera para poder cruzar del otro lado y así apreciar los prismas desde dos lados opuestos.

Mis amigos se quedaron prendados del lugar en cuanto bajaron y vieron la formidable cortina de prismas naturales, además iban percibiendo y disfrutando la enorme energía del acantilado. Cada quien tomó camino hacia donde sintió atracción. Yo estaba muy contenta de estar en ese rincón mágico de nuevo, después de veinte años. Tomaba fotos y fotos, porque desde cada ángulo hay una vista hermosa.

Ramona se conectó de inmediato, no sé con exactitud a qué porque se quedó mirando hacia diversos puntos, como desentrañando los misterios. Mientras está en ese estado a nadie escucha, a nadie ve, no habla, está en contemplación absoluta. He aprendido a esperar pacientemente a que salga de ese estado y me comunique algo de lo que está viendo, aún cuando la mayoría de las veces lo hace hasta dejar el lugar. Empiezan a correr ante ella imágenes diversas; le llega mucha información que a veces es desagradable, de muerte, de dolor, de sufrimiento. Otras, puede gozar del esplendor de los sitios que visita.

Prismas Basálticos

Ramona disfrutando la energía del lugar y desentrañando misterios

Mi tristeza y enojo llegó al cruzar el puente, al ver la cascada y el fondo donde caía el agua: estaba verde, contaminado, sucio, lleno de botellas y basura. La huella del hombre ¿civilizado? ¿Cómo es posible que no cuiden el lugar? ¡Único en el mundo! Si tienen para hacer un mirador y un puente, deben de tener para protegerlo y limpiarlo. Todos opinamos lo mismo y nos indignó la situación.

Es maravilloso ver las figuras geométricas que caprichosamente se crearon de forma natural, sin la intervención del hombre. Tuvimos la suerte de ver un arco iris sobre la cascada, producto del reflejo del sol en el agua.

¡Un arco iris en la cascada!

Es una experiencia inolvidable caminar por el mirador y contemplar la majestuosidad de los extraños prismas que Ramona me había comentado, dos años antes de hacer el viaje, eran una especie de código de barras para verse desde el cielo.

Códigos para verse desde el cielo

Cada quien recorrió el lugar a su gusto, de acuerdo con las sensaciones que le iban atrayendo. Fue extraño que en un momento determinado todos llegamos a la misma área. Yo les dije que deseaba sentarme un poco para meditar. Ramona también se alejó para tener su propia experiencia. Tere y José se sentaron juntos, pero ella cerró los ojos y entró en meditación sin imaginarse lo que le iba a suceder.

Primero se sintió en el interior de algo metálico y luego escuchó voces y vio que había a su alrededor varios extraterrestres; también percibió mucha luz. Tere se asustó y abrió los ojos, pero José le dijo que no tuviera miedo, que lo hiciera nuevamente. Lo intentó sin lograrlo. Los demás nos enteramos del hecho hasta el anochecer, cuando todos nos contamos nuestras experiencias del día. Al parecer los extraterrestres eran de los llamados grises, aunque ella lo ignoraba. Con la descripción de ojos y cuerpo hice un dibujo y confirmamos que eran ellos.

Aunque estaba ensimismada con el paisaje, de pronto vi el reloj y me di cuenta de que era tarde y que debíamos partir hacia Teotihuacán porque nos esperaba el grupo de la Ciudad de México; no quería llegar tarde. Llamé a todos, me dio mucha pena hacerlo porque percibía que deseaban quedarse más tiempo. Podemos regresar en otra ocasión, les dije, incluso quedarnos a acampar; esa idea les gustó, aunque en el fondo sabíamos que no era fácil repetir un viaje de esa naturaleza.

Las impresiones de Ramona sobre su visita a los prismas las describe así:

"Al llegar, lo que me atrajo fue la energía muy intensa que vibra ahí, es una energía de cambios porque en cada espacio el ser se siente de diversa manera. Por ejemplo, en el área de acampar está lo mundano, lo terrenal. Cuando estás en el puente se siente como una elevación; si se cierran los ojos se siente una energía que eleva, un espacio muy abierto; al cruzar del otro lado se percibe una energía de relajación, de meditación, de paz. Se hacen modificaciones energéticas al estar en cada punto.

"En el fondo, donde está la hacienda, que no pude visitar físicamente pero sí mentalmente, se puede dar el desprendimiento de emociones negativas internas. Por esa razón es positivo visitar ese lugar, pues aunque uno se enfrenta a sí mismo, hay una liberación interior. La energía de la hacienda es de transformación. En especial aconsejo que se sienten en unas piedras que están formando una escalinata en la parte posterior de la hacienda."

Hacienda de Santa María Regla

Vicky: Fíjate, Ramona, qué casualidad o causalidad, que al estar justo en la zona del otro lado del puente fue donde yo sentí deseos de sentarme a meditar, y todos lo hicieron a su manera. La energía del lugar te pide que lo hagas y tu ser interno te guía. Ahora comprendo por qué.

Ramona: Así es. Todo tiene una explicación.

Vicky: ¿Qué puedes decirme sobre los prismas?

Ramona: Respecto a los Prismas Basálticos observé que se están desprendiendo en capas, y con el paso de los años, siento que van a seguir haciéndolo hasta llegar a un nivel, cuando van a venir seres del espacio exterior a un rescate de ayuda a los habitantes de la Tierra. Estamos en una etapa crítica donde arremetemos constantemente contra la naturaleza. Tú misma lo viste. Es un lugar tan maravilloso y al fondo, donde cae el agua, la contaminación: envases de refrescos acumulados y basura inorgánica que tiran los visitantes sin remordimiento. Es increíble que llegue el hombre de la ciudad, se enfrente a tanta belleza y lo tome sólo como un pasatiempo; no ven que ese lugar es un Santuario, donde se puede entrar en contacto directo con el Creador. Ese tipo de lugares deben verse todos como santuarios y respetarse como tales; la gente los ve sólo como lugares para el paseo, la diversión, la borrachera, etcétera. Los prismas son formaciones rocosas, pero detrás de éstos hay un enigma, como tantos que existen.

Vicky: ¿No crees que alguien les haya dado esa forma?

Ramona: No, es un regalo para nosotros ofrecido directamente por nuestro Creador, pero sí siento que encierra una especie de código que se irá descubriendo a medida que vayan cayendo las columnas o prismas. En la parte de los prismas hay una energía transformadora que hace que tu nivel espiritual entre en un estado de renovación.

Vicky: ¿Sentiste que había seres extraterrestres en esa área?

Ramona: Realmente no. Lo que más me atrajo fue la hacienda, porque me enfrentó con mis temores, rencores, cargas emocionales, y aunque no pudimos visitarla, yo lo hice de manera espiritual.

Nos despedimos del lugar de acuerdo con la tradición de los huicholes. En uno de mis viajes esotéricos me contaron que tienen la costumbre de llamarse a sí mismos cuando acuden a un Santuario, para no quedarse anclados:

—¡Vente, Vicky, no te quedes! —grité, y luego escuché a Ramona hacer lo mismo. Ya no había tiempo de partir el pastel que me habían regalado por mi cumpleaños y se estaba ablandando. Le comuniqué a José que lo primero que debíamos hacer al llegar a la zona arqueológica, era buscar un restaurante donde guardarlo, y después, cuando termináramos nuestro recorrido, ir a comer a ese sitio. Todos íbamos muy contentos e inquietos por la aventura.

Teotihuacán

Tomamos el camino más corto rumbo a Teotihuacán. Con la charla sobre las impresiones de los prismas y nuestros cantos desafinados y chistes, se nos pasó el tiempo volando. Al llegar a la zona arqueológica, de inmediato vimos un restaurante solitario y agradable; la dueña también lo era. Le pedimos que guardara el pastel y le avisamos que al terminar la visita arqueológica pasaríamos a su restaurante a comer. Ella aceptó amablemente.

Buscamos la entrada por la Pirámide del Sol, para encontrarnos con el otro grupo formado por Carmen Múgica, vidente y espiritualista; su hijo Christian; María Elena Aguilar, vidente, y sus hermanas Ángela y Lulú, jóvenes índigo, y Julio, egresado de la carrera de Turismo, quien me dijo no tener dones pero sí un gran interés en los temas esotéricos.

Es impactante llegar y ver esas antiguas y perfectas edificaciones, que han sobrevivido al paso del tiempo y a los elementos. Es una tristeza que el respeto por nuestros ancestros no continúe en los mexicanos; éstas y otras reliquias que hay en nuestro México hayan sido víctimas de saqueos con intereses comerciales. Prueba de esto son los invaluables objetos propiedad de museos en el extranjero, que deben estar en nuestro país.

En las escuelas deberían de enseñar a los niños cómo visitar estos sitios arqueológicos. Los auténticos conocedores y cuidadores de nuestros históricos lugares prehispánicos son los nativos que aún hablan los dialectos como el maya, el náhuatl, el tarasco, etcétera. De ellos podemos aprender la historia, los rituales, las danzas, el idioma, la verdadera mexicanidad.

Pensando todo esto en mi interior, y caminando por la Calzada de los Muertos frente a la erguida Pirámide del Sol, busqué al grupo de amigos que debían de estar cerca de ahí.

Mis compañeros de viaje estaban muy inquietos por subir a la Pirámide del Sol; les pedí que esperaran unos quince minutos para poder localizar al grupo. Comencé a marcar a sus celulares y al momento de hacerlo, un joven se dirigió hacia mí, era Christian, quien me abordó.

Sólo me conocía por la foto del libro pero me localizó rápidamente. Ellos habían llegado a las diez y andaban casi todos juntos, excepto Julio que venía de Toluca y a quien no conocían. Christian me explicó que su mamá y las chicas venían en camino desde la Pirámide de la Luna y que él se había adelantado para buscarme.

Esperamos unos minutos más y apareció Carmelita con las muchachas. Nos presentamos todos y nos abrazamos. Yo sentí una emoción muy especial al abrazar a Carmelita; era como un reencuentro, luego sabrán por qué. Estaba muy agradecida con Dios, con el Universo y con todos los que nos habían guiado a fin de reunirnos en ese mágico lugar.

De izquierda a derecha: José, Tere, Julio, Víctor, Nena, Carmelita, Ramona, Vicky, Lulú, Ángela y Christian (en la éramos doce, sólo falta Ma. Elena porque ella tomó la fotografía)

Cuando ya estuvimos casi todos (sólo faltaba Julio), el grupo procedió a ascender la Pirámide del Sol. Carmelita venía cansada y su osteoporosis no le permitía escalar el monumento, así que con gusto me quedé abajo a acompañarla. Ella hizo un gran esfuerzo para escaparse de su rutina y dejar unas horas a su esposo enfermo para conocerme. Sentía que debía quedarme a charlar con ella sobre sus experiencias, porque quizá después no habría tiempo de hacerlo. Así fue.

Carmelita y yo nos sentamos a un lado de la Pirámide del Sol, en otra pirámide pequeña. Llamé a Julio a su celular para decirle donde podía localizarnos. Comenzamos a conversar emocionadas por estar juntas; saqué mi grabadora para guardar algunas de sus vivencias en mis cintas. De pronto pasó un muchacho e intuí que era Julio, lo llamé y efectivamente era él. Lo invité a sentarse para que escuchara la entrevista. Traía puestas mis gafas de sol, aunque estaba dándole la espalda. Mientras charlaba con Carmelita veía de reojo unos destellos que venían del cielo, cuando volteaba a localizar aquella luz no veía nada, continuaba con la entrevista y me volvía ocurrir lo mismo. Parecía como si alguien con un espejo me encandilara, pero, ¿desde el cielo? Este fenómeno me ocurrió tantas veces que me distraía de mi conversación; me quité los lentes y fue cuando pude ver un ovni plateado, suspendido. De pronto hizo un movimiento y me encandiló de la misma forma que lo había estado percibiendo, como un destello. Le comenté a Carmelita lo del ovni y al mirar de nuevo hacia el cielo ya no estaba la nave.

—¡Carmelita, acabo de ver un ovni!—, le dije exaltada.

—No te preocupes, nos están cuidando; en la mañana les pedí que lo hicieran porque yo frecuentemente los veo desde mi casa.

Continué con la entrevista. Justo al terminar una parte de mi charla llegaron los demás contando maravillas de sucesos en la Pirámide del Sol. Al estar en la cima, Ramona reconoció el lugar y comenzó a recordar palabras en náhuatl; Víctor, quien ha estudiado ocho años este lenguaje, le completaba a Ramona lo que quería decir. Ramona estaba viendo a los habitantes de Teotihuacán como si el tiempo no hubiera transcurrido; los veía en una dimensión paralela y entonces podía señalarle a Víctor perfectamente la ubicación de las construcciones y para qué servían, así como de la ciudad, dónde vivía el pueblo, etcétera. Enseguida le pidió a Víctor que cantara en náhuatl y levantara las manos e inclinara la cabeza hacia el cenit, cerrando los ojos. Ramona cantó al unísono con Víctor y Nena, como si conociera el lenguaje de toda la vida. Los atuendos de Víctor y Nena llamaban la atención; la presencia de Ramona era imponente en aquella cima. Los tres personajes demandaban respeto con su cántico ofrecido para aquella cultura, y contagiados por su vibración, la gente que estaba en la pirámide se unió al ritual y rodearon a los celebrantes. Al terminar la improvisada ceremonia todos aplaudieron.

No pude ser testigo de estos episodios, pero me dio mucho gusto por Ramona, Nena y Víctor, quienes al fin pudieron llegar a Teotihuacán y tener esas experiencias. Cuando Ramona tuvo una oportunidad mientras hacíamos el recorrido, me relató que estando en la cima sintió un deseo de descalzarse, al tener el contacto directo con la pirámide, y elevar su cara hacia el sol. Sintió que una energía pura, desde el centro de la Tierra, penetró por sus pies y ascendió por su cuerpo, atravesó su cabeza y subió hasta el cosmos. Ése fue el regalo que José le había dicho que iba a recibir en Teotihuacán, porque según Ramona fue algo muy hermoso e indescriptible. También fue mi regalo para ella y, al mismo tiempo, un regalo para mí por ser mi cumpleaños.

José auguró meses atrás que cuando Ramona visitara las pirámides su don de curación iba a ser mayor, y así sucedió.

Al estar abajo todos reunidos, Ramona nos pidió que nos colocáramos frente a la Pirámide del Sol, tomados de las manos, formando una media luna, a fin de agradecer el hecho de estar en ese lugar y que de alguna manera nos hayan guiado y protegido para lograrlo, pues no es fácil reunir a una docena de personas. Una vez asidos le solicitó a Víctor que cantara de nuevo. Me tocó estar a un lado de ella y la escuché cómo seguía las palabras de aquél canto náhuatl. Fue algo increíble. Todos levantamos los brazos tomados de la mano y volteando hacia el cenit. Un escalofrío recorrió mi espalda. Tere, José y Nena escucharon claramente cómo se empezó a acercar mucha gente para acomodarse detrás de ellos, incluso percibieron su presencia. Pensaron que iba a ser igual que en la cima de la Pirámide del Sol, pero al abrir los ojos no había nadie. Las presencias eran de los mismos indígenas, que estaban en un mundo paralelo.

El grupo de los doce

Teotihuacán significa lugar donde los hombres se transforman en dioses; me pareció una simbología muy interesante y que encierra algo de misterio. María Elena me envió el significado por Internet, así nos hicimos amigas cibernéticas, lo que obligó a ser una de las invitadas para encontrarnos justo ahí. Sin haberlo planeado, resulta que contando los invitados de México y nosotros de Guadalajara formamos un grupo de doce personas, un número mágico; como los doce apóstoles, los doce meses del año, las doce horas del día, etcétera.

Al terminar de dar las gracias frente a la Pirámide del Sol, comenzamos a caminar para hacer un recorrido por la zona arqueológica. Nuestros amigos de México ya lo habían hecho, porque llegaron muy temprano, pero lo repitieron con gusto.

María Elena, Lulú y Ángela, las jóvenes sensitivas que formaron parte del grupo de los doce ese día, también tuvieron diversas experiencias. Lulú, por ejemplo, en la Pirámide del Sol escuchó voces en dialectos y lenguajes distintos; sintió la energía muy intensa. Ángela, al estar parada abajo junto a la Pirámide del Sol, escuchando el cántico de Víctor en náhuatl, entró en trance; vio imágenes de sangre, el jaguar y muchos guerreros. María Elena había tenido una experiencia muy fuerte en lo alto de la pirámide: pudo ver imágenes del jaguar, de un cerdito, una especie de murciélago, una virgen con una media luna a sus pies, un ángel lleno de luz, mucha sangre y mucho dolor. Esas imágenes le sacudieron sus emociones y sintió grandes deseos de llorar; pero al terminar el cántico de Víctor y Ramona, la imagen y las emociones se disiparon.

Aunque Ramona iba apreciando las energías y teniendo visiones a cada paso que daba, trataba de convivir con todos. No obstante, había momentos en que se apartaba para disfrutar de lo maravilloso o de lo trágico de su videncia. Y es que de plano se desconecta del presente, así que yo les advertí a todos que si la veían con la mirada distante tuvieran paciencia y esperaran un poco a que regresara a la normalidad.

Nena era atraída de igual manera por las energías de ciertos lugares. Íbamos con rumbo a la Pirámide de la Luna cuando de pronto comenzó a caminar sola, pues sintió un llamado. Me di cuenta que iba medio en trance cuando a la mitad de su recorrido, un vendedor se le puso enfrente y la sacó de su éxtasis haciéndola tambalear. Unos segundos después cambió su rumbo hacia la derecha, subió una escalinata de un palacio en donde, según Ramona, se hacían sacrificios humanos.

Todos subimos a hacer acto de presencia, porque Nena, Víctor y Ramona trabajaron en esa área liberando almas. Luego proseguimos la visita. De nuevo, los tres subieron a una edificación pequeña que está justo enfrente de la Pirámide de la Luna, yo decidí acompañarlos. En ese punto, Víctor hizo un cántico a los cuatro puntos cardinales, para saludar, pedir permiso y dar gracias.

Nena y Víctor en el área de los muertos

Ramona y Nena liberando almas

Por fin llegamos a la Pirámide de la Luna; cada quien la ascendió por su cuenta. Nos sentamos un rato en la cima a sentir la energía
y el aire, que calmaba un poco el calor del día. Al ir descendiendo me
encontré con María Elena, Lulú y Ángela, me detuve para tomar
unas fotografías desde la mitad de la pirámide, donde podía obser-
varse todo el sitio y lograr imágenes maravillosas.

Lulú se acercó a mí y me dijo que había unos indígenas sobre
las copas de los árboles, observándonos, que apuntara mi cámara
hacia allá para ver si me aparecían en una de mis fotografías. Así lo
hice, no sin antes pedirles permiso. "¡Qué maravilla! —pensé—
poder ver a los indígenas que habitaron este lugar en un mundo
paralelo como en los tiempos de esplendor". Pero también soy
consciente que quienes pueden ver esas cosas bellas también ven situaciones negativas. Como traía cámara digital pude revisar las fotos
de inmediato; no apareció nada inusual.

Ramona no pudo llegar hasta la cima de la Pirámide de la Luna; según me dijo, su objetivo principal y su regalo había sido escalar la Pirámide del Sol. Así que bajó y se unió a Carmelita, quien
estaba sentada en un lugar sombreado.

Cuando bajamos, les dije que mi regalo estaba en una de las pirámides, donde se escuchaba un efecto de patos; para escucharlo,

En esta área, Lulú y Ángela podían ver a antiguos habitantes observándonos desde otras dimensiones

según Julio, debíamos recorrer toda la Calzada de los Muertos hasta llegar al cuadrante llamado la Ciudadela, donde se encuentra el Templo y la Pirámide de Quetzalcóatl. Ramona y Carmelita decidieron quedarse a esperarnos, el resto del grupo fue a terminar la visita; tomó un lapso de media hora llegar hasta allá, bajo el intenso sol. Aunque yo estaba agotada, no quería privarme de visitar esa sección. Por fin llegamos y Julio se paró frente a la Pirámide de Quetzalcóatl, comenzó a aplaudir para mostrar el efecto, pero no hubo resultados.

De pronto vi a un guía con dos extranjeras platicando frente a la pirámide, y no sé por qué pensé: "seguramente es el guía que me contó mi hermana, quien les mostró el efecto porque según me explicó no todos saben de la ubicación ni del sonido que ahí se produce".

Antes de tener tiempo de acercarme a él, el guía comenzó a aplaudir y los patos comenzaron a escucharse. ¡Era padrísimo! Yo estaba extasiada, busqué el punto y me di a la tarea de aplaudir y aplaudir como una niña. De igual manera lo hicieron todos; los patos se escuchaban a intervalos. ¿Cómo era posible ese efecto? ¿Por

Después de escuchar el efecto de patos, posamos para la foto del recuerdo.
De izquierda a derecha: Julio, Victoria, Nena, Víctor. En el fondo, José y Tere

qué se producía? Me hacía mil preguntas, pero además les dije a mis compañeros: "¡No cabe duda que tenían mayores conocimientos que nosotros! ¡Y hay quienes les llaman incivilizados!".

Yo me sentí feliz disfrutando de aquel efecto. Al encontrar al guía comprobé esa tarde que alguien nos dirigía y ayudaba todo el tiempo, de muchas formas nos lo hicieron saber.

Lulú comentó que ese efecto lo hicieron como una ofrenda, un regalo especial para agradar a alguien. Ángela señala que el efecto era además como una profecía, un aviso de lo que estaba por llegar a Teotihuacán. María Elena piensa que es como una clave o timbre anunciando a personas no gratas, que es un efecto preventivo que puede sorprender o distraer al visitante o al enemigo.

Para mí era mi regalo de cumpleaños. "¡Qué curioso! —pensé—. Yo no pude estar con Ramona cuando recibió el suyo, ni ella cuando recibí el mío".

Dieron las cinco y media de la tarde cuando terminamos de hacer el recorrido; no pudimos visitar el templo de Quetzalcóatl porque estaba acordonada la zona: habían hecho un hallazgo. Además todos teníamos sed y hambre. Nos dirigimos hacia la salida para encontrarnos con Ramona y Carmelita. Ellas tuvieron tiempo de platicar largo rato mientras nosotros terminábamos el recorrido. Minutos después de estar charlando se acercó a ellas una mujer y le preguntó a Ramona si ella sabía curar. Ramona le dijo que sí y entonces la mujer le dijo que necesitaba su ayuda. En pleno Teotihuacán, Ramona revisó el caso de la extraña mujer que sufría mucho porque, a la muerte de su hija, su yerno le había arrebatado a sus nietos. Ramona no se explica por qué se acercó a ella, pero gracias a eso pudo ayudarla y orientarla para recuperar a sus nietos.

Una vez que todos estábamos juntos, en nuestros vehículos nos fuimos a comer. Al llegar al restaurante lo primero que vi fueron dos esculturas de Quetzalcóatl. Al revisar el nombre del restaurante descubrí que se llamaba "El mesón de los dioses". Le dije entonces al grupo: "Miren quién nos está recibiendo a la entrada, nada más y nada menos que el dios Quetzalcóatl". Se lo mostré a Carmelita ya que dice qué el es su guía y protector; espero que recuerden que yo tuve una visión, meses atrás, de Quetzalcóatl. ¿Coincidencia?

Por si fuera poco, el restaurante estaba ubicado a espaldas de la Pirámide de la Luna. Al iniciar el día nos reunimos en la Pirámide del Sol. Al terminar, en la de la Luna. Ésta es para mí otra señal de que nos guiaban. Cuando dejamos el pastel por las prisas no vimos ni el nombre del restaurante ni las esculturas de Quetzalcóatl colocadas a la entrada, mucho menos que el restaurante estaba justo atrás de la pirámide. Nosotros éramos los únicos clientes.

Comimos, festejamos, Víctor cantó de nuevo las mañanitas en náhuatl, Ramona y José regalaron y compartieron un poco de astrología y videncia a nuestros amigos de México y Toluca, sorprendiéndolos con sus descripciones e información sobre sus vidas. Ramona también hizo sanación a algunos para eliminar fatiga y dolor de cabeza. Partimos el pastel y lancé al aire mi deseo. Estábamos de fiesta y fue en el restaurante que descubrimos que éramos doce personas conviviendo en una mesa larga. Todos charlamos sobre nuestras experiencias en las pirámides. En fin, todo fue como un rompecabezas que se iba armando de manera perfecta.

La dueña del restaurante se dio cuenta de que Ramona era sanadora y le requirió su ayuda: tenía complicaciones en columna. Ramona, al estarla masajeando descubrió algunos de sus problemas familiares y del negocio y le dio indicaciones o sugerencias para resolverlos. La mujer, sorprendida por sus aciertos, le pidió que revisara a su hijo. El muchacho se acercó y de pronto estaban los tres tomados de la mano haciendo oración.

Mientras tanto, Christian, el hijo de Carmelita, salió a ver el cielo. Lo que vio fue un ovni; emocionado, entró corriendo para buscarnos a su mamá y a mí, para que lo viéramos, pero yo había ido al baño en ese momento y Carmelita charlaba con José. Christian salió nuevamente y el ovni se había marchado.

Estábamos todos muy a gusto, pero ya era tarde y debían cerrar el restaurante, así que tuvimos que despedirnos porque no sabíamos ni donde íbamos a dormir. Julio se despidió y partió rumbo a Toluca. Carmelita, su hijo y las muchachas no deseaban marcharse, pero al no encontrar un hotel en Teotihuacán tuvieron que hacerlo. Nosotros fuimos al siguiente pueblo en busca de hospedaje.

Los hoteles en Teotihuacán estaban llenos, por lo que continuamos nuestro camino al siguiente poblado, Otumba, situado en Hidalgo. Al entrar a la población vi un anuncio que decía: "Hotel y restaurante Hacienda Ometusco, quince kilómetros". Pensé que sería interesante visitar esa hacienda, para cerrar con broche de oro nuestro viaje. No comenté nada porque estábamos cansados y lo que urgía en ese momento era encontrar dónde hospedarse en el pueblo.

Nos dirigimos al centro; ahí vimos un anuncio que señalaba la dirección hacia un hotel. Llegamos al lugar y era un parador muy extraño pero barato y limpio. Lo raro era que las habitaciones parecían vitrinas, porque en lugar de puertas y muros había ventanales con cortinas para mantener la privacidad. Revisamos los cuartos; vimos que tanto los muebles como los baños y los cuartos eran nuevos, así que decidimos quedarnos y hacer caso omiso a la extrañeza del lugar. Fueron llegando más huéspedes que venían, como nosotros, de Teotihuacán.

Vicky: Oye, Ramona, ¿no se te hace muy extraño el hotel? ¿No será de paso?

Ramona: Bueno, sí es un hotel de paso porque la mayoría de la gente que no encuentra lugar en Teotihuacán remata aquí, pero llega todo tipo de personas, está muy limpio y económico. Lo que yo siento es que éste fue un centro comercial que no tuvo éxito.

Vicky: Tienes razón, por eso no hay ventanales, eran locales comerciales.

Ramona: Así es, mira vamos a preguntarle al recepcionista y averiguamos qué había antes aquí.

Me dirigí con el chico de la recepción y le pregunté:

—¿Disculpe, joven, qué había aquí antes del hotel?

—Era un centro comercial, pero lo cerraron y acaba de iniciar como hotel.

—Muchas gracias, joven.

Miré a Ramona, quien ya estaba sonriendo porque había adivinado el giro anterior del inmueble.

—¡Bruja! —le dije—. ¡Pinche Ramona!

En eso aparecieron los demás y les comenté que ya habíamos resuelto el misterio del hotel. Todos se rieron y asintieron diciendo: "¡Con razón tantas puertas de cristal!" Y nosotros creyendo que era gusto un tanto excéntrico de algún pueblerino riquillo, dedicado a negocios ilícitos.

Ja, ja, ja, reímos y, como ya era tarde, decidimos brindar con lo que quedaba del tequila para luego retirarnos a descansar, porque al otro día debíamos madrugar para regresar a Guadalajara.

Algunas almas trascendieron

Dormimos como lirones en el hotel del poblado de Otumba. Despertamos con bríos para tomar nuestro camino de retorno a Guadalajara. Ramona y yo salimos a buscar dónde desayunar, pero no encontramos nada que nos motivara. Regresamos a buscar a los demás para informarles que lo mejor era partir y buscar un restaurante en el camino.

Cuando todos estuvieron listos les comenté del anuncio de la hacienda que había visto, esperando se animaran a visitarla con el pretexto de ir a desayunar. No opusieron resistencia; yo parecía niña con juguete nuevo; nuestro viaje iba a cerrar con broche de oro visitando la hacienda.

Tomamos camino rumbo a la entrada del pueblo, donde vi el letrero. No sé que salió mal, pero tomamos una dirección equivocada y rodeamos todo el pueblo. Finalmente llegamos al camino rumbo a Ciudad Sahagún, que además estaba de paso a Pachuca.

No recorrimos mucho camino cuando vimos el anuncio de la Hacienda Real San Miguel Ometusco, ubicada en el hermoso valle de Apan, dentro del municipio del Estado de México. Tomamos el sendero hacia la izquierda, un camino de terracería que no estaba en excelentes condiciones, por lo que tuvimos que avanzar muy despacio. Antes de llegar a nuestro destino vimos en el paso otra hacienda antigua. ¿Acaso era parte de la misma?

Finalmente llegamos. Había un portón enorme resguardado por un capataz, quien nos recibió amablemente y nos pidió que pasáramos la camioneta al estacionamiento interior.

—¿Hay desayunos? —le preguntamos.

—Sí, señores, pasen.

Cuando vimos la fachada de la hacienda colonial construida a principios del siglo XVIII nos cautivó su belleza. Estaba pintada de un amarillo intenso que lucía esplendoroso ante el fondo del cielo azul. Un valle se extendía al frente. Era una hermosa mañana y nos sentíamos muy contentos. Sin embargo, al bajar de la camioneta Ramona y Nena comenzaron a percibir las energías del lugar. Por supuesto que al entrar Ramona empezó a tener sus visiones, aunque decidió cerrarse a todo para poder desayunar. La Hacienda debió haber sido hermosa en sus tiempos. Cuando nosotros la visitamos fungía como hotel y restaurante y la verdad se veía muy descuidada. El bufete que ofrecían no era nada atractivo así que le pedimos al mesero que nos preparara unos huevitos revueltos, jugo y café. Cruzamos un patio muy grande para llegar al comedor, construido en lo que antiguamente había sido tal vez una habitación.

Fachada de la Hacienda Real San Miguel Ometusco

Nena y Víctor decidieron no tomar nada. Se les antojaba la birria de Hidalgo, que venden al borde de la carretera. Además Nena no se sentía muy cómoda; había muchas ánimas en pena. Salieron a recorrer la finca mientras los demás desayunábamos. Por mi par-

Vicky curioseando en el interior de la hacienda

te, me paré a recorrer las habitaciones contiguas. No tardó mucho en aparecer el mesero con nuestros platillos, que comimos con gusto. Estábamos en esa faena cuando apareció Nena tapándose la boca: sentía náuseas ante tantas presencias en los alrededores. Le solicitó ayuda a Ramona para despachar a la luz a los seres que deambulaban por el lugar. Ramona se negó alegando que recién había desayunado y no quería echar a perder su almuerzo.

Nena y Víctor regresaron por donde entraron y se pararon en medio del patio con los ojos cerrados. Hacían lo que estaba a su alcance para liberar a las almas que así lo solicitaban.

Terminamos nuestro desayuno y salimos a recorrer pasillos y habitaciones de la finca, para tomar algunas fotografías. Ramona se encaminó con Nena y Víctor a la parte exterior de la hacienda y los demás nos quedamos en el interior tratando de imaginar lo que Ramona podía ver y nosotros no; es decir, la hacienda en sus tiempos de esplendor y los destacados personajes que recorrieron el recinto en diversas épocas.

Una vez que terminamos de explorar el lugar, Tere y yo nos dirigimos al baño antes de tomar carretera. Ahí nos encontramos con Nena, a quien le pregunté:

Vicky: ¿Qué tal, Nena? ¿Pudiste ayudar a muchas almas a trascender?

Nena: Sí, muchas se fueron y otras se quedaron porque todavía no es su tiempo, pero a Ramona le fue muy mal.

Vicky: ¿Por qué?

Nena: Cuando salimos de la finca, caminamos hacia la parte del fondo, que era donde dormían los sirvientes. Ramona entró en trance y pudo ver cómo fusilaron gente en los paredones, que aún conservan los agujeros de las balas.

Los fusilamientos fueron en este paredón

Enseguida salimos todos, Ramona venía caminando hacia el frente de la hacienda moviendo la cabeza por lo que había visto, y sólo me dijo:

—Fue algo espantoso; perdí el desayuno; en cuanto me acerqué al paredón comencé a sentir la angustia y el sufrimiento de quienes fusilaron en ese lugar, empecé a sentirme asqueada y muy mal por su agonía.

—¡Qué horrible muerte! Cuando ves esas imágenes me alegro de no tener tus dones, Ramona —aseguré.

Estuvimos un rato en la parte externa de la hacienda antes de marcharnos, ahora sí en estado contemplativo. Pudimos admirar

algunas piezas arqueológicas originales y muy interesantes que tal
vez alguna vez lucieron en Teotihuacán.

Interesante piedra circular que representa al dios Quetzalcóatl

Nena con una pieza prehispánica original que representa la muerte

Nos despedimos del lugar como siempre. Al arrancar, la puerta
del lado derecho de la camioneta hacía un ruido extraño. Era algo
así como cuando alguien toca una puerta, pero no muy fuerte. Nena
y yo de inmediato lo interpretamos como un ánima no invitada, que
se apuntó en el viaje. Nos dimos a la tarea de conversar con ella. Ramona estaba concentrada en los paisajes porque veía muchas muertes
en enfrentamientos.

Dos horas más adelante encontramos un puesto de birria al estilo hidalgo. Entonces Víctor y Nena pidieron parar a almorzar. Yo me bajé a acompañarlos, y al ver aquella suculenta carne no pude resistir comer un taquito; terminé comiéndome tres. Fue la birria más sabrosa que he comido en mi vida. En ese momento comprendí por qué Nena y Víctor se esperaron.

Continuamos nuestro camino, pero justo al llegar a un crucero la llanta delantera izquierda se ponchó. José y Víctor pusieron la de refacción. Una hora les llevó la faena, porque no podían aflojar los birlos debido a que habían sido mal colocados en el taller donde la llevé a revisar antes de salir de Guadalajara. Cuando lograron hacer el cambio comenzó a lloviznar. Nos dimos cuenta entonces de que, una vez arreglada la camioneta, nuestro "acompañante" dejó de tocar la puerta. Comprendimos que de alguna manera trataba de advertirnos la descompostura. Es lo maravilloso de ayudar a las ánimas; son muy agradecidas y luego lo recompensan a uno.

No fue sino al terminar el viaje que Ramona me comentó sus impresiones del estado de Hidalgo y de la hacienda:

—El estado de Hidalgo lo vi parecido al de Guanajuato: muchas batallas, muchos muertos, y muchos enfrentamientos en la planicie —comentó.

—Sí, recuerdo que varias veces en la carretera te veía seria, con cierta tristeza, y callada —le hice notar.

—Era por eso; tú ya me conoces, iba viendo todas esas muertes en enfrentamientos.

"Cuando llegamos a la hacienda, desde que estábamos desayunando, fue una sensación de angustia, de sofoco. Por eso Nena llegó a pedir ayuda, y eso que ella es muy fuerte. Yo no quería ver para no pasarla mal, pero finalmente me vi obligada a hacerlo y me di cuenta que lo más fuerte era un área externa de la finca.

"En la hacienda veía muchas encopetadas, vi los bailes, su esplendor, sus visitantes destacados. Cuando salí vi lo contrario. Los cuartitos de los sirvientes al fondo, viviendo en total pobreza. Era un contraste extremo. Me impresionaron muchísimo las paredes de fusilamiento. Ver y vivir todo eso era un vaivén, un sube y baja en mi interior. Por un lado, los bailes y la opulencia; hasta pude ver a don Porfirio Díaz con su chaquetón, los banquetes, los músicos. En la actualidad hay recámaras donde había todo un espacio largo o un gran salón de gala de bailes. Era un relajo completo. Por el otro lado veía el sufrimiento, la agonía y el llanto. Por eso Nena se sintió tan mal, por los contrastes, los opuestos unidos en un solo espacio. Me sentí asqueada por las energías. ¿Cómo puede haber algo tan hermoso que encierre tanto dolor lo mismo que tanta opulencia? Todo ese tipo de haciendas, por muy hermosas que las pongan, necesitan limpiar esas energías, si no se van para abajo."

—Y los espíritus de quienes fueron fusilados, ¿los ayudaste a partir? —pregunté.

—Sí, eso hicimos. Fue cuando me indispuse del estómago.

—¿Por qué, si tienen tantos años, no se pudieron liberar todos?

—Hay muchos que están ahí porque están cómodos. Los que se tienen que ir se fueron, pero hay gente apegada que está feliz. Recuerda que es lo mismo que en vida. ¡Cuántas viejitas hay que no se mueven de sus casas por nada del mundo! Si mueren siguen ahí.

—¿Cuando se van a la luz puedes verlos?

—No, yo no puedo ver cuando se van, sólo dejo de sentir su presencia y me siento en paz, desaparece cualquier inquietud. Entonces le agradezco a Dios por ayudarlos. Cuando aún están en un espacio siento su angustia, veo sus sombras o su imagen. En cuanto se van me siento tranquila.

—¿Puede ser que regresen?

—Si hay una situación en donde se presenta un conflicto familiar, ellos regresan aunque toman diferente forma, para ayudar, no porque estén atrapados; sólo para guiar o confortar a sus seres queridos con su energía; aunque no puedan verlos, pero sí pueden percibir su presencia.

—¿Si desalojas un fantasma puede llegar otro?

—Sí, porque ellos no tienen ni tiempo ni espacio. Además tú puedes atraer otros seres de otros espacios de acuerdo con tu nivel energético.

"Por ejemplo, cuando hago un masaje tengo el cuidado de cambiar sábanas entre una y otra persona, aun cuando sean de la misma familia, porque cada uno carga sus propias energías, estado emocional, mental, de salud, etcétera. Limpio la camilla y estabilizo el ambiente entre uno y otro paciente.

"Igual sucede con las casas, uno limpia, pero la gente continúa con malos hábitos, malas compañías, y llegan otros seres de energía de otras dimensiones a cohabitar con los vivos. Si no haces cambios positivos en tu vida es como invitarlos a que lleguen."

¿Qué viste en Teotihuacán?

Llegamos alrededor de las seis de la tarde a Pachuca, donde tuvimos que quedarnos a dormir; era domingo y no había ni talleres ni refaccionarias abiertas. No queríamos continuar sin arreglar la llanta.

Nos dimos a la tarea de buscar un hotel céntrico para visitar la plaza del reloj, porque con las prisas de ir a Teotihuacán, no habíamos podido visitar el centro de Pachuca. Yo tenía deseos de reconocer esos sitios que había visitado muchos años atrás.

Parecía que me cumplían mis pequeños deseos, porque me tocó dormir justo enfrente del hermoso reloj del porfiriato, del cual les comparto una fotografía.

Reloj de Pachuca

José, Nena y Víctor buscaron otro hotel cercano al de nosotros, porque no deseaban estar cerca cuando sonaran las campanadas, cada media hora. A Ramona y a mí no nos afectaba en lo más mínimo escucharlas, el hotelito era agradable, antiguo, alegre, con un gran patio en el centro y recámaras que aún conservan algunos de sus muebles originales y sus puertas de antaño. Debió de haber sido una antigua casona.

Quedamos en reunirnos una hora más tarde. Mientras tanto aproveché para pedir a Ramona sus impresiones de Teotihuacán, algo de lo que no habíamos tenido tiempo de conversar. Mientras Ramona anduvo recorriendo la zona arqueológica, nos fue ubicando a algunos en ese sitio en alguna vida pasada.

Vicky: Cuéntame, Ramona, ¿qué viste en Teotihuacán?

Ramona: Teotihuacán, en su esplendor fue una ciudad con inigualable belleza, que nos muestra la grandeza de sus habitantes. Ellos tuvieron grandes maestros del espacio exterior, que les transmitieron sus conocimientos. Eran seres de sabiduría. Levantaron construcciones con gran exactitud, sin utilizar grúas para mover enormes piedras de gran peso que utilizaron al construir sus edificaciones, las que permanecen hasta nuestros días. En nuestros tiempos, por más tecnología avanzada construimos grandes edificaciones que ante un terremoto sucumben, en cambio las de ellos han sufrido poco deterioro. Algunas civilizaciones antiguas construyeron edificaciones en las que entre piedra y piedra ni siquiera puede entrar una navaja de afeitar. Eso nos habla de toda una ciencia que, aunque muchos lo nieguen, no puede provenir sino de grandes maestros, venidos del exterior o de algún lugar del Universo, para dar a conocer su sabiduría a los antiguos habitantes.

Vicky: ¿Tú dirías que son los mismos maestros para las antiguas y enigmáticas civilizaciones?

Ramona: Sí, los mismos para egipcios, incas, mayas, toltecas, aztecas, así como en construcciones enigmáticas en Europa. Todas las edificaciones tienen un precepto común, un por qué estar en el lugar, que les corresponde. En el momento que se desestabilicen, ellos van a regresar. La primera que empezará este proceso será Machu Picchu. Las ruinas ahí van a desestabilizarse porque estamos extrayendo materiales naturales que causan esos desajustes en el nivel de la Tierra. Extraemos más de lo que se nos permite: estoy hablando del agua, del petróleo, gas, minerales. Todas las perforaciones que se están haciendo empiezan a causar desniveles. Empieza a compactarse el nivel de la Tierra provocando una especie de hundimientos y deslaves, ésos son los desajustes. A causa de eso se movilizaran todos los puntos.

Vicky: Es como una casa a la que empiezas a socavarle los cimientos; va a llegar un momento en que se derrumbará, ¿cierto?

Ramona: Así es. El conflicto empieza en Perú. Desgraciadamente en América Latina todo está sobre el mismo eje y aquí no tenemos límites para hacer perforaciones. Todos podemos hacer un pozo y nunca lo notificamos. Cada quien tiene el agua que quiere, se hacen pozos por donde sea y los permisos bien gracias. Nosotros mismos estamos acabando con el planeta.

Vicky: Para ti, ¿qué significó estar en Teotihuacán? ¿Recibiste el regalo del que te habló José?

Ramona: En el momento en que sentí el paso de la energía hacia el cosmos, entendí que iba a ser portadora de energía hacia toda la gente para su sanación.

Vicky: ¿Sentiste que se fortalecieron tus dones? ¿Ha habido cambios en ti?

Ramona: Ahí terminé con muchas cuestiones del pasado. Fue un punto y aparte. Inicié una nueva etapa.

Vicky: Dime una cosa, ¿por qué fuimos los que fuimos? ¿Nos viste en algún momento en Teotihuacán?

Ramona: Sí, tú eras una doncella de las que llevaban flores al templo de Quetzalcóatl, y Carmelita era una sacerdotisa de ese templo, por eso ustedes dos se identificaron, porque en esa vida convivieron muy de cerca.

Vicky: ¿Sabes cómo me llamaba en esa época?

Ramona: Algo así como Xoloxóchitl.

Vicky: ¿Estuvimos en contacto en esa vida?

Ramona: No, porque yo estaba en otra área. Me vi con mi báculo como hombre y sacerdote muy importante. A María Elena y Nena las vi juntas en el área donde hacían los sacrificios: María Elena portaba un traje como de pájaro negro, tal vez por eso dijo que vio una especie de murciélago. Es curioso, pero el protector de María Elena, en esta vida, es la propia muerte. Por otro lado, si analizas a Nena, es una sanadora en la vida actual, una fuerte chamana.

Vicky: A Cuauhtémoc, mi esposo, ¿lo viste por ahí?

Ramona: Sí, era un guerrero brillante, líder.

Vicky: Igual que en esta vida, ¿nos conocíamos en ese entonces?

Ramona: Sí, de hecho se enamoraron, y a pesar de que no era permitido que una doncella se relacionara con un guerrero, ustedes no pudieron evitarlo, y a raíz de que los descubrieron, a ti te sacrificaron.

Vicky: ¡Qué fuerte lo que me dices! Yo siempre le he contado una historia a Cuauhtémoc, desde que lo conocí, casi idéntica, sólo que yo creí que había sido una indígena maya.

Estaba muy emocionada de escuchar y confirmar lo mismo que siempre intuí.

Ramona: Así como te mencioné alguna vez que lo conociste en otra vida tuya, en Italia, así también en Teotihuacán.

Vicky: ¿Qué hicieron tú y Nena en el área de los muertos?

Ramona: Fue un lugar de sacrificios. Gracias a una percepción de Nena, lo que hicimos fue pedir perdón por los atropellos que se cometieron y por los seres a quienes se quitó la vida; a quienes aún permanecían ahí, se les mandó a la luz. Primero pedimos perdón por su muerte y después les dimos la luz.

Vicky: ¿Pudo ser Nena una de esas personas que sacrificaron vidas?

Ramona: No lo sé pero la vi ahí como una chamana, así como ahora. Estuvo en ese sitio en otro tiempo, por eso reconoció el lugar.

Vicky: A la gente que visita Teotihuacán, ¿qué le recomiendas?

Ramona: Todo el centro ceremonial tiene una gran energía; las personas que tengan oportunidad deben caminar por la Calzada de los Muertos. La persona que está baja de energía debe acercarse a la Pirámide del Sol, y los que tengan mucha energía que entren por la de la Luna. Es decir, gente que padezca presión alta, retención de líquidos, que tenga elevación en algún sistema deben entrar por la Pirámide de la Luna. Quienes padezcan presión baja, anemia, etcétera, deben entrar por la del Sol.

Vicky: ¿Por qué razón?

Ramona: Porque fluyen las dos energías; desde la Calzada de los Muertos hasta el templo de Quetzalcóatl hay energía neutra, por eso la gente tiende a andar por ahí, porque es una zona neutra. Ahí se reunían las diferentes tribus frente a la Pirámide del Sol, que es la parte central de toda la zona.

Vicky: Tú comentaste que ellos permanecen ahí, ¿Cómo es esto?

Ramona: Es difícil de explicar. Si tu tienes un objeto y lo cubres con una franela no lo puedes ver; sin embargo, sabes que ahí está porque su energía fluye físicamente. Con ellos sucedió algo que suscitó un cambio, que hizo una alteración en la energía de todos los habitantes. Ahí están en otro nivel dimensional. Solo puede verlos o sentir su presencia quien tiene un don de percepción alto.

Vicky: ¿Y su ciudad?

Ramona: Para ellos sigue esplendorosa, no está en ruinas.

Vicky: ¿Por eso se sienten sus presencias?

Ramona: No sólo eso, algunos pueden escuchar sus tambores, su música, y hasta pueden verlos.

Vicky: Están en Universos paralelos. ¿Respecto a otras culturas o civilizaciones enigmáticas, puedes decir que sucede lo mismo?

Ramona: Así es, no es que hayan desaparecido, o que hayan muerto por una hecatombe, esos sólo son mitos, aunque en el fondo estos mitos tienen su lado verdadero. Compartimos diferentes dimensiones. Es como si todo fuera un condominio, con diversos pisos y todos tienen su puerta de acceso. No puedes entrar por la misma puerta. Cada piso tiene su acceso, a veces traspasas una de esas puertas. Algunos logran hacerlo, ignorando qué detonó que traspasaran la puerta, y pueden ver a otros seres en un espacio dimensional diferente al nuestro.

Vicky: ¿A nosotros nos va a ocurrir lo mismo que a ellos? ¿Vamos a pasar a otro nivel dimensional? ¿Eso es trascender?

Ramona: Probablemente. Dentro de todas las religiones se habla de la trascendencia.

Vicky: ¿Cómo podemos honrar a los teotihuacanos cuando vamos ahí?

Ramona: Dar las gracias por todo lo que nos dejaron y saludar hacia los cuatro puntos cardinales.

Vicky: ¿Algún lugar especial donde lo debemos hacer?

Ramona: En la Pirámide del Sol, porque es un punto central, medio; es como ubicarte en el ombligo del lugar.

Vicky: ¿Tú crees que faltan muchas pirámides por descubrir?

Ramona: Sí, habrá más descubrimientos, ahí y en otras partes de la República, que ahora se ven como montañas por el follaje. Más tarde van a empezar a descubrir que son pirámides, algunas muy altas y que dejan ver la forma de unas gradas.

La charla con Ramona me dejó muy pensativa; había confirmado algunas ideas, creencias y hechos.

Luego llegaron los demás del grupo para ir a cenar algo. Al lado del hotel había un lugar de empanadas, o mejor dicho pastes. Decidimos no buscar más, porque no se veían muchas opciones y teníamos hambre.

Mientras nos traían las empanadas le pregunté a Víctor lo que Ramona había comentado sobre mi antiguo nombre, Xoloxóchitl. El conocedor del idioma náhuatl me dijo de inmediato el significado: corazón florido.

Me dio mucha emoción conocer el nombre que llevé en esa vida y saber su significado. Luego les compartimos parte de lo que Ramona había descubierto en nuestra visita a Teotihuacán.

Al terminar la merienda, paseamos por la plaza y nos dirigimos al hotel para conversar un rato sobre algunas experiencias del viaje.

Fue entonces que Tere comentó sobre la extraña experiencia con los extraterrestres que vivió en los Prismas Basálticos, pues no quedó ahí. ¿Recuerdan que ella la interrumpió? La noche que pasamos en Otumba ella recordó que, en cuanto empezó a dormitar, de nuevo sintió que entró a ese espacio metálico, como una especie de elevador, vio nuevamente a los seres grises y sabe que la llevaron a algún lado, pero no pudo acordarse del resto.

Ramona les compartió a los demás sus visiones y experiencias de cada lugar visitado y su interpretación de los hechos. Así cada uno hizo su propia reseña. Nuestro agotamiento nos obligó a retirarnos a descansar.

Por la mañana, después del desayuno en el mercadito, nos dirigimos a buscar una refaccionaria y un taller para arreglar la llanta de la camioneta. El mecánico estaba muy ocupado y la compostura iba a prolongarse: descubrimos que dos llantas tenían el mismo problema de los birlos mal colocados. Mientras esperábamos, Ramona y yo fuimos a buscar un teléfono público para llamar a nuestras familias. Ramona marcó primero y le contestó su hija Mitzi.

—¿Qué novedades, hija? ¿Todo está bien?

—No, mamá, ¿qué cree? El viernes al mediodía hubo un corto en toda la casa, se fue la luz y se descompusieron casi todos los aparatos. Lo extraño es que vino el electricista y estaba sorprendido de ver los desperfectos en la casa, excepto en donde usted da sus masajes. No se explica por qué ahí no hubo corto si todo era una misma toma de luz.

Ramona cuestionó a Mitzi sobre la hora en qué ocurrieron los eventos, y descubrimos que era la misma hora en que estábamos en Tula y que quizá fue cuando Ramona se colocó cerca del muro de Coatepantli para recibir aquella fuerte energía, que interpretó como un embudo. Mientras ella recargaba las pilas, por así decirlo, su casa recibió una sobrecarga.

En fin, aunque fue una mala noticia y Ramona estaba desconcertada, nos echamos a reír. Todo parecía lógico, como hemos visto tantas cosas extrañas, una más sólo era eso.

Una gran amiga

En el mes de agosto del 2006, Luz, su amiga entrañable de la infancia, estuvo visitando Guadalajara y aproveché la oportunidad para tomar algunos testimonios en los que Ramona participó de distintas maneras.

Luz es la persona que recibió a Ramona de manera astral en su casa de Puerto Rico. Por tal motivo no podía pasar por alto una entrevista con ella.

A sus cuarenta y nueve años, Luz ha atravesado por experiencias de toda índole que han marcado su vida, que le han dado una gran madurez, fortaleza y también la han ayudado a ser una persona exitosa. Actualmente vive en San Diego y estuvo en Guadalajara para realizarse una cirugía. La visité en el hotel donde se hospedó. Los cuidados de recuperación corrieron a cargo de Ramona, quien también estuvo presente en la entrevista. Al llegar a la puerta de la habitación escuché unas carcajadas, toqué y enseguida me abrieron. Ramona me presentó a su amiga Luz y a Lili, una amiga que acompañó a Luz a Guadalajara. Lili sólo se quedó un rato y yo di comienzo a la entrevista:

Vicky: Luz, ¿desde cuando conoces a Ramona?

Luz: Desde segundo año de primaria, unos cuarenta y tres años.

Vicky: ¿Cuál es tu primer recuerdo sobre un hecho que hayas vivido con Ramona y te haya sorprendido?

Luz: Desde niñas, tengo buenos recuerdos, aunque ninguno referente a sus dones, porque los escondía. Ella hacía cosas buenas para nosotros. Toda la vida voy a recordar un suceso: Íbamos a la escuela y todas éramos muy pobres. Ramona era la más riquilla,

la más fresita. Pero la más riquilla repartía todo lo que tenía con todas nosotras. En una ocasión le tomó un billete de cien pesos a su
papá y nos llevó a todas en el recreo a comprar lápices, libros, cuadernos, colores, borradores y todo lo que nos hacía falta para la escuela. La directora sospechó algo y le llamó a su papá; el señor, lejos
de regañarla, felicitó a Ramona por sus nobles sentimientos.

Vicky: Qué bonito este testimonio, porque al principio de sus
narraciones Ramona me contó algo de esto y para mí es hermoso
que ahora tú me lo estés confirmando, no porque yo lo dude sino
para que las personas que lleguen a leer este libro se den cuenta que
se está hablando con la verdad.

Luz: Fue un hecho real; recibimos una regañada por parte de la
directora. También Ramona nos cambiaba los lonches para el recreo.

Vicky: ¿Cuándo te diste cuenta de que Ramona tenía dones?

Luz: Mi hermana fue la que me empezó a contar, porque yo tenía muchos problemas, pero cuando realmente comprobé sus dones
fue cuando me embaracé de mi hijo, a los cuarenta y dos años. Mi
niño venía con un problema llamado aneuploidía, esto quiere decir que tiene un cromosoma de más, lo que trae el riesgo de que el
niño nazca con un retraso mental. Los médicos me informaron que
había un riesgo de noventa y nueve por ciento de que el niño naciera en malas condiciones. Me sugirieron un aborto cuando yo estaba en el séptimo mes de embarazo, eso era matar al niño.

"Ramona y yo hablamos nuevamente por teléfono. Entonces
me dijo: 'Lo que sucede es que los médicos militares conocen los
riesgos y lo que implica el nacimiento del niño. Recuerda que ante
todo ellos piensan como científicos. Además, tener un niño con esas
condiciones de vida representa gastos'.

"Me di cuenta de que Ramona tenía razón, porque los médicos
hacían todo lo posible por desanimarme y así evitar que mi hijo naciera. Decían que mi niño no iba a caminar hasta los nueve años,
que no iba a poder hablar; decían que iba a estar en vida vegetal.

"Ramona me aconsejó conservar al bebé: 'Vamos a poner a tu
hijo en manos de Dios y de la Virgen de Talpa; no lo vas a abortar.
Cuídate mucho, haz lo que debas, pero no lo vas a abortar. Tú diles
que no a los médicos con firmeza. Vamos a hacer una manda'.

"Seguí los consejos de mi amiga, y ante la sorpresa de los doctores el niño nació bien, no tiene ningún problema, es todo lo con-

trario de lo que me dijeron que iba a ser. Inteligente, activo; a sus siete años habla tres idiomas, maneja fácilmente las computadoras, puede instalar y manejar cualquier programa."

Vicky: ¿Lo tienes en alguna escuela especial?

Luz: No, pero sí estoy al cuidado de que tenga lo necesario para su desarrollo. Nunca perdí el contacto con Ramona durante mi embarazo; casi cada semana le llamaba y me indicaba qué cuidados debía seguir: tomaba agua bendita, hacía oraciones todo el tiempo, debía estar en comunicación todo el tiempo con mis ángeles y con Dios, ésas eran sus recetas. Nuestros protectores son San Miguel Arcángel y el Arcángel Gabriel.

"Después que nació mi hijo Ramona me sugirió que en cuanto me fuera posible debía venir a México, para cumplir la manda de Seth, así se llama mi niño. A los seis meses me fue posible, porque mi situación económica no era estable.

"En cuanto llegué al pueblo me presenté en su casa para cumplir la manda: '¡Mañana vamos!', me dijo ella. Así lo hicimos, yo nunca había ido a Talpa. Ramona en esa época tenía un problema severo en su columna que le ocasionaba fuertes dolores. Al entrar al pueblo, no sé si por mi fe como toda católica agradecida por un milagro, me recorrió un escalofrío de pies a cabeza. En el pueblo se sentía una paz interna tan bonita. El niño iba feliz.

"Ramona me dijo: 'Váyanse ustedes, yo me voy a ir caminando con el niño, descalza!'. Así se fue desde la entrada al pueblo hasta la iglesia. Seguí su ejemplo; me quité mis tenis y a caminar. Fue algo maravilloso, no sentí el tiempo, ni la distancia, ni el camino difícil, a causa de la fe. Para mí el tramo fue pequeño y fácil cuando en realidad recorrimos unos cuatro kilómetros. Ni siquiera me salió una ampolla, nada. Ramona nunca se quejó del dolor de espalda, a pesar de que cargaba a mi hijo, quien iba feliz de la vida.

"Finalmente llegamos hincadas al templo y empecé a rezar. A la mitad de la iglesia está una imagen de la Virgen. Íbamos avanzando poco a poco, el niño a esa edad todavía no hablaba, sólo balbuceaba. De pronto volteó a ver a la Virgen y exclamó: ¡Mama! —sin acento. Miré a Ramona y ella a mí, entonces le pregunté a mi hijo: '¿qué pasa, mi niño?'

"De nuevo vio a la Virgen y repitió: '¡Mama! No recuerdo si es la Virgen de Guadalupe o la Virgen María'.

"Vicky: Era demasiado pequeño para hablar. ¡Es asombroso!

"Luz: Por eso digo que mi niño es mi ángel. Dios me lo mandó y si nació fue también gracias a los consejos de Ramona, ya que ella lo ofreció a la Virgen para que naciera bien. Él es esclavo de la Virgen de Talpa. Mi hijo está perfectamente, ¡gracias a Dios, gracias a la Virgen y gracias a Ramona!

"Vicky: Ramona, ¿por qué crees que hubo tanto empeño en que Luz abortara?

"Ramona: Ella estaba en un ambiente de médicos. Su esposo trabajaba como militar. Ahí las malformaciones son inaceptables; es decir, si el producto viene mal genéticamente, está mal y hay que deshacerse del bebé. Luz tenía la presión del esposo, porque él no deseaba que naciera. Como militar sabía que un bebé con esa enfermedad nace con muchos problemas.

"Le expliqué a Luz que el niño es un ser vivo. El único que tiene la decisión es Dios, ni siquiera el más sabio de los médicos de la Tierra. Dios es el único que sabe cómo viene el niño. Recuerdo haberle dicho: 'Tú ponte en sus manos, entrégale a tu bebé y él hace todo. Hay que encomendarlo a la Virgen para que interceda ante su hijo, para que el niño nazca bien, y debes tener fe; porque la fe, como un granito de arena, mueve montañas. Y con fe y oración todo se logró'.

"Algunas veces Luz me llegó a despertar en la madrugada con dudas. Yo le cuestionaba si había perdido la fe y le repetía: 'Dios es muy grande y él te va a escuchar y a sacar adelante, entrégaselo a la Virgen Santísima y prende un cirio bendito. Además le aconsejé que le hablara al niño y le expresara su amor, haciéndole saber que era parte de su ser, de su sangre, y que todo iba a estar bien. Así fue."

Vicky: ¿Luz, fue entonces cuando realmente te diste cuenta de los dones de Ramona?

Luz: En realidad sí, aunque había escuchado a mi hermana platicar de todo en lo que le ayudaba.

Vicky: Ahora nos puedes relatar, ¿cómo Ramona se presentó en tu casa en Puerto Rico?

Luz se ríe al recordar el acontecimiento y empieza a contarme:

"Una vez estuvo en mi casa de Puerto Rico y otra vez en San Diego. Mi esposo era médico militar y nos mandaron a Puerto Rico por tres o cuatro años. De San Diego nos trasladamos para allá, para mí fue muy difícil porque mi casa es California. Sin contar esa época, yo tengo veintisiete años viviendo en San Diego, ahí es mi casa, mi terruño, mi segundo hogar, como mi pueblo en Jalisco.

"Mi esposo tenía un alto mando en la milicia y yo tenía por eso todas las comodidades. Sin embargo no vivía feliz, no se cómo decirte, había algo en el ambiente; la gente no era sincera, me sentía incómoda, extraña. De turista es otra cosa. Mi hijo estaba muy pequeño. Perdí el dominio que había ganado en California. Dejé a mi hija, a mis amigos, mi negocio, todo por seguir a mi esposo. Sentía que no encajaba.

"Mi esposo es puertorriqueño y yo mexicana, para las mujeres de ese país no es aceptable, hay mucho racismo y sólo te das cuenta cuando vives allá. Todo empeoraba, porque era la esposa de un hombre con un alto rango militar, eso es envidiable y me ocasionaba muchos problemas.

"Estaba viviendo esa situación, me sentía agobiada y pensé en llamarle a Ramona. Al no encontrarla, le hablé por teléfono a mi hermana para que me ayudara, y le dije: '¿Sabes qué? Tengo muchos problemas; dile a Ramona que la necesito, pero ya…'

"Estaba en la sala, frente a mi computadora, tomándome un café. Escuché un ruido y me dirigí hacia la cocina para servirme otra taza. Al voltear hacia un lado me llevé una gran sorpresa; la vi recargada en la pared. Me asusté tanto, que se me cayó el café."

Vicky: ¿Y cómo la viste? ¿Era tan clara como la ves ahora?

Luz: La vi con claridad, pero era muy extraño, veía a su persona pero no su carne. Era como ver una transparencia.

Vicky: ¿Como un holograma?

Luz: ¡Exactamente así! Me le quedé viendo sorprendida.

Vicky: ¿Ella se sonrió o hizo algún gesto?

Luz: Ella estaba recargada en el muro, viéndome; sonrió como lo hace ahora. Le dije: "¡Ay, hija de tu madre, ayúdame!". Enseguida desapareció. Como a las cuatro o seis horas logré localizarla y le dije: "¿Qué andabas haciendo en mi casa? No me andes asustando". Sólo me contestó: "¡Ya ves, a veces tengo que hacer esas cosas!". Me describió mi casa en Puerto Rico, cada espacio con exactitud, y me dejó con la boca abierta. Ah, y vio cuando tiré el café.

Vicky: ¿Qué tipo de problemas tenías además de no sentirte bien en Puerto Rico?

Luz: Todo me salía mal, todo era negativo, no podía emprender proyectos, tenía muchos conflictos con varias personas.

Vicky: ¿Se dio algún cambio luego de llamarla?

Luz: Las cosas se calmaron un poco. Me comentó que no iba a vivir mucho tiempo en Puerto Rico. Sólo estuve ahí como un año; regresé a California. Después, en San Diego fui a hacerme una limpia porque veía que nada me salía bien, y esa persona me comentó: "A ti te desterraron de Puerto Rico, tú no te viniste por tu decisión."

Vicky: ¿Alguna mujer le puso el ojo a tu marido?

Luz: Sí, acabaron con mi matrimonio. Ése fue el incidente cuando me visitó en Puerto Rico, pero en mi casa de San Diego la he visto varias veces. Cuando tengo un problema y pienso en ella, la llamo para que me ayude y se presenta. La he visto sentada en mi terraza o en la cocina. Algunas veces ella me hace recordarla: la llamo y se ríe porque quería que la llamara. Así nos comunicamos, por nuestra amistad de tantos años.

Vicky: Cuando toqué a la puerta de tu habitación alcancé a escuchar que se rieron, ¿puedes contar la anécdota?

Luz: Es que Ramona no conoce mi casa de San Diego físicamente. Lili, mi amiga que viste hace unos momentos, me acompañó a este viaje, pero no conocía las cualidades de Ramona; quedó asombrada. Me describió cómo está distribuida mi casa, hasta los adornos mexicanos que tengo colocados al entrar a mi sala, cada detalle, todo con gran precisión; hasta un paraguas. Lili, que estaba aquí cuando llegaste, exclamó sorprendida: "¡Chínguele, hasta el paraguas salió…!". Por eso soltamos las carcajadas cuando tú llegaste. A Lili la tiene azorada porque le ayudó a aliviar un problema físico. Venía muy mal de sus piernas porque estaba desnivelada de la cadera. Se sintió tan bien con los masajes de Ramona que pudo caminar sin molestias.

Vicky: Respecto a su don de sanación, ¿tienes algún testimonio?

Luz: Siempre que vengo, Ramona me da masaje y no sé qué tanto hace pero me siento de maravilla. Simplemente puedes verme ahora me acabo de hacer una cirugía estética. Todos los días me ha hecho masajes que me ayudan a recuperarme.

Vicky: En resumen, ¿qué le dirías a la gente sobre Ramona?

Luz: Conocer a Ramona es conocer a una gran persona. Le doy gracias a Dios por su amistad.

Vicky: Gracias, Luz, por compartirme unos episodios de tu vida.

Agradecí a esta linda persona por brindarme su confianza y regalarme esta entrevista, porque a través de sus palabras pude reafirmar muchas cualidades que Dios ha regalado a Ramona para el servicio y ayuda hacia el prójimo.

La visita de Emilia

En mi labor de recolectar testimonios interesantes para el presente libro sobre Ramona, se presentó la oportunidad de entrevistar a su hermana Emilia, quien vino de California a Guadalajara a finales del 2006. Me interesaba mucho conocer algunos episodios de su niñez.

Emilia es una señora de edad madura, cincuenta y nueve años, y nos comparte algunos de sus recuerdos de la infancia.

Emilia: Mi madre murió a los pocos días de nacida Ramona y pidió, antes de partir, que la niña fuera entregada a Pablo y a Juana.

Vicky: ¿Cuéntame cómo veías a Ramona?

Emilia: Era una niña muy callada y con alma de comerciante; como a los siete años ella se ponía con una cajita llena de coyules en la puerta de su casa para venderlos, a la gente se le hacía simpática y le compraban. Los coyules los recolectaba de una palmera que había en el patio de su casa. El nombre de Ramona lo recibió por petición de mi madre antes de su muerte, porque así se llamaba también mi abuelita.

"Aunque ella no estaba enterada de que éramos hermanas, a los doce años, en un evento social Ramona le dijo a una persona: 'Mire, ahí está mi maestra y a un lado está mi hermana'. Nadie se lo había dicho porque crecimos con diferentes mamás. Ella lo supo con su don. Yo sentí todo el tiempo que ella me veía como lo que soy, su hermana.

"En el pueblo llegó un día en que una señora maliciosa anduvo dando chismes a la propia criatura, le dijo que Juanita y Pablo no eran sus papás, ocasionando que ella huyera del pueblo en busca de sus verdaderos padres. Afortunadamente las cosas se aclararon y la trajeron de vuelta."

Vicky: ¿Qué cualidades especiales fuiste descubriendo en Ramona?

Emilia: Desde jovencita, como a los quince años, tenía muy agudo el oído, podía escuchar a lo lejos lo que una gente normal no. Estábamos en alguna labor y de repente mi hermana se detenía y me comentaba: '¡Espera! ¡Espera! Mi mamá me está llamando'. Yo le contestaba dudando de su palabra. 'Sí, me llamó; vamos para ver qué se le ofrece', insistía. Subíamos con mi tía y efectivamente la había llamado. Juanita sabía que Ramona podía escucharla a lo lejos, por eso nunca le gritaba.

"Después de eso me fui a vivir a Estados Unidos y dejé de verla unos veinte años, solamente nos hablábamos esporádicamente por teléfono. Cuando me casé le comenté a mi esposo que tenía una hermana, y por la diferencia de edades, catorce años, mi esposo creía que era mi hija, que yo la había abandonado. Molesta por su falta de confianza le pedí que se informara en el pueblo.

"Cuando por fin pude regresar al pueblo para verla, no la reconocí, porque en mi memoria guardaba su imagen de jovencita. Al verla nos abrazamos y lloré sin parar a grito abierto. Mi hija me decía que no lloráramos, pero era la emoción de tantos años de ausencia. Desde entonces me hice la promesa de no dejar pasar tanto tiempo sin vernos."

Vicky: ¿Ahora de grandes ustedes tienen alguna conexión especial a distancia?

Emilia: Sí, fíjate que cuando tengo un problema o una preocupación fuerte comienzo a llamarla: "¡Ramona, Ramona, Ramona, ayúdame por favor!" Pasan unos minutos y se me resuelven las cosas o me da la solución. Le llamo y a veces no la encuentro, pero cuando por fin puedo hablar con ella me confirma el día y la hora en que me sintió angustiada.

"Mi esposo no creía en los dones de Ramona hasta que un día, después de leer tu libro *El umbral de los prodigios*, tras enterarse de las cualidades de mi hermana no quería soltar el libro, a todos lados lo llevaba. Ni siquiera yo podía leerlo porque lo tenía acaparado. Hasta que un día le pregunté por qué estaba tan entregado al libro.

—Son ciertos relatos del libro los que me llaman la atención, porque fíjate que de niño mi madre me decía que había duendes que le escondían las cosas. Y luego lo que cuenta sobre tu hermana es muy interesante.

"Una mañana le llamé a Ramona y le comenté que David, mi esposo, quien estaba a mi lado, ya había leído la mitad del libro.

—¡No es cierto! Ya lo terminé, es la segunda lectura que le doy —me corrigió.

—¡Ah! —le contesté sorprendida por su interés. Antes no creías en nada; le voy pedir a Ramona que me mande otro libro para cada quien tener el suyo.

—Pásame a Monchis —pidió David—, quiero hablar con ella.

Al pasarle la bocina le dijo:

—Monchis, ¿usted me puede ver ahorita?

—Sí, estás en un sofá, a un lado tuyo hay una lamparita y cerca hay una ventana. Hacia el lado derecho de tu casa vas a encontrar la nueva, donde se van a cambiar, porque ahí donde viven no se encuentran a gusto.

—Oye, dime, ¿qué hay aquí?

—Ahí en la cocina está una ventana y junto a ella alguien sufrió un infarto. Está la presencia de esa persona.

—¡Ay, ya no me digas más, no quiero saber!

Emilia continúa su narración explicándome algunas eventualidades que han tenido lugar en su casa:

Emilia: Mi hija Ingrid y yo también llegamos a ver a un hombre salir del baño y entrar a mi cuarto, iba envuelto en una toalla. En la cocina mi nuera llegó a escuchar que se caía el cereal y me pedía que la acompañara a revisar, porque tenía miedo. Cuando entrábamos no había nada, el cereal estaba en su lugar. Ramona nos aconsejó a todos tomar agua bendita.

"Durante mi visita en estos días lo que me sorprendió de mi hermana fue la ayuda que me dio en cuestión salud. Fui diagnosticada con padecimiento de cuatro hernias. Fuimos a nuestro pueblo y Ramona me pidió que me acostara en su cama de masajes, yo le obedecí. Ella tiene sobre la cama una piel de toro. Al acostarme sentí un frío intenso, pero me dejé llevar sin preguntarle nada.

"Cerré los ojos y comenzó a trabajar en mi cuerpo. Sentí que empujó mi estómago y que sujetó algo, luego un calor en esa área; abrí los ojos y la busqué sin encontrarla. Al no verla la llamé:

—¡Ramona!

Ella entonces me apretó la mano y me dijo:

—Aquí estoy.

Luego sentí un frío intenso.

—Párate con cuidado —me dijo—; te acabo de acomodar el intestino, y aunque aparentemente no sientas dolor es delicado y de cuidado.

—¿Qué?

—Quiero que te cuides y no subas ni bajes escaleras.

"Yo no le hice caso porque deseaba ir a visitar algunos parientes. Cuando se dio cuenta me regañó y me quedé un rato en reposo, pero la verdad es que yo me sentía muy bien, sin molestias."

Vicky: ¿Emilia también tienes dones?

Emilia: Sólo puedo ver luces de colores en la gente.

Vicky: ¿Te refieres al aura?

Emilia: No estoy segura si es eso, pero a veces puedo ver de qué están enfermos. Le llamo a Ramona y le pregunto cómo puedo ayudarles, y me indica las plantas que deben tomar.

Vicky: ¿Puedes compartirme alguna experiencia extraordinaria en tu vida?

Emilia: Sí, mi hija Ingrid presiente cosas y también ve fantasmas. A mi hijo David le robaron un carro y él me dio una tarjeta para que le llamara a Ramona, y ella nos indicó quién lo había robado y lo recuperamos.

"Él desde siempre era muy teatrero para las enfermedades, golpes y caídas. En una ocasión se cayó y empezó a gritar, luego vimos que le daban convulsiones, pero no le creímos, porque siempre nos hacía tangos. Sin embargo era cierto, cuando nos dimos cuenta lo llevamos grave al hospital. Luego mi hijo entró en una crisis, cayó en coma, gracias a Dios sólo unos días, y cuando despertó nos quedamos boquiabiertos porque hablaba en alemán. Mi hijo nunca aprendió alemán pero insistía en que fuera con un amigo de él a buscar unos cassettes. Lo más extraño es que su amigo era alemán y fuimos a buscarle. Nos informaron que el día en que mi hijo cayó en coma, ese mismo día su amigo murió. ¿Coincidencia?

Mi hijo hasta la fecha entiende el alemán y desde entonces cambió mucho, no fue el mismo se hizo muy rebelde, extraño."

Vicky: ¿No crees que esto puede interpretarse como que su amigo usurpó a tu hijo al morir?

Emilia: Sí lo he pensado, pero no le doy importancia.

Vicky: ¿Algún otro comentario que desees compartir sobre Ramona?

Emilia: Mira, le he dado el número de mi hermana a varias amistades en Los Ángeles. Cuando le han llamado me han comentado que Ramona es muy acertada y buena consejera. Algunas personas incluso han venido.

Vicky: Sí, yo recuerdo un caso muy especial. Vino una señora de tu parte porque deseaba indagar sobre la muerte de una persona. Le mostró un montón de fotografías a tu hermana y al final le dijo que por favor revisara dos juntas. Eran de una pareja. Ramona, en cuanto vio la fotografía del hombre se dio cuenta que había algo extraño en su muerte. Le comentó a la señora que la mujer tenía algo que ver con la muerte de ese hombre y que percibía había hecho negocio con sus órganos. La mujer se soltó llorando y le dijo que efectivamente ésas eran las sospechas y que el hombre de la fotografía era su hermano; la mujer había sido su esposa. Le comentó a Ramona que su hermano había ido al hospital a hacerse una revisión médica, y al terminar le llamó a ella para que lo recogiera, contento porque todo había salido muy bien. La hermana llegó al hospital y le notificaron que su hermano había tenido complicaciones y había muerto. Al identificar el cuerpo de su hermano se dieron cuenta de que no tenía ojos ni otros órganos, les informaron que él era un donador. La pobre familia estaba desconsolada. Todo se les hizo muy extraño, así que fueron a la habitación donde había estado su hermano, encontraron a un viejito, quien compartió con él el cuarto. Le preguntaron si había visto algo inusual, y con mucho miedo les contó que efectivamente el señor estaba bien y él vio cuando les llamó para que lo recogieran. Al colgar el teléfono entraron unos médicos a la habitación y le dijeron que habían encontrado algo mal en su organismo; necesitaban repetir un examen. Se lo llevaron y el anciano no lo volvió a ver. Fue un caso muy impresionante. La esposa del hombre sólo se presentó al velorio y nunca más supieron de ella. Con su ausencia confirmaron que tuvo algún vínculo con la muerte de su esposo.

¿Sueños o viajes astrales?

Ramona y yo con frecuencia hablamos de nuestros sueños y tratamos de hallarles una explicación lógica, terrenal.

En varias ocasiones los sueños de mi amiga son impactantes, es-
calofriantes y proféticos. Ha tenido sueños de inundaciones y muertos por todas partes, también a causa de terremotos.

El que deseo compartir ahora fue uno muy especial:

Ramona estaba completamente dormida cuando sintió que un
individuo le tocó el hombro diciéndole:

—Mira, tengo algo que mostrarte —y tomándola del hombro
la empujó hacia una ventana.

—No, no quiero ver —dijo Ramona, intuyendo algo desagradable.

—Tienes que verlo —le dijo el hombre y la forzó a asomarse
por la ventana.

Cuando Ramona lo hizo vio el sol que estaba aventando seg-
mentos hacia la Tierra y que al caer causaban incendios, tragedias
y muchas muertes.

Después de unos instantes Ramona logró safarse del hombre,
pero al hacerlo sintió que su arracada se había atorado en la camisa
de aquel sujeto a quien nunca vio la cara. Le dolió mucho su oído
pero no le importó, porque no deseaba ver más catástrofes.

Al despertar en la mañana y recrear nítidamente el sueño se tocó el oído y descubrió que había perdido su arete. Lo buscó en la
cama y la arracada no estaba. Se agachó debajo de la cama y nada.
Trató de localizarlo con sumo cuidado pero no apareció. Le encargó a su hija Mitzi que lo buscara y ella sí pudo encontrarlo, pero

muy lejos de la cama. Esto le confirmó a Ramona que el extraño personaje realmente la había visitado en astral y que aquello no era un sueño sino un aviso premonitorio.

El día que vino a visitarme me contó todo y le dije que efectivamente los mayas hablaban en su cuarta profecía del tiempo en que el sol iba a comenzar a hacer explosiones:

> El aumento de temperatura causado por la conducta destructiva del hombre y una mayor actividad del sol provocará un derretimiento de hielo en los polos, si el sol aumenta sus niveles de actividad por encima de lo normal habrá una mayor producción de viento solar, más erupciones masivas desde la corona del sol, un aumento de la irradiación y un incremento en la temperatura del planeta. *http://www.horoscopogratis.org/tv4profecia.htm*

En la actualidad, los científicos están realmente preocupados por las explosiones solares y los cambios tan extremos del clima.

Mi amiga se alteró mucho por el sueño y me contagió porque, además, en una ocasión soñó mucha gente muerta por inundaciones, cuerpos inertes de niños y adultos, y al año fue cuando ocurrió el tsunami devastador en la India, hecho que ya le habían mostrado en una ocasión, cuando la transportaron astralmente adentro de una montaña.

Años antes de este sueño, Ramona fue a la costa de Jalisco con sus compadres Pedro y Guille. Al regreso a su pueblo, su amigo le mostró una montaña muy extraña con forma de pirámide, y le dijo:

—Mire, comadre, ¿qué le nota de raro a esa montaña?

En el mismo instante que Ramona vio la montaña se transportó a su interior y ya no pudo escuchar lo que decía Pedro, pero como él la conoce de tantos años sabe reconocer cuando se transporta a otra dimensión, así que guardó silencio. Sabía que al volver le contaría toda la experiencia.

Ramona ingresó al interior de la montaña y se vio a sí misma dentro de una especie de tubo, por el que descendió hasta el fondo; abajo vio una ciudad como si fuera de cristal porque era transparente, sin techos. Así lo trae a la memoria:

"No recuerdo la fisonomía de los seres. Los escuché hablar en un idioma extraño, eran unas palabras que me dieron para que pudiera decirlas y salir. Sabía que eran seres inteligentes que hablaban y me explicaban cómo estábamos dañando al planeta y las consecuencias de nuestros actos.

Ella no pudo verlos con claridad pero sí sentir su presencia.

—Ustedes están explotando este material —le dijeron.

Al decirlo le mostraron un mineral blanco, que Ramona dedujo podía ser el cuarzo.

—Este material —continuó la voz explicándole— es un cinturón que rodea a la Tierra y al extraerlo en forma indiscriminada desestabilizan las fuerzas magnéticas del planeta, provocan movimientos en las placas tectónicas que a su vez traen desastres como consecuencia. (Al terminar de escribir este libro, le mostré a Ramona un video que recibí por *e-mail* de unas cuevas recién descubiertas en Naica, Chihuahua y en cuanto vio la primera imagen se emocionó y me dijo: "Vicky, eso es lo que vi, cuando me adentraron en mi visión en esa montaña).

Finalmente le mostraron eventos que ocurrirían posteriormente, y entonces recibió imágenes: gente de todas las edades ahogada a causa de grandes inundaciones. Un año después ocurrió el tsunami. Tal vez esa fue la visión que ella recibió.

Al recoger esas imágenes Ramona se impresionó tanto que se desconectó de ellos y regresó al aquí y al ahora en el auto de sus amigos, sintiéndose tan mareada que tuvieron que detener el auto. Pedro y Guille esperaban con ansia la reseña de todo. Cuando la escucharon no les agradó en lo absoluto la información.

Este episodio le recordó a Guille, otro que había vivido con Ramona años atrás. En esa ocasión Guille y su hijo Miguel visitaron un sitio especial a donde los guió Ramona.

Vicky: ¿Qué sucedió ese día? —cuestioné a Ramona.

Ramona: Infinidad de cuestiones extrañas me han sucedido. Varias veces, al pasar por una población que está cerca de mi pueblo, veía un cerro que en su interior posee un material blanco. He visto varios como éste, no estoy segura si es cuarzo pero esos cerros tienen una frecuencia vibratoria muy aguda, un silbido que te taladra internamente el oído. No sé si sea un código, pero sólo yo lo percibo.

Vicky: Sí, me acuerdo cuando nos llevaste a un recorrido al campo con mi esposo y escuchaste ese sonido; nos preguntaste si podíamos percibirlo. Nosotros no oímos nada. Tu hermana dice que desde niña podías escuchar lo que otras personas eran incapaces de oír.

Ramona: Bueno, para que veas, esa era otra área muy distinta. Yo interpreto que, cuando lo escucho, se puede entrar a otro mundo. Pierdes el contacto con el mundo real e ingresas a otra dimensión, para contactarte con alguien de quien conoces su existencia, aunque ignoras quién es. Ese ser te envía visiones de catástrofes que sucederán en el futuro.

Vicky: ¿Cuándo te sucedió ese hecho por primera vez?

Ramona: En un poblado cercano a donde vivo. Me llevaron Miguel y su mamá, mi amiga Guille. Estábamos en despoblado, sentía un llamado, y al llegar al sitio comencé a caminar sola. Me adelanté a sus pasos y me desconecté de ellos, me senté en una piedra pequeña en el suelo. No puse atención ni a Guille ni a Miguel, porque me transporté. Entonces Miguel me reclamó y alcancé a oír que estaba molesto: 'Sí, ahí síguele, aquí tienes a tu baboso hablando solo'. Tú ya me has visto, puedo estar contigo y no estar, porque me voy.

Vicky: Sí, los que te conocemos sabemos bien que te vas a otro mundo. En ese momento no hay que hablarte sino dejarte ver. ¿Recuerdas qué te dijeron en esa ocasión?

Ramona: Sí, pero no lo puedo decir; te permiten ver pero no tienes derecho de hablar. Todos esos lugares son especiales porque ahí puedes establecer contacto. Incluso junto a ese cerro vi un ovni cuando iba a Talpa; ya te había contado.

Vicky: Eso me recuerda la experiencia que tuviste cuando tomamos un taller en el que supuestamente los extraterrestres te ayudan a curar enfermedades, ¿te acuerdas?

Ramona: ¡Ah sí! Eso también fue inaudito.

Vicky: Recuerdo que todos pasamos a hacer el ejercicio; cuando fue tu turno te desconectaste de este plano. La terapeuta se sobresaltó al darte la orden de que abrieras los ojos, no le respondías. Le dije que te diera tiempo porque seguramente estabas experimentando un viaje astral.

Ramona: Sí, también en esa ocasión pude conectarme con el sitio en donde el sujeto que impartía estos talleres se contactaba con extraterrestres, era algún lugar cercano a Guadalajara.

Vicky: Cuando volviste al aquí y al ahora, le describiste el sitio a la terapeuta y ella confirmó la información. Luego te pregunté si habías visto a los extraterrestres, si te habían dado información; sólo dijiste: "Sí, pero no la recuerdo, pues no me permiten divulgarla.

Sin embargo, sé que en su momento la voy a recordar". Nunca voy a olvidar cuando estuvimos en Puerto Vallarta, visitando a Miguel, quien nos llevó a la playa. De pronto nos ignoraste y te quedaste viendo hacia el mar un buen rato. Luego me pediste que te acompañara al baño y en el camino me contaste que, cerca del famoso arco de piedra que hay en el mar, viste en el fondo otra ciudad de cristal donde habitan los internos del agua. ¿Lo recuerdas?

Ramona: Sí, eso fue hermoso. Saber que no estamos solos ocupando el mismo espacio. Ellos se preocupan por el planeta, tratan de ayudarnos porque también es su casa, sólo que su niveles energéticos vibracionales son elevados, por eso no pueden entrar en contacto visual con los humanos, nada más con gente que posee vibraciones altas.

El Taj Mahal

Hacia el final de 2006, Ramona y yo asistimos a una conferencia de Fernando Malkún, estudioso y brillante investigador de antiguas civilizaciones como los mayas y los egipcios. Durante la conferencia el expositor proyectó algunas imágenes de la India y de Egipto. Justamente al aparecer una fotografía del Taj Mahal, Ramona me dijo en voz baja:

—Recuérdame, cuando termine la conferencia, de un sueño que tuve en donde aparece ese sitio. ¿Cómo se llama?

—El Taj Mahal —le respondí.

Salimos del Hotel donde fue el evento, complacidas por la información y la exposición del maestro Malkún; nos dirigimos a mi casa porque Ramona iba a atender a mi madre de una tortícolis severa que la tenía casi inmóvil. En otras ocasiones la había sanado y a mí también. Es extraordinaria en estas cuestiones.

Llegamos a casa y le dije que no podía marcharse sin contarme su sueño, por lo que comenzó a relatarme:

"En días pasados tuve de nuevo el sueño del monasterio. Comienza en mi pueblo. Salgo a la calle y subo una ladera hasta llegar al río que hay cerca y que actualmente está seco, pero en el sueño yo lo veo con un gran caudal. Nos esperaba una barquita, en otras ocasiones cuando lo había soñado siempre iba sola, ahora tú me acompañabas. Te pedí que subieras y te indiqué dónde debías sentarte, pero parecías no escucharme porque te sentaste en otro lugar. Yo insistí con determinación que te cambiaras porque sé que eres muy terca, luego tomaste el remo y te dije que no lo hicieras. Finalmente la embarcación tomó su rumbo hacia el otro lado del río donde descendimos. Tuvimos que caminar en ascenso una gradería esculpida en las piedras del lugar, llegamos así a un monasterio. Te pedí que me esperaras en la puerta del monasterio.

”—Aquí espérame —te dije.

”Yo entré y recorrí todo el lugar, el cual recuerdo perfectamente: es un sitio con un inmenso patio con lozas de piedra, árboles de mediano tamaño y, hacia el fondo, muchas habitaciones cuyos portalitos de madera estaban adornados con filigranas. Caminé por todo el monasterio, cuarto tras cuarto, buscando a alguien, ignoro a quién. En otra ocasión que soñé el mismo lugar vi a los monjes con túnica azafranada y por eso entendí que se trata un claustro. Mientras recorrí el sitio sentí una gran paz interior, porque sé que ahí estoy protegida. Al terminar la búsqueda, tras revisar todo el sitio, fui a buscarte. Te dije que debíamos ascender más, continuar otro camino hacia un sitio diferente; después de un rato de camino apareció en la cima el Taj Mahal. Al llegar a ese hermoso lugar lo revisé, al constatar que era seguro te solicité que entraras y ahí te dejé. En ese momento desperté.”

Mientras Ramona me contaba el sueño yo iba interpretando la información.

Desde el momento en que nos conocimos, Ramona y yo hemos vivido juntas muchas aventuras, ella siempre me está protegiendo y dirigiendo, tal como en el sueño cuando tomamos la barca y me indica dónde debo sentarme. Yo con mi inquietud y curiosidad siempre quiero hacer las cosas a mi manera, pero ella me muestra cual es el camino.

Juntas, vamos caminando por el sendero en búsqueda de un conocimiento interior, ella lo encuentra antes que yo porque tiene permitido el ingreso al monasterio y busca a alguien, pero no es el momento de encontrarlo. Me lleva a otro lugar, desconocido para ella, el Taj Mahal, que no es otra cosa sino una muestra de un gran amor del emperador mongol Sha Jahan hacia su amada Arjumand Banu Begam. El Taj Mahal fue construido como mausoleo para demostrarle el dolor de su pérdida y su gran amor.

Ahí me deja Ramona, en esta maravilla del mundo: quizá esto signifique que necesito recibir amor y aprender a dar más. En parte también siento que la India es un lugar que siempre me ha atraído, donde tal vez tuve una vida de gran espiritualidad; por ello Ramona me lleva, para que tenga un reencuentro en ese sitio tan maravilloso.

Vicky: ¿Tú qué crees, Ramona, sobre todo esto?

Ramona: Cuando subimos a la barca tú quieres hacer las cosas a tu manera, pero desde ahí voy guiándote, mostrándote lo que debes y lo que no debes hacer. En el primer monasterio no te permito entrar porque sé que no es tu lugar. Entré buscando a alguien para saber si estoy haciendo lo correcto. Cuando ascendemos y veo el Taj Mahal, sé que ése es tu lugar, donde debo resguardarte de algo. Es un espacio perfecto para ti.

Luego de este hermoso y simbólico sueño llegó otro muy interesante. Fue después de una curación que hizo a mi hija Cristina. En lo particular creo que no son tanto sueños sino viajes astrales, pero veamos de qué se trató:

Ramona: Estaba tan cansada esa noche por el trabajo del día, que lo primero que hice fue estirarme. Como me acosté en el piso, aproveché para hacerlo bien y alinear mi espalda. En un instante entré en otro plano, ignoro realmente si fue un sueño. Comencé a ver que me estaba estirando, pero en otro lugar donde había un árbol enorme y frondoso. Yo seguía estirándome pero sentía el pasto y veía la copa del árbol.

Lo curioso fue que reconocí ese árbol, pues lo vi una vez que toqué la mano de un tibetano, quien era el traductor de los monjes. ¿Te acuerdas?

Vicky: Sí como no, fue una entrevista muy interesante. ¿Qué tal si la narramos al final de tu sueño?

Ramona: Me parece muy bien. Caí en la cuenta de que era el mismo árbol y, como acostumbro hacerlo, me senté colocando mi columna en éste, observando todo el panorama.

"Desde el árbol podía ver un camino y me paré a caminar para ver a dónde me llevaba. El aspecto del campo no era igual que el del nuestro. Recuerdo que había un poco de nieve hacia los lados.

"El camino me llevó a la entrada de un monasterio; salió un monje tibetano y me dijo: '¡Te tardaste, te estábamos esperando! Tengo que limpiar todo lo que traes'. Se agachó, tomó un cubo de hielo que había en el piso y lo colocó en mi cabeza y en mi espalda. Comencé a sentir un frío intenso hasta que llegó un momento en que el monje se detuvo, me vio los labios morados de frío y me invitó a entrar al monasterio.

"Ahí descubrí que había otra persona, quien también esperaba al monje. Comenzamos a caminar y atravesamos un enorme patio. A mano derecha pude descubrir un templo y al frente estaba lleno de árboles con nieve en sus copas. Continuamos nuestro camino y en el sendero vimos otro monje, él me ofreció unas hojas y raíces que dijo yo necesitaba comer. Una me supo muy amarga, recuerdo que la masticaba para sacarle el jugo y luego escupía el desecho. Llegamos por fin a un río en medio de un paisaje hermoso donde había más árboles y nieve.

"Al llegar a ese sitio había dos monjes, uno me pidió que me acostara. Yo pensé cómo me voy a acostar en el río; al hacerlo me di cuenta que estaba flotando. Junto conmigo se acostó la persona que iba con nosotros desde que entré al monasterio. Las dos flotamos juntas y la corriente nos empezó a llevar. Recuerdo que recorrimos cascadas evadiendo rocas, y pude apreciar un paisaje de colores muy distintos a los de nuestro país. No me di cuenta a qué hora terminó, pero fue un sueño maravilloso."

Vicky: Yo creo que estuviste en un monasterio en el Tibet en astral. Es la tercera vez que lo haces.

Ramona: No sé si era el Tibet, lo que entiendo y aprendo de todo esto es que cuando estoy muy cargada, por tanta gente que atiendo y libero de sus energías, estos sueños o llámales viajes me liberan de mi carga y me dan más fuerza o energía para continuar con lo que hago a diario.

Vicky: Por eso creo que tu vivencia fue un viaje astral, precisamente para ayudarte.

Bueno, como prometimos, para finalizar este capítulo contaré sobre lo que sucedió cuando Ramona vio al traductor de los monjes tibetanos que visitaron nuestra ciudad en el 2005, durante su gira por la paz del mundo.

Su nombre es Tsetan. Gracias a una serie de entrevistas que realicé a los monjes tibetanos durante su estancia en Guadalajara, nos hicimos amigos, y un día lo invité a comer. Ramona estaba con nosotros ese día. Al enterarse que Ramona tenía el don de la clarividencia se apuntó curioso a una sesión, que cordialmente nuestra amiga le regaló. Una vez que terminamos de comer nos dirigimos a la sala para charlar; ahí comenzó todo. En esa ocasión yo fungí de intérprete, porque Tsetan sólo habla inglés y tibetano.

Ramona le pidió su mano y comenzó con sus visiones.

"Todos los días, donde vives, recorres un camino muy largo para llegar al monasterio. En tu caminar haces dos paradas, la primera en un árbol donde te sientas a ver el paisaje y percibes la presencia de alguien. Es uno de tus guías. Ése es tu lugar favorito y lo aprovechas para hacer meditación. (Éste es el sitio que vio Ramona en su sueño y el árbol que reconoció).

"Luego continúas tu camino y haces otra parada. A tu lado está otro de tus guías espirituales, no físico, pero te has percatado de su presencia. Finalmente llegas al monasterio.

"Te comprometiste a trabajar y a hacer servicio de traductor con los monjes durante dos años, después de eso deseas establecerte con una pareja, casarte con ella, y sí lo vas a hacer. Tu padre te va a regalar un terreno donde hay una construcción abandonada, cerca de su casa, al lado derecho."

Mientras Ramona le daba información personal a Tsetan, él iba afirmando con su cabeza y de vez en cuando sonreía o se sorprendía de la información. Yo le cuestionaba si lo que Ramona decía correspondía con la verdad. Él asentía, sonriendo. Ramona continuaba describiendo:

"Tu madre, además de sus tareas diarias, dedica tiempo para alimentar animales de corral, que tienen en la parte de atrás de su casa."

En seguida describió la vivienda de sus padres y de nuevo Tsetan se asombró. Le habló de asuntos políticos de su país y Tsetan movió la cabeza como diciendo: "sí es más o menos así."

Hizo unas dos preguntas personales y terminó la sesión. Cuando regresó a la casa donde se hospedan los monjes les contó sobre Ramona, porque realmente había quedado impactado.

Posteriormente Ramona recurrió a una sesión con el astrólogo tibetano para que le leyera el oráculo. Fue necesaria la presencia de dos traductores; uno del tibetano al inglés y otro del inglés al español. Entre las cosas que le inquietaban, deseaba saber si debía quedarse a atender a la gente de su pueblo o venirse a Guadalajara.

El monje aconsejó que debía principalmente atender a la gente de su pueblo. Justo después de esa sesión, el número de pacientes incrementó en su pueblo, decreciendo el número de gente que atiende en la ciudad. Esto confirma de alguna manera lo que apareció en el oráculo. Así habló el monje budista:

"Según el oráculo usted tiene dones naturales de curación, sólo que antes de sanar a las personas debe de limpiar su mente de cualquier duda o prejuicio. Además, el lugar donde usted vive tiene muy buena energía para realizar sanación, no necesita salir a otros lugares. Si usted desea aprender técnicas de sanación alternativas, puede salir a buscarlas, pero siempre con el objetivo de regresar para utilizarlas en su localidad. Es importante que amplíe sus conocimientos y técnicas para que al aplicarlos junto con sus dones naturales sea más exitosa y lleguen los beneficios tanto a la gente que acude a usted como a sí misma".

Curiosamente en esos momentos Ramona iba y venía de la ciudad porque estaba estudiando en una escuela de medicina alternativa.

"En lo que se refiere a su economía y a otros favores, debe practicar conectarse y hacer oración a la diosa Tara Verde, quien es una protectora y representa la compasión. Esta deidad femenina favorece en general todas las acciones virtuosas. Si practica la devoción a ella, se verá beneficiada por la prosperidad y se manifestarán grandes favores en su vida. Es una figura búdica femenina que ayuda a todo aquel que se lo solicita y le tiene devoción".

La devoción que los budistas tienen a Tara Verde corresponde a la de los católicos a sus vírgenes y santos.

"Este año significa para usted un año de crecimiento y de muchas realizaciones en su vida. Me siento muy feliz de haber podido compartir esta energía con usted y de entregarle algunos mensajes. Voy a ofrecer oración para que logre el éxito que se merece, encuentre las oportunidades de su vida, y pueda satisfacer las necesidades de liberación para muchas otras gentes. Le agradezco su visita y espero haber podido ayudarle."

Ramona escuchó con toda atención y respeto los consejos del monje, guardando en su memoria la información a fin de ponerla en práctica, sin abandonar sus propias convicciones. Fue una sesión reconfortante, de aprendizaje y orientación. Ella también le mostró su gratitud al monje tibetano. Al final capté unas fotografías como recuerdo.

Ramona con un monje tibetano

El pintor

Hay un episodio que nunca voy a olvidar y que sucedió cuando Ramona comenzó a visitar Guadalajara. Algunas veces, además de la gente que venía a mi casa, daba consulta a algunas amigas de mi hermana Lucía, quien es una pintora reconocida.

En algunas ocasiones sólo íbamos a algún evento que organizaba mi hermana en su casa-galería. Precisamente en uno de esos eventos, estando presente uno de sus amigos pintores, Marcos Huerta, mi hermana Lucía cuestionó a Ramona, preguntando qué veía en ese hombre. Lucía nunca le mencionó nada acerca de él.

Él no podía escucharlas porque estaba retirado. Ramona se quedó mirándolo fijamente y le respondió a mi hermana:

—¡Qué extraño! No veo uno, veo dos.

—¿Cómo es eso? —le preguntó Lucía riendo.

—Sí, lo veo a él y a su lado a un joven que ya falleció, siempre lo acompaña porque él le obsequió algo muy importante.

—Sí, entiendo, es quien le donó su corazón, porque a ese hombre que tú ves ahí le hicieron un transplante de corazón.

En ese momento entendió Ramona lo que sucedía.

Mi hermana le presentó a aquél reconocido pintor y después de enterarse de la visión de Ramona, Marcos Huerta quedó conmovido porque ella ignoraba por completo su vida.

Tiempo después Ramona asistió a una exposición del pintor y le expresó lo que veía en sus cuadros, interpretando su significado. El artista quedó muy sorprendido con la información que le expresaba aquella mujer, pues con poco tiempo de conocerla podía interiorizar en su ser.

De ahí en adelante se hicieron buenos amigos y siempre que asistía a una de sus exposiciones, Marcos Huerta la llamaba para que interpretara su obra.

Descubrimos, a través de las interpretaciones de los cuadros de Marcos, que Ramona tiene la habilidad de percibir gracias a sus dones, las cualidades, emociones, debilidades y virtudes de los artistas plásticos mediante la observación de su obra.

Desafortunadamente nuestro amigo Marcos Huerta murió en el año 2003, pero gracias a ese transplante vivió varios años. Quiero agregar algo extraño que sucedió en torno a su muerte y que me contó mi hermana. Marcos tenía varios amigos y compadres del ámbito artístico, con ellos se reunía frecuentemente; en más de una ocasión hicieron en broma una especie de promesa: si alguno de ellos moría vendría por los demás. Pues bien, Marcos murió y enseguida de él, cuatro de sus amigos en el mismo año.

Un día charlé con su esposa, Chela, al respecto. Me comentó que un amigo muy querido de Marcos, de nombre Sergio, murió. Él había prometido contarles si había vida del otro lado. Sergio tenía el hábito de sonar el timbre tres veces siempre al llegar a su propia casa. Estando en su novenario, que se realizó en esa finca, los dolientes de pronto escucharon sonar el timbre tres veces, salieron a ver quién era pero no encontraron a nadie afuera. Me parece que Sergio les estaba confirmando que sí existe vida después de la muerte.

Consideré importante incluir la opinión de Ramona sobre Marcos Huerta.

"Marcos era para mí muy querido. Sentía su energía protectora, como de un padre. Siento que él me quería así. Al enterarse Marcos, por tu hermana Lucía, de que yo había visto a su donador, me dijo impresionado que debía platicar conmigo.

"Yo ignoraba entonces que él era un pintor consumado. Toqué su mano y al hacerlo le expresé: '¡qué increíble! Usted traza cada cosa con sus manos, que da espanto; porque usted saca así sus miedos, angustias, emociones fuertes, porque ha atravesado por muchas etapas intensas en su vida. Todo lo ha llegado a plasmar de una manera sobresaliente en su obra. Es como un guerrero que va a caballo y lo sigue un águila con la sabiduría de un búho'. Al describirle todo eso, él empezó a erguirse. 'Además' —continué— 'yo no sé si escribe o si pinta, pero usted lo plasma a través de sus manos'.

"—Sí —me dijo él— eso que me estás describiendo es un cuadro que quiero mucho.

"Gracias a esa interpretación él me regalo dos litografías, una del tema descrito y otra también muy hermosa. Me invitó a conocer su estudio donde le comenté otras cuestiones personales de su obra que no puedo mencionar. Él quedó impresionado por mis interpretaciones; ahí nació nuestra amistad.

"Me llegó a decir que sentía hacia mí un cariño de hija, yo hacia él el de un padre; me atreví a comentarle que tal vez en otra vida tuvimos esa relación padre-hija, él sonrió."

Vicky: Para terminar, ¿qué opinas tú de la promesa que hicieron él y sus amigos de que al morir uno, vendría por los demás? ¿Crees que realmente murieron por esa promesa?

Ramona: Hacer promesas es algo de cuidado, como en las mandas. Con mayor razón si hay lazos fuertes de amistad, de sentimientos. Hay que tener cuidado al pedir y hacer promesas. Los que estamos en contacto con las energías debemos tener mucho cuidado al manejarlas. Debemos darles sólo el uso permitido para sanar y ayudar a los demás. Es necesario evitar manipular o ir en contra del libre albedrío o de los karmas.

La Isla de Pascua

Hay muchos enigmas en nuestro planeta Tierra: civilizaciones perdidas, monumentos que no sabemos para qué fueron construidos y que siempre nos han inquietado a quienes estudiamos temas insólitos, tanto a historiadores como a científicos.

A través del tiempo en que he ido tratando y conociendo los dones de un psíquico, he comprobado que tiene la capacidad de desentrañar muchos de estos misterios y que si los arqueólogos, antropólogos, científicos, historiadores los tomaran en cuenta y se apoyaran en ellos, podrían trabajar armoniosamente y ahorrarse muchas investigaciones, recursos y tiempo.

Inquieta por conocer un poco lo que significan los enormes monolitos de la Isla de Pascua, le pedí a Ramona que me diera en breve su opinión al respecto, viendo una fotografía para que pudiera percibir algo de ese lugar que ella nunca ha visitado.

Vicky: Ramona me gustaría incluir en este libro, desde el punto de vista de una persona sensible como tú, ¿quiénes hicieron las enormes figuras de la Isla de Pascua y por qué motivo?

Ramona: Son los mismos que hicieron en otros lugares figuras enormes. Están mirando hacia el mismo punto cardinal. Estas figuras constituyen el sostén de la energía. Algunas de estas enormes figuras de piedra han sido movidas de sus lugares originales, colocadas en diversas partes del mundo, por esto están desestabilizando el campo electromagnético de la Tierra. Para quienes ahí habitaban las figuras eran los guardianes. En su momento, cuando ya no estén porque hayan sido movidas o destruidas, van a llegar de nuevo aquellos quienes les enseñaron tantas cosas a los antiguos. Las pirámides son también edificaciones colocadas sobre vórtices de energía, por los cuales circula ya sea del centro de la Tierra hacia el Universo o en sentido inverso. Si estas construcciones o figuras se mueven de lugar ocurren catástrofes. En el momento que llegaran a desaparecer podría darse un rompimiento muy fuerte del cinturón energético de la Tierra.

Vicky: ¿Podría interpretarse este cinturón como la columna vertebral del planeta?

Ramona: Mejor dicho como la médula de la Tierra. Es como si esos megalitos de la Isla de Pascua y otros como las pirámides fueran los anticuerpos que están luchando contra las infecciones. Todos están orientados hacia el mismo punto.

Vicky: ¿Por qué esos tamaños colosales?

Ramona: Porque anteriormente hubo gigantes. Si te pones a observar, en diferentes partes del mundo se construyeron monolitos con grandes dimensiones. En estas figuras de Pascua se representan ambos sexos. Creo que los del tocado en la cabeza son los hombres, el tocado significa su contacto con el cosmos, o el chacra de coronilla. También simboliza que el hombre es más mental.

Vicky: Se dice que los megalitos fueron movidos con troncos de palmeras y que por eso acabaron con ellas.

Ramona: Yo siento que fue el nivel energético del lugar el que ya no permitió el crecimiento de las palmeras. Es una isla con densos niveles de energía. Ahí, hacia el mediodía, en la noche y a medianoche, si te acuestas directamente en el piso se puede sentir como si flotaras, es por el nivel tan denso de energía que hay en toda el área.

Vicky: ¿Es un lugar de curación?

Ramona: Sí, de aprendizaje, de curación, meditación.

Vicky: ¿Cómo crees que transportaron esas enormes piedras?

Ramona: Para mí, los que vinieron de fuera —así les llamo yo—, sean quienes sean, enseñaron a los habitantes de ahí y de otros lugares de la Tierra a manejar los niveles mentales y energéticos. Pienso que se ponían varias personas en meditación y movían grandes masas con telequinesis. Era un movimiento a nivel de masas. Los grandes maestros hacían el trabajo y les mostraban cómo hacerlo a los demás. La mente es tan poderosa y sólo utilizamos de ella el uno por ciento. En el momento en que sepamos utilizar lo que tenemos y lo hagamos para bien, el mundo va a cambiar. Antes debemos cambiar nosotros mismos, ser constructores, para lograr cambiar el Universo.

Vicky: ¿Qué le sugieres a los visitantes de Isla de Pascua?

Ramona: Que se pongan en contacto con la energía, pidan lo que desean lograr. Deben sentir esa energía fluyendo, no para enriquecimiento sino para darse a los demás. Los sanadores que visitan ese sitio pueden acrecentar sus dones. En esas civilizaciones había una gran hermandad y armonía, ojalá que algún día nosotros la alcancemos.

En busca de testimonios

En este libro no podían faltar los testimonios tanto de personas a quienes Ramona ha ayudado en diferentes ocasiones y de algunas amigas cercanas, como los de su mamá Juanita y Mitzi, una de sus hijas. Mi esposo pocas veces puede acompañarme a causa de su trabajo, así que una tarde le pedí a José, mi amigo el astrólogo, que me hiciera el favor de llevarme al pueblo de Ramona.

A las tres de la tarde emprendimos el viaje y, con la plática, el camino se nos hizo corto. A José y a mí no nos falta de qué hablar. Es un excelente mediador y consejero. Como astrólogo es muy acertado. En fin, a las cuatro y media llegamos a nuestro destino.

Mi interés primordial era conocer un poco de lo que piensa Juanita, la madre de Ramona, de su hija y sus dones.

Cuando llegamos, Ramona estaba atendiendo un paciente y su mamá no estaba, así que esperamos un poco para que nuestra amiga saliera y mandara buscar a su mamá.

A los quince minutos de nuestra llegada salió Ramona para darnos la bienvenida; lo hizo con mucha alegría como si tuviéramos muchos días sin vernos. Hizo una llamada para solicitar a una pariente que por favor enviara a su mamá en taxi a su casa.

Mientras aparecía Juanita, mi amiga me mostró la remodelación que había hecho a su casa; una vez más, me sorprendí por las maravillas que con material reciclado de madera y otros elementos había logrado para modificar su casa en forma muy agradable.

Llegó Juanita, y después de saludarla nos sentamos a platicar de manera informal. Un poco más tarde inicié la entrevista:

Vicky: ¿Qué recuerdos tiene de Ramona cuando era pequeñita? ¿Es verdad que jugaba con amiguitos imaginarios?

Juanita: Sí, adonde quiera iba con su amiguita, jugaba con ella. Decía que era su hermanita. Alguna vez me dijo: "mi hermanita se atravesó la calle", enseguida corrió por ella enojada, la tomó de la mano y la jaló hacia la casa, sentándola y regañándola por salirse de la casa. En verdad parecía que tomaba a alguien de la mano. Tenía unos dos años cuando jugaba con esa "hermanita".

Vicky: ¿Usted estaba enterada de que su niña tenía dones especiales?

Juanita: No, yo no me enteré hasta que curó a su comadre Guille del mal que le hicieron. Fue cuando el curandero, don Lupe, le dijo que podía hacer sanación.

Vicky: ¿Cómo era Ramona de pequeña?

Juanita: Muy traviesa. Era la favorita del abuelo Victorio. Siempre se la llevaba a todos lados y jugaba mucho con ella. Cuando él estaba muriendo la mandó llamar y fueron por ella a la escuela, pero no alcanzó a llegar. Yo sí lo alcancé a ver, porque me llamó para darme las gracias porque durante mucho tiempo le di de comer.

Vicky: ¿Usted no se dio cuenta de que su abuelo le había dejado unas moneditas?

Juanita: No enseguida, porque ella no comentó nada, sino hasta que descubrimos que habían escarbado toda la casa y luego querían comprarle a mi esposo la casa de su papá. Fue entonces cuando Ramona dijo que había una cajita con monedas que le había regalado su abuelito, pero ya se la habían robado.

"Ramona era especial, casi no le gustaba jugar con los niños de su edad. Siempre quería andar con los adultos. Una tía de nombre Trini, quien venía a visitarnos desde México, se llevaba a Ramona a todas partes y desde entonces le daba por jugar a la doctora con su muñeca. Trini le hacía segunda a sus jugarretas. Cargaba un equipalito para Ramona y se la llevaba de visita de casa en casa.

"Por casualidad me enteré de que mi hija podía sanar a la gente. Una persona vino a buscarla para que le compusiera un brazo, yo ni enterada estaba. Luego fue lo de Guille.

"A mí también me ayudó a sanar una mano fracturada de la muñeca, regresando de un viaje de Tijuana. Aparte de los medicamentos, no quise que me hicieran nada, preferí aguantar las dolencias hasta que llegué al pueblo. Ramona me empezó a dar masaje durante mucho tiempo, porque cuando llegué fuimos a sacarme una radiografía y nos explicó el doctor que el hueso había soldado mal, ella tuvo que sobar y sobar hasta que logró una mejoría en mi mano. Aparte la ejercitaba.

Vicky: ¿Y cómo descubrió Ramona que podía sanar a las personas?

Juanita: Su tía Lola fue la que le dijo, porque ella también tenía ese don, pero no recuerdo cómo fue.

Ramona, que escuchaba nuestra charla a distancia, intervino para apoyar la memoria de su mamá:

—Mi tía Lola se dio cuenta y un día me llamó: "A ver muchacha, ¿te gusta sobar? Dime, ¿qué tiene esta niña? ¿Dónde le duele?", preguntó mi tía. Yo me acerqué y le mostré donde. "Sí sabes", me dijo.

Vicky: ¿El papá de Ramona estaba enterado de que sobaba?

Juanita: Sí, él recibía a veces a las personas y les decía de broma: "Pásele, ahorita viene la bruja a atenderlo; siéntese".

Vicky: Ja, ja, ja.

Juanita: Ramona se enseñó a inyectar y mi esposo, Pablo, no le tenía fe, decía: "Ella que inyecte a los burros". Él iba con otra persona para que lo inyectara. Un día no la encontró y no tuvo más remedio de permitirle a Ramona que lo inyectara. "¡Qué me inyecte la bruja ésta!", dijo, y desde ese día nunca más se dejó de nadie, sólo de su hija.

Vicky: ¿Entonces usted entendía lo que vivía Ramona?

Juanita: No, porque ella no me contaba nada.

Vicky: En resumen, para usted Ramona era una persona normal.

Juanita: Sí.

Vicky: ¿Usted se ha dado cuenta de los dones de sus nietas?

Juanita: Sólo de Mitzi. El ánima de una mujer la asustaba en la secundaria. Ella me platicó varias veces que la veía a diario y le hablaba. Se acostumbró a su presencia y dejó de tener miedo. Hasta que una noche venía con su novio por un callejón y escuchó que le llamaba: "¡Mitzi, Mitzi!" La mujer traía un perro que comenzó a ladrarle. Se asustó tanto que corrió dejando atrás al novio, al llegar a la casa estaba en un mar de lágrimas, su mamá le dio a tomar agua bendita y también le rezó para tranquilizarle.

Vicky: Entonces, ¿usted se ha dado cuenta más de las experiencias de Mitzi que de las vivencias de Ramona?

Juanita: Sí, Mitzi llegó a contarme que un día venía por la calle cuando arriba del cofre de un carro vio un niño acostado llorando, y le extrañó que lo dejaron solito en el carro. Siguió caminando sin dejar de voltear, pero en un abrir y cerrar de ojos el bebé había desaparecido. Ella ve muchas cosas, también vio a un niño aquí dentro de la casa.

Vicky: Sí, recuerdo que una vez en Guadalajara vio a un niño en un estacionamiento. Estaba lloviendo y nos dijo a su mamá y a mí: "¿Por qué la gente es tan mala? ¿Vieron al niño cómo estaba sin chones y su playerita con esta lluvia, llorando y mojándose?". Su mamá y yo sólo nos volteamos a ver y nos reímos porque no había ningún niño. Ese día Ramona no lo vio, sólo su hija. Juanita, ¿es difícil vivir con una sanadora como su hija?

Juanita: Se acostumbra uno a ver tanta gente que viene a buscarla. Ella casi nunca está conmigo.

Vicky: ¿Usted piensa que es bueno?

Juanita: Es un don y tiene que darlo a los demás.

Vicky: ¿Aunque sacrifique a su familia?

Juanita: Sí. Sus hijas también se sienten con ella porque a veces vienen con un malestar y ella está ocupada. Me dicen: "A otras personas bien que atiende y a nosotros nos deja al último". Yo les explico que tiene sus compromisos.

Vicky: ¿Usted cree que está en el camino correcto ayudando a los demás?

Juanita: Yo sí estoy de acuerdo, que ayude a los demás porque es mucha la gente que la busca. Ya me acostumbré a estar sola.

Otros testimonios cortos

Ese mismo día aproveché para visitar a varias personas del pueblo de Ramona, para que me dieran datos sobre hechos relevantes. La primera persona que visitamos fue su prima Ana María. Éste es su testimonio:

"A mi sobrino le hicieron un daño a su carro. Fue a buscar a Ramoncita y, antes de que él le explicara lo sucedido, ella se adelantó:

"—¡Vienes por lo de tu carro! —dijo.

"Le dio todos los pormenores del carro y quién lo había dañado.

"Otro hecho sorprendente fue que a mi cuñado le robaron el carro y ella le dijo dónde podía encontrarlo.

"A mí en lo personal me ha ayudado siempre."

Después de estar en casa de su prima, José, Ramona y yo nos dirigimos con Agustina, una amiga de ella. Esto fue lo que comentó en su relato:

"Conozco a Ramona desde antes de que se casara. Me di cuenta de su verdadero don cuando se enfermó mi hija Chuy. Ella vivía en Estados Unidos, cuando fui a verla la encontré muy mal y los médicos no sabían darme un diagnóstico. Mi hija era el puro hueso de tan delgada. Estaba tan mal que sus hermanos la trajeron. Enseguida la llevamos con Ramona.

"Ella le mandó a hablar a Octavio, un médico en quien ella confiaba y con quien se apoyaba en muchos casos."

Vicky: ¿Y qué tenía su hija, Ramona?

Ramona: Al parecer, los médicos habían comentado que la joven tenía un tumor en la cabeza, que le causaba una especie de Parkinson; querían operarla. Todo su cuerpo se movía en forma incontrolable.

Mandé llamar al doctor Octavio, quien tenía mucha fe en mí, porque alguna vez le dije cosas de su vida que le sorprendieron, y constató que cuando me enviaba un paciente, o yo a él, lo diagnosticaba muy acertadamente y hasta me dijo: "Un médico especialista le llega a la enfermedad a un setenta y cinco por ciento, pero nunca la cura, los médicos generales como yo, llegan al cincuenta por ciento. Tú Ramona, con tu don, al informarme todo sobre mi salud llegaste a noventa y cinco por ciento". Él estaba muy asombrado porque nunca había creído en esas cosas. Mientras estuvo en mi pueblo dando servicio, durante tres años, trabajamos juntos. Yo hacía el diagnóstico y le mandaba al paciente con una interpretación escrita. Él los recetaba. En otras ocasiones, él me enviaba gente para que los revisara y le enviara mi diagnóstico.

Vicky: Así deberían de trabajar los sensitivos con los doctores, más pronto sanaría la gente.

Ramona: Cuando llegaron con Chuy mandé por el médico. Al llegar le pregunté: "Oiga, doctor, ¿puede ser posible que de un coraje muy fuerte, una sustancia que pasa por en medio de la médula se haya subido y haya bañado el bulbo raquídeo?" Él respondió que era posible y yo le comenté que eso era lo que veía. Enseguida le pregunté a Chuy si había hecho algún coraje. "Sí lo hice", respondió ella. Lo que podía ver en su cuerpo era un líquido o sustancia tocando partes electromagnéticas y provocando corto circuito. El doctor me preguntó qué le iba a recetar.

"Usted tiene unas pastillitas pequeñas. Esas pastillitas hacen que la sangre suba, porque la sangre tiene calor y va a empezar a secar ese líquido", le respondí. "¡Ay, mujer, son varias las que tengo", dijo. Entonces le pedí que llevara todas las que tenía, así podría señalarle las correctas. Al rato volvió con el montón de paquetitos. Los estuve sintiendo entre mis manos hasta dar con el indicado y se lo entregué al doctor. El aprobó el medicamento para el caso, conociendo sus propiedades. Chuy se llevó varias cajas de medicamentos a Estados Unidos y al tiempo llamó para decirnos que había sanado.

Vicky: Usted, Agustina, ¿cómo resume la ayuda de Ramona?

Agustina: Ramona ha sido mi consejera y la de mi hijo en su trabajo. Además de curar a mi hija Chuy, nos ha quitado todo tipo de dolores. A mi nuera la ayudó con la migraña, porque cuando le daba se ponía grave. Le debo muchos favores y no sé qué haría sin ella. Mis hijas le han hablado desde Estados Unidos para consultarla. Nada menos una de ellas le llamó porque le diagnosticaron hepatitis a su hijo. Ramona les aconsejó que le dieran retoños de jitomate cocidos y que comiera muchos dulces. El niño salió adelante. En otra ocasión perdí mi monedero y Ramona me dijo dónde lo había olvidado en mi recorrido por el pueblo; cuando ella mencionó el sitio, me acordé que fue el último lugar donde estuve, pero ya habían cerrado. Al otro día fui a reclamarlo pero no me lo devolvieron. Desde ese día no les volví a comprar porque llevaba 800 pesos en mi portamonedas. Ramona lo puede ayudar a uno en mil cosas.

Le agradecí a la buena mujer por su testimonio y regresamos a casa de Ramona, donde nos esperaban Mitzi y otras señoras, quienes compartirían sus anécdotas. Antes pasamos a casa de otra de sus comadres, quien tenía a su nietecita enferma.

La bebita nació de seis meses y estaba delicada de los pulmones. Felipa, la abuela de la pequeña, nos platicó que Ramona siempre ha curado a sus hijos de anginas, calenturas, dolores de panza, etcétera.

Ramona tomó a la bebé con sumo cuidado y comenzó a trabajar con ella. La pequeñita ni suspiraba, parecía que aquellas manos le estaban dando alivio. Luego comentó que tenía un problemita con el intestino y que necesitaba darle masajitos en la semana.

José no se quedó atrás, le comentó a la joven mamá que su bebita la iba a sorprender de las cosas que le va a decir en cuanto pueda hablar. "¡Tienes que ponerle mucha atención!", reiteró José.

La muchacha se sorprendió y le agradeció a José la información con una sonrisa. Al salir de la habitación de la bebita, los hermanitos salieron al encuentro de Ramona, diciéndole:

—Ramona, quítanos la calentura.

Se acomodaron y Ramona les dio un masaje pequeño a cada uno, y después nos dirigimos de nuevo a su casa. Un grupo de señoras nos estaba esperando para dar su parte en este libro. Decidí dar inicio con su hija Mitzi.

Vicky: ¿Qué ha sido para ti vivir con una madre sanadora?

Mitzi: Desagradable, porque aquí en el pueblo todo es brujería. Nadie lo puede ver como algo natural.

Vicky: ¿Te han molestado por eso?

Mitzi: Sí, cuando estaba pequeña y no me podía defender. Ahora ya puedo hacerlo y sé qué contestarles.

Vicky: ¿Qué te decían?

Mitzi: Que mi mamá era una bruja. Un día regresé llorando de la escuela y le conté a mi mamá. Ella me dijo: "¿Tú me ves un cazo o los pelos de bruja?" Todos reímos al unísono.

Vicky: Sin embargo, bien que vienen cuando les urge, ¿verdad?

Mitzi: Sí.

Ramona: Recuerdo bien ese día, le expliqué a Mitzi lo que hacían las brujas y le ayudé a descubrir si ella veía en mí a una bruja. Una vez que lo hizo le pedí que no pusiera atención en lo que sus compañeritos le decían.

Vicky: ¿Qué ha sido para ti, como su hija, ver todo el tiempo a tanta gente que roba el tiempo de tu mamá?

Mitzi: Me da gusto por ella para que salga adelante, pero sí siento una lejanía.

Vicky: ¿Has sufrido por culpa de eso?

Mitzi: Sí.

Vicky: ¿Crees que vale la pena tu sufrimiento para que ella pueda ayudar a otras personas?

Mitzi: Sí vale la pena.

Vicky: Yo sé que tú tienes dones. ¿Harías lo mismo que ella?

Mitzi: Primero pensaría en mi bienestar y en mi familia. En segundo término los demás.

Vicky: ¿Qué pasaría si te llegara una señora con un bebé muy enfermo y por otro lado tu hija te estuviera pidiendo atención? ¿Qué harías?

Mitzi: Yo, primero atendería a mi hija.

Vicky: ¿Algún evento que te haya ocurrido recientemente?

Mitzi: Tengo la manía de jugar en la noche con mi celular. Entré a mi cuarto y me acosté, vi que mi celular estaba iluminado como si me hubieran enviado un mensaje. Sólo que en mi teléfono primero aparece un letrero que avisa cuando recibo un mensaje. En esa ocasión sólo decía: "¡Hola Mitzi!" Dejé el celular asustada y timbró. Al levantarlo vi que cambió todo en la pantalla.

Vicky: ¿Como si fuera una ouija?

Mitzi: No sé.

Vicky: ¿Qué fue, Ramona?

Ramona: Acuérdate que, a determinadas horas, los seres negativos aprovechan la energía de los aparatos para entrar. Ella se queda hasta las doce o una de la mañana jugando.

Vicky: El vicio del juego. Eso de jugar, jugar y jugar hasta altas horas de la noche atrae a los seres del bajo astral. Me han contado varios casos así, que por amanecerse jugando han tenido encuentros desagradables. Mitzi, ¿me puedes contar algún caso que te haya impresionado que haya resuelto tu mamá?

Mitzi: Trajeron un fraile varias veces en silla de ruedas porque no caminaba. Un buen día lo vi aparecer en la casa, caminando para agradecerle a mi mamá por haberlo curado. Eso fue lo que más me impresionó.

Al terminar Mitzi su narración, tomó la palabra la señora Carmen, quien conoce a Ramona desde hace muchos años y se siente complacida y orgullosa de dar su testimonio.

"A Ramona le debo muchísimas cosas y tengo varios relatos. Le voy a contar de mi hijo José, a quien habían desahuciado. No se movía, no comía, ni nada. Todo porque le pusieron una inyección para adulto y le afectó el corazón. Tenía trabada la mandíbula, no podía darle sus medicinas y menos de comer. Le llevé el niño a Ramona para que hiciera la lucha de salvarlo. Ella logró con masajes destrabarle la mandíbula y darle a tomar suero. Cuando el niño tomó el suero Ramona me dijo: '¡Ya la hicimos!'

"Luego lo desvestimos y comenzamos a masajearlo, Ramona la cabeza y yo los pies. Cuando terminamos me dijo que el niño iba a dormir tres días, que no me preocupara. Efectivamente, al pasar los tres días despertó. Una vez que abrió los ojos pudo pasar alimento, de nuevo se lo llevé a Ramona para que lo revisara. El niño ya estaba bien. Para acabar pronto, ahora mi hijo tiene quince años.

Después, otro hijo que tengo se accidentó y estuvo muy grave. Bueno, ya sabe que en el hospital no permiten que uno pase nada. Ramona me preparó unos aceites para que le untara en la cabeza. Los tuve que pasar a escondidas. Los aceites eran para desinflamar. Tampoco me daban esperanzas, pero reaccionó muy bien. Donde le aplicamos el aceite no le quedó cicatriz. Se lo untábamos y se lo dimos a oler. Estuvo ocho días en coma pero salió adelante."

Aprovechando que estaba Ramona durante la entrevista, le pregunté que contenían los aceites y ella me explicó:

Ramona: Eran extractos de menta, lavanda y equinácea. La lavanda es un antibiótico; la menta descongestiona y baja el nivel de inflamación y la equinácea activa el sistema inmunológico. Todos

los golpes le ocasionaron fracturas a nivel de cráneo, pómulos, fracturas múltiples en piernas, pecho y columna. Él estaba en estado de
coma. Después de aplicarle los aceites salió del coma. El aceite pe-
netra a través de la piel en pequeñas dosis, y el aroma, a través del
olfato, activa el nivel cerebral. Al descongestionar, los sentidos comienzan a reaccionar.

Carmen continuó su narración:

"Otro favor que le debo a Ramona fue cuando mi esposo se lastimó la espina dorsal. Mi amiga me dijo: 'no te preocupes lo vamos
a ayudar', y le recetó la planta de sacacil molida, revuelta con clara
de huevo, una pizca de cal y miel. Se la pusimos como cataplasma.
Pronto se sintió mejor. Se lo ponía todas las noches. Un doctor del
pueblo le había dicho que necesitaba operarse, y cuando lo vio en
bicicleta, restablecido, se quedó sorprendido; le preguntó cómo se
había curado. Mi viejo sólo le contestó: "¡Ahi pregúntele a mi vieja,
yo no sé!".

"Finalmente, otro de mis niños, de cinco años, se quemó accidentalmente la cabeza. Estaba la carne viva, lo abracé y lo llevé con
Ramona. Me lo curó con hierbas y aparte tomó unas medicinas
que le prescribieron. Ramona le recetó baños de fenogreco y cola
de caballo preparados en una tina. Cada vez que le daba el dolor,
debía meterse en la tina y yo debía estar renovando el agua. Cuando
le llegaba el ardor corría a la tina. Se le calmaban los dolores y además le iban cicatrizando sus heridas. El niño quedó tan bien que
no tiene una sola cicatriz. Las quemaduras eran de segundo y tercer grado."

Vicky: ¿Cómo actúan estas plantas, Ramona?

Ramona: Son plantas cicatrizantes, emolientes, desinflamantes.
Reducen la inflamación, se activa la circulación y no dejan ninguna cicatriz.

Carmen: Son muchos casos en los que me ha ayudado Ramona. No terminaría de contarle. De muchas me ha sacado. Tengo
diez hijos y a todos me los ha curado. Para mí, Ramona es una persona muy especial, tiene mucha paciencia y cuando la he necesitado siempre me ha socorrido. Nunca me ha cobrado, ni siquiera
cuando la he buscado a deshoras. Lo aguanta a uno sin renegar. Pero lo otro que tiene...

Vicky: ¿Su videncia?

Carmen: Sí. Eso, a mí no me gusta. Yo siempre le digo que no quiero saber nada, me da miedo. De que ayuda a muchísima gente, lo hace.

La otra Carmelita, quien le ayuda a Ramona en las tareas del hogar y el consultorio, no pudo guardar silencio ante tantas anécdotas. Ella, que a diario es testigo de toda la gente que entra y sale en busca de la sanadora, se mostró con gran alegría por participar.

"Hace poco trajeron cargando, entre cuatro personas, a un señor y lo colocaron en la cama de masajes porque él no podía valerse por sí mismo. Vino tres veces a tratamiento. A la tercera llegó caminando sin ayuda. Solo se subió y bajó de la cama.

"Por mi parte quiero contarle que tenía cuatro años de casada y no podía tener bebés. Le platiqué a Ramona y me aconsejó que contara diez días desde el inicio de mi regla y al décimo día me indicó que debía venir con ella. Yo estaba entusiasmada y justo al décimo día le avisé que estaba lista para el masaje. Me mandó a mi casa, hasta allá fue a darme mi sobada. Me ordenó que me quedara acostada durante una hora en el suelo. Al mes de que ella me sobó supe que estaba embarazada. Es por eso que mis hijos la quieren tanto y le dicen abuelita."

Vicky: ¿Te tuvo que sobar para cada embarazo?

Carmelita: No, sólo para el primero.

Vicky: Ramona, ¿cuál era su problema? ¿Por qué no podía tener bebés?

Ramona: Porque muchas veces, aquí en el pueblo, las mujeres trabajan en labores que requieren el esfuerzo de un hombre. Nuestra constitución no está hecha para aguantar. Al cargar un peso grande propiciamos que nuestros órganos internos se desacomoden, se caigan, por eso no pueden salir embarazadas. Hubo una mujer a la que sobé durante doce años antes de que lograra el embarazo, ha sido uno de los casos más difíciles.

Vicky: ¿Tuviste ese problema, Carmelita? ¿Hiciste trabajos donde tenías que cargar cosas pesadas?

Carmelita: Sí. En el campo, trabajando con mi papá, cargaba muchas cosas pesadas. Cuando por fin me embaracé, ella me dijo que iba a tener un varón; la segunda ocasión me aviso que era niña, para el último me dijo: "ni vayas a que te digan, yo sé que va a ser hombre. En todos acertó".

Con los relatos de Carmelita terminé mis grabaciones en el pueblo de Ramona, no porque no hubiera otros. Estoy segura de que podría reunir suficientes para redactar varios libros, pero deseaba guardar espacio para los testimonios en Guadalajara. Existe la creencia de que sólo la gente de pueblo cree en esas cosas. No obstante, a lo largo del tiempo, mientras ella estuvo atendiendo gente en mi casa, fui testigo de casos resueltos para todo tipo de personas: profesionistas, amas de casa, extranjeros, estudiantes, etcétera.

Salimos del pueblo con gran satisfacción. Comprobamos, en voz de sus pacientes, las curaciones que ella me había relatado. No porque yo lo pusiera en duda, pero siempre es gratificante para mí, como investigadora, comprobar la veracidad de las cosas.

Testimonios en la ciudad

Desde el primer día que llegó Ramona a mi casa, comenzó a desfilar un sinnúmero de personas a fin de consultarla. Las razones eran diversas: salud, vida familiar, vida amorosa, trabajo, economía, etcétera.

Con el tiempo hubo necesidad de buscar un lugar idóneo para que pudiera dar consulta con mayor privacidad, para que al mismo tiempo volviera mi casa a la normalidad. No pasó ni una semana desde que pensé que era necesario un sitio para Ramona, cuando lo conseguimos. Es un lugar idóneo porque hay consultorios para reiki y masajes, se imparten talleres de yoga, tai chi, conferencias y seminarios. No podía ser mejor. Las cosas funcionaron de forma excelente tanto para sus pacientes, como para ella y para mi familia.

Mientras Ramona estuvo atendiendo en mi casa, tuve un gran aprendizaje sobre cuestiones espirituales, eventos paranormales, sanación y energía.

Desde el año 2001 muchas personas han visitado a Ramona, algunas de ellas han permanecido y se han convertido en amistades. Otras no regresaron porque no fue de su agrado enterarse que iban haciendo daño por la vida. Otras resolvieron sus problemas y siguen enviando conocidos o familiares a consulta. También deben existir personas que no se sintieron conformes con sus servicios. Pero en general, las experiencias han sido positivas.

Entre tantas personas me fue difícil seleccionar a quienes podrían regalarme sus experiencias con esta vidente, quien siempre comienza sus sesiones con una frase: "Antes de empezar, quiero decirte que yo misma no entiendo este don que tengo, que no hagas caso ni creas lo que te voy a decir; si te sirve, usa la información, y si no, muchas gracias por venir".

Lourdes, una amiga de mi hermana desde hace más de veinte años aceptó dar su testimonio sobre una situación muy especial, en la que recibió la ayuda desinteresada de Ramona. Lourdes comienza su narración con su acento dominicano:

"Una mañana, la chica que nos ayuda en casa nos llamó porque sus niños se habían extraviado en un parque la noche anterior. Había amanecido y no tenía idea de dónde estaban. Pensamos que se los habían robado, su madre dio parte a la policía y a otras instituciones que localizan gente extraviada. Por mi parte, llamé a una persona de influencia política y me aconsejó levantar una demanda y esperar unas horas. Con la desesperación de que el tiempo corría y el temor de que no aparecieran los niños, me acordé de Ramona y le pedí a mi madre que me comunicara con ella.

"Mi madre le llamó y le explicó el motivo de la llamada, sin aclararle nunca ni la edad, ni el sexo de los niños extraviados. Ramona le pidió a mi madre que me pasara la bocina y dijo lo siguiente en cuanto contesté:

—Son dos varones, uno tiene entre nueve y diez años, el otro entre cinco y seis. Están juntos. El grande no se ha separado para nada del menor. Están tomados de la mano. No corren peligro. Los subieron a un carro. Los niños no tienen miedo porque conocen a la persona que se los llevó. Antes de las cinco de la tarde de hoy, creo que van a aparecer. Están en una casa cercana a un sitio con mucha arena, y hay un campo muy grande de futbol. Si no los encuentran avísenme y veremos qué podemos hacer.

"Me tranquilizó saber que los niños estaban bien. Pasados unos minutos de las cinco de la tarde, me llamó la madre de los niños para avisarme que justo a las cinco le habían llamado para avisarle que los niños los tenía una madrina de ellos, que se los llevó del parque en confabulación con el papá para asustar a la mamá, porque están divorciados. Me explicó que estaban bien. Yo sólo le pregunté:

"—Dime una cosa, ¿por dónde estaban los niños hay una cancha de futbol?

"—Sí —me contestó—; es por el arenal.

"Ramona mencionó que había arena y la cancha de futbol, la hora en que tendrían noticias, que estaban en manos de conocidos, la edad de los niños, el sexo. Todo sucedió exactamente como lo explicó cuando le llamé."

Vicky: Lourdes, ¿cómo describirías tú a Ramona?

Lourdes: Es una persona ciento por ciento vidente. Es una buena persona, dedicada a ayudar a los demás.

Aprovechando que estaba Rosario, la madre de Lourdes, en casa y conociendo que ella ha ido muchas veces a consultarla, le pregunté su opinión sobre Ramona y ella me dijo lo siguiente:

"Ramona es una persona que me llena de paz. Desde la primera vez que la vi, hace tres o cuatro años, me dio esa impresión y siempre que vengo a México a visitar a mi familia, la procuro. Cuando ella se sienta conmigo y me toma la mano para visualizar mis problemas, me tranquiliza, siento alivio, como si toda mi vida se fuera a resolver. Le pregunto por cada una de mis hijas y mis nietos. Ella me dice todo lo que sucede en torno a ellos. Me los describe a todos y cada uno como son.

"Lo que más me impresiona es su tranquilidad. A su lado me siento como si estuviera con una santa. Ramona siempre me dice: '¡Primero Dios!' Cuando describió lo de los niños perdidos me impresionó mucho. Le planteamos el problema y ella nos tranquilizó inmediatamente al decir que los niños estaban bien."

Agradecí tanto a doña Rosario como a Lourdes su buena disposición para compartirme sus testimonios, yo también salí conmovida por el caso de los niños extraviados.

Desgraciadamente cuando hay personas desaparecidas y que fallecieron por alguna razón, Ramona también puede verlos. Pero es diferente, porque dice que los ve opacos, sin luz. A veces la familia no quiere aceptar su muerte y niega la precisión de Ramona.

Prosiguiendo con los testimonios, no podía pasar por alto los de Bety Gutiérrez, porque a raíz de sus visitas a mi casa para consultar a Ramona, las tres entablamos una gran amistad.

Con el objeto de charlar sin interrupciones, nos dimos cita en un café de la ciudad. Le comuniqué mis intenciones de entrevistarla, pero antes de hacerlo conversamos un rato para calentar motores. Se me hizo curioso que, a pesar de habernos tratado por más de cuatro años, yo no sabía cómo había conocido a Ramona ni quién se la había recomendado. Así que di comienzo a la entrevista enterándome cómo había llegado a su vida:

"Conocí a Ramona en un evento social en la escuela de Tere, una amiga. Me llamó la atención ese día por su sencillez, su cara amable; era notorio que no pertenecía a ese grupo. En un momento dado se me acercó, nos saludamos, nos presentamos y acto seguido me dijo: 'Mañana, cuando te levantes, observa cómo el hombro izquierdo de tu hijo está más caído que el derecho. Ten cuidado, se cayó de un caballo y tú no lo sabes. Si no lo atiendes pronto puede convertirse en una lesión seria de su columna'.

"Nunca había conocido a una vidente. Al día siguiente puse atención en mi hijo, observé sus hombros y efectivamente el izquierdo estaba más caído. Me enteré de su accidente con el caballo. Lo llevé a revisión; efectivamente traía una lesión en columna.

"Me llamó la atención todo lo que me dijo la vidente. En primer lugar, ¿cómo pudo saber que tenía un hijo y que había montado a caballo? Yo misma no estaba enterada, mucho menos de que se había caído y lastimado la columna.

"Eso me movió el interés de preguntar por ella, ¿quién era? ¿Dónde podía encontrarla? Le llamé a mi amiga Tere, la dueña de la escuela donde conocí a Ramona, y le comuniqué mi interés por conocerla.

"En cuanto hubo una oportunidad, me indicó que Ramona estaba en su casa por si deseaba ir a platicar con ella, y por supuesto que me lancé a conocerla."

Vicky: ¿Qué sucedió en esa segunda ocasión que la viste?

Bety: Fue una reunión muy linda en casa de amigos. A mi esposo y a mis hijos les causó curiosidad conocer a una persona con dones especiales. En esa ocasión no hubo consultas, fue meramente una reunión social de la que nació una bonita amistad.

"La segunda visión de Ramona que marcó la vida de mi familia fue un evento que vio relacionado con la salud de mi hija. En el momento en que tuvo la visión no nos comunicó nada, porque sabía que no podía evitarse. Al enterarse le preguntó a mi amiga Tere quién era mi amiga más cercana, pues necesitaba comunicarse con ella. Mi mejor amiga vivía fuera de la ciudad. Averiguó su teléfono y le llamó: 'Soy fulana de tal, tú no me conoces, me dieron tu teléfono; te va a extrañar lo que voy a decirte pero lo tienes que saber. Tu amiga Bety va a pasar por un periodo muy difícil, porque Ana Paula, su hija, va a estar hospitalizada'.

"Le dio detalles. Mi amiga, quien es escéptica, extrañada por la llamada no la tomó en cuenta; colgó el teléfono pensando que Ramona estaba loca.

"Transcurrió un mes y medio cuando le llamé a mi amiga para notificarle que estábamos en el hospital, con Ana Paula muy delicada. Mi amiga se acordó entonces de la extraña llamada, se vino de inmediato para apoyarme y buscó contacto con Ramona.

"Yo no me enteré hasta un año después de todo lo sucedido. Mi amiga entabló una relación directa con Ramona, quien la mantenía informada de todo el proceso de mi hija para que pudiera estar a mi lado apoyándome. Se me hacía extraño que mi amiga viniera tantas veces a visitarme, dejando su trabajo y familia. Llegaba justo en el momento oportuno, cuando mi hija estaba en crisis, porque Ramona la mantenía informada de cuándo debía estar cerca de mí."

Vicky: ¿En qué más te ha ayudado Ramona?

Bety: Me ha ayudado su parte humana, con su compañía, con su presencia en tiempos de crisis. Ha sido un poco como mi mamá, esa mamá que te cuida cuando estás triste, cuando estás enferma. Para mi familia es una persona especial; no por ser psíquica, aunque sí han sucedido eventos de esta índole que nos han impresionado y que ella los ha visto antes que nosotros, como viajes, enfermedades o visitas. Una de las cosas que más admiro en ella es su capacidad para discernir, sabe cuándo guardar silencio y cuándo hablar sobre los eventos que ve venir. Por cada dos palabras que ella dice, hay otras treinta que guarda. Calla porque sabe que no te serviría o no te ayudaría conocer lo que vio, por lo que no vale la pena decir algo que únicamente puede inquietarte.

Vicky: ¿La información que ella te ha proporcionado alguna vez ha interferido en tu libre albedrío?

Bety: No, para nada.

Vicky: Recuerdo que alguna vez me contaste algo muy especial de un viaje que hicieron a Estados Unidos, cuando Ramona te comentó ciertos detalles que se confirmaron. ¿Podrías compartirnos ese evento?

Bety: Una tarde, después de que Ana Paula pasó por esa etapa crítica, Ramona nos dijo que íbamos a hacer un viaje. Nosotros volteamos y nos reímos porque no había posibilidades de hacerlo. En primer lugar, no había los recursos económicos; en segundo lugar, la salud de mi hija era tan frágil que no cruzaba por nuestra cabeza ni salir al pueblo más cercano; finalmente, nuestro ánimo estaba por el piso como para pensar en ir de vacaciones. Entonces no le hicimos caso.

"El asunto es que, por azares del destino, conocimos a una persona quien le había estado dando masajes relajantes a Ana Paula. En una de las sesiones nos comunicó que en otra vida mi hija había sido una princesa japonesa, que había muerto muy joven pero su corta vida la había dedicado a cuidar a los niños y a los pobres. Nosotras salimos de la sesión divertidas por la información pero totalmente incrédulas.

"El destino hizo que viajáramos a Los Ángeles para ver a un especialista que revisaría a mi hija. Unas semanas después vimos a Ramona, la enteramos del viaje y ella nos dijo: 'Ana Paula, en este viaje vas a encontrar algo que te pertenecía'.

"Fue tal nuestra curiosidad que la presionamos para que nos dijera qué era. Sólo nos dijo que Ana Paula había sido una princesa japonesa y que encontraría algo que le pertenecía. Por segunda ocasión recibimos la información, venía de distintas personas.

"Estando allá, nada sucedió como esperábamos. Nunca vimos a ningún doctor. Al llegar a Los Ángeles nos topamos con un problema en el hotel: resultó que no habían registrado nuestra reservación. La administración, para consolarnos, nos dio una suite y nos regaló pases para Disneylandia y otros parques recreativos. También nos obsequiaron el alquiler de un automóvil; la diversión de dos semanas nos salió prácticamente gratis.

"Un día antes de regresar a nuestra ciudad nos dimos cuenta de que no teníamos espacio suficiente para guardar nuestras cosas en las maletas. Bajamos al lobby, donde había una zona comercial, a comprar una maleta. La primera tienda que vimos fue una con artículos japoneses, nos metimos a curiosear. Ana Paula vio un objeto extraño en un rincón y me dijo que deseaba comprarlo.

"Se trataba de la réplica de una corona. La dependiente nos explicó que esa corona había pertenecido a una princesa de la región de Sako, cuyo nombre era Yakono, quien había muerto muy joven. Había destacado por su bondad hacia los niños y los pobres. Al escuchar la información, Ana Paula y yo nos quedamos pasmadas. ¡Ese era el objeto que había visto Ramona!

"Mi hija compró la corona con un dinero que el abuelo le había regalado para el viaje. La dependienta de la tienda le regaló parte de un kimono, sandalias, abanicos y a mí una maleta para acomodar mis compras. De la tienda salimos inquietas, porque la corona era una

306   EL SENDERO DE UNA VIDENTE

artesanía que necesitaba un permiso especial para pasar la aduana y no había tiempo de tramitarlo. Decidimos llevarla en la mano, a pesar de eso nunca nos pidieron que la mostráramos, ni el permiso ni nada. Era como si no la trajéramos en la mano, a pesar de que iba en una caja de cristal. No tuvimos ningún problema para pasarla en la aduana. Fue algo increíble.

"Al llegar a Guadalajara, en cuanto estuvimos en presencia de Ramona evitamos comentar al respecto para ver qué nos decía ella. Al ver a mi hija expresó sonriendo: '¡Ana Paula, muéstrame tu corona!' Sólo nos reímos y le mostramos la corona."

Vicky: En resumidas cuentas y para terminar esta entrevista, ¿cómo defines entonces a Ramona?

Bety: Ramona, como muchas otras personas que existen en el mundo, tiene un don, el don de ver. Pero su don no solamente la caracteriza como alguien especial o fuera de lo común, pues ella usa sus regalos espirituales para ayudar, nunca para dañar ni para cambiar el destino de nadie. He podido constatar que también tiene el don de la sanación, porque sus manos han sido mágicas al sacarnos de situaciones en que las pastillas no han podido hacerlo.

Además de los entrevistados algunas personas me hicieron llegar sus comentarios sobre Ramona por *e-mail*. El doctor Moisés Luna es uno de ellos:

Querida Vicky:

A mí me parece que Ramona es una médium nata, de las que se forman solas. Es de una gran honestidad, me gustan su camino espiritual y sus dones. Creo que es un buen contacto para los espíritus y a través de ella podemos conocer mensajes fascinantes de los seres de las dimensiones superiores; además, ella sabe ver el cuerpo, el aura y curar con la energía. Yo he sentido en forma personal la energía cuando me ha armonizado y los mensajes de mis seres amados ya muertos me han llegado al corazón. Saludos.

En los primeros capítulos del libro les mencioné de un caso en el que Ramona ayudó a unas personas a saber del paradero de un pariente a quien arrastró la corriente de un río.

Como siempre, acudí con una de las personas involucradas en

este caso. Nos dimos cita en un restaurante para poder charlar tranquilamente.

Tere Martín del Campo es una persona de toda confianza, honestidad, respeto. Es maestra y cuñada de un entrañable amigo, mi compadre Rodolfo, quien se autonombra escéptico de estas cuestiones; sin embargo, fue él quien le dio a Tere mi teléfono para consultar a Ramona.

Vicky: ¿Cuál ha sido tu experiencia con Ramona?

Tere: La conocí a raíz de un desafortunado acontecimiento familiar. Acudimos a ella en busca de ayuda. Un tío estaba perdido porque la corriente de un río lo arrastró con todo y caballo. Mi hermana me llamó para notificarme lo acontecido y cerca de mí estaba mi cuñado Rodolfo, quien escuchó mi conversación. Al colgar el teléfono, me explicó que conocía a una señora de nombre Ramona, quien tal vez podría ayudarnos a localizarlo a través de su videncia.

"Me dio tu teléfono porque era la época en que Ramona llegaba a tu casa. Tuve suerte, cuando llamé ahí estaba. Recuerdo que fue un año de mucha lluvia, el 2002, los ríos crecieron saliéndose de su cauce y me parece que abrieron una presa, lo que ocasionó desbordamientos. Los feligreses se organizaron para ir a visitar a la famosa virgen de San Juan de los Lagos y cruzaron caminando a campo traviesa. De pronto vieron que el río estaba muy crecido. Se detuvieron y decidieron rodear para no arriesgarse, pero mi tío se aventuró alegando que la Virgen lo protegería. Se quitó sus pertenencias personales, las entregó a un amigo para que no se mojaran y se preparó para cruzar. Su fiel caballerango le dijo que él lo acompañaría. Los dos se encaminaron al río y justo cuando iban cruzando se vino una corriente crecida y los arrastró.

"Por teléfono le expliqué a Ramona que mi tío iba en caravana a ver a la Virgen de San Juan de los Lagos. Ella me dio información que yo desconocía: me comentó que mi tío estaba a unos cincuenta metros de donde lo había arrastrado el río: 'se le ve la camisa', afirmó. Y añadió: 'No sólo es tu tío, veo a otra persona como en un remanso'.

"—No, Ramona, sólo mi tío murió —le dije.

"Yo ignoraba hasta ese momento que el caballerango había atravesado con él.

"—No, hay otra persona. Un caballo está vivo y el otro está muerto.

"Le expliqué que Protección Civil también lo estaba buscando, así como amigos y parientes.

"—Ahorita ya no lo busquen —me dijo—, porque no van a poder sacarlo. Se le ve la camisa pero no lo van a poder rescatar. No deben continuar la búsqueda, es peligroso para cualquiera porque el lugar es inaccesible a causa del lodo, pueden resbalar y caer también. Más adelante lo va a encontrar una máquina.

"Cuando me decía lo de la camisa yo no podía entender cómo podía ver eso, era confuso para mí; además, soy medio escéptica.

"—Necesito una foto para darte más detalles —me explicó.

"Le llamé a mi hermana Olivia para que le llevara la fotografía y ella fue quien se entrevistó en persona con Ramona. La vidente le hizo un plano improvisado pero muy claro del lugar del accidente y le explicó dónde se localizaba el cuerpo de mi tío. Olivia se fue al sitio del accidente y les mostró el plano. Al regresar me contó impactada:

"—Tere, déjame contarte; fui con Ramona, es una señora joven. Hizo un planito donde me dibujó la carretera, el camino que llega al puente, un cerro que está a un lado; me dibujó toda la zona. Cuando lo terminó me dijo: 'Por favor no digas quién te lo hizo, porque yo no me dedico a esto'. Llegué con mi plano y se los mostré a los de Protección Civil. De inmediato cuestionaron quién lo hizo y dijeron que estaba muy bien hecho. Yo no les informé nada, sólo les dije que lo usaran si les servía.

"Exactamente al mes, el día de la Virgen de San Juan de los Lagos, una máquina de trascabo de las que sacan arena, tal como dijo Ramona, sacó a mi tío. Quien manejaba la máquina vio el brazo colgando de la máquina y se asustó. Se le veía la camisa, como lo afirmó Ramona. Al principio el operador de la máquina dudó en reportar lo sucedido a las autoridades porque temía meterse en problemas.

"A mi tío lo encontraron intacto, con su ropa completa y sin descomponerse; tal vez el lodo le ayudó a mantenerse en buen estado."

Vicky: Justo lo encontraron el día de la Virgen de San Juan de los Lagos, a quien él se encomendó antes de cruzar el río. Muy significativo, ¿no crees?

Tere: La verdad es que sí.

Vicky: Después de esos hechos, ¿qué piensas sobre Ramona?

Tere: Tiene un don especial que no a cualquiera se le da. También tuvo disposición para servir, porque no nos cobró ni un cinco.

Vicky: ¿Has tenido otra experiencia en la cual te haya ayudado Ramona?

Tere: Sí, poco después del accidente de mi tío nos robaron un carro. Enseguida mi cuñado Rodolfo y su esposa Rosa me aconsejaron que buscara de nuevo a Ramona.

Vicky: Ja, ja, ja, de nuevo el escéptico te mandó con Ramona.

Tere: Le llamé para comentarle lo de mi carro y ella me dijo que pasara a tu casa por un planito del sitio donde se podía encontrar. Me informó que lo habían robado unos muchachos, quienes cometieron un atraco para otra persona.

—Veo como un portón grande y lo tienen debajo de un tejabán. Ahí está el carro, pero no te conviene ir. Vas a denunciar el robo y vas a sacar copias de todos los documentos. Te vas al núcleo de policía más cercano y repartes los documentos para que lo encuentren.

"Hice todo lo que me dijo, le informé a los policías que el carro lo habían visto por ahí. Yo también me puse a buscarlo. Al no encontrarlo dejamos pasar el tiempo para cobrar el finiquito del seguro. Cuando se cumplió el tiempo del seguro, nos informaron que nos pagarían una suma ridícula del valor del carro. Desesperada, llamé de nuevo a Ramona.

"—Tu carro ya no está ahí, ahora tienen uno rojo que están desbaratando. Tu carro está desbaratado y las partes están en un lugar donde venden refacciones usadas, cerca de una central camionera.

"Cuando me dijo eso de inmediato ubiqué el sitio, que es muy conocido: es una calle con varios negocios que venden partes de carro usadas y desmanteladas. Todo mundo lo conoce."

Vicky: Los famosos deshuesaderos.

Tere: Sí. Cuando Rodolfo, mi cuñado, se enteró, me dijo: "hubieras ido con Ramona hasta el lugar donde lo ubicó antes de que lo desmantelaran". No me atreví a pedirle ese favor, así que perdimos mucho dinero, porque el seguro nos pagó una miseria por nuestro carro.

"Después de ese asunto mis papás fueron a ver a Ramona a causa de una caída de mi padre. Yo fui porque a mi esposo le diagnosticaron hepatitis C. Ramona le recetó que tomara retoños de jitomates cocidos en agua, pero no he hecho la receta. Lo que sí te digo es que extrañamente los órganos de mi esposo están intactos, tiene el virus pero no se le ha activado, gracias a Dios."

Vicky: Tere, muchas gracias por tu testimonio y sólo quiero comentarte que la receta de los retoños de jitomate ya ha curado a otras personas de hepatitis. Ojalá pronto le des a tu esposo el té.

A la semana de este testimonio me llamó desde Los Ángeles Olivia, la hermana de Tere, y confirmó la misma información de su hermana. Por igual, señaló estar impresionada con las habilidades de Ramona.

El siguiente es un correo de una persona de confianza, de posición acomodada, quien conoce a Ramona desde hace varios años y con gusto accedió a enviarme un testimonio de algunos hechos que vivió con nuestra amiga vidente.

Para: victoriavalon@gmail.com
Fecha: 12-ene-2007 14:58
Asunto: relato de Ramona

Enero, 2007
¿Cuándo conocí a Ramona? No lo recuerdo, pero sí tengo muy clara la primera cita que tuve con ella. La evoco y vienen a mi mente su sonrisa y su sencillez. Ahí estaba yo, sentada en la sala de la casa de Vicky, con Ramona tomando mi mano, diciéndome todo sin apenas conocerme.

Después de esa primera vez, quedé hechizada. La visito con regularidad, sobre todo cuando tengo algún problema. Ramona se ha convertido en mi principal consejera. Gracias a Ramona descubrí quién me había robado una cámara fotográfica de mi estudio. Recuerdo que la llamé muy preocupada, diciéndole que mi cámara estaba perdida y me contestó: "tu cámara no está perdida, te la sustrajeron". No utilizó la palabra "robar". Comenzó a describir mi casa, dándome detalles sin haber estado nunca en ella. Explicándome de dónde la habían tomado. También me dio señas del hombre que se la había llevado. Yo tenía dudas de quién era. Haciendo memoria de quién había entrado en mi casa ese día, le llevé a Ramona dos fotografías de mis sospechosos. Ella de inmediato me dijo quién era.

Días después lo pude comprobar, al observar la reacción de esa persona cuando le comenté la pérdida de mi cámara. No la recuperé, Ramona me sugirió que no lo confrontara porque podría procurarme un problema, pero sí desapareció de escena. Dejó de frecuentar mi casa, seguramente sintió que yo sabía, pero no entendía cómo.

También me ayudó en otra situación de índole familiar. Le llevé una fotografía de mi nuera. Al tocarla de inmediato me dijo el porqué no se podía embarazar. Tenía un problema en la matriz a causa de una caída que tuvo de jovencita. Cuando se lo conté, ella ni recordaba la caída. Mi hijo y su esposa viven en España, allá nadie le podía arreglar la matriz. En el siguiente viaje que hicieron a México, fue con una viejecita que le recomendaron, la cual le confirmó lo que me había dicho Ramona. Le acomodó su matriz con unos masajes y a los pocos meses se embarazó.

Hay un hecho muy contundente que me puso de manifiesto sus grandes poderes de videncia: un día, estando en mi estudio, abrí una caja que recién me había traído mi hija, de casa de mi madre; donde guardaba cartas, fotos y recuerdos. Lo primero que vi al abrirla fue la foto de un novio norteamericano que había tenido en mi juventud. Saqué la imagen y me puse a leer sus cartas. Recordé la forma trágica en que había terminado su vida: se había suicidado meses después de nuestro rompimiento. Dejé la foto sobre mi mesa.

A los pocos días comenzaron a suceder cosas extrañas: un disco que yo comencé a tocar se detenía en determinadas canciones, ponía atención a la letra y me daba cuenta de que era una especie de mensaje de su parte. Percibía su presencia. Al principio sentía sus reproches, me los manifestaba tirando cosas. Después, su compañía; llegué a sentir sus manos sobre mis hombros. No me daba miedo, pero sí me inquietaba.

Pasaron varios días, preocupada se lo conté a Vicky, experta en espíritus, aunque no le platiqué cómo había muerto. Ella me dijo que se lo comentara a Ramona.

Así lo hice. Le llevé la foto y ella comenzó a describirme dónde y cómo había muerto, cosa que sólo yo sabía. Luego me dio a conocer todo lo que había sentido por mí y lo que había sufrido por nuestra ruptura. Fuimos a mi casa, entramos a mi estudio y de inmediato sintió su presencia. Me explicó que él sentía que estaba ahí conmigo, como si no estuviera muerto. Era como si su espíritu estuviera atrapado en el mundo, por la forma trágica en que había muerto y que en el momento de abrir aquella caja y evocarlo, se había instalado ahí como si fuera un reencuentro. Me pidió que lo ayudara a irse por medio de un ritual.

Seguí las instrucciones de Ramona: durante nueve días, estuviera donde estuviera, lo hacía. Pasó el tiempo, su presencia se fue desvaneciendo poco a poco hasta que desapareció. Me quedé muy tranquila porque de alguna manera había pagado mi deuda con él.

Son muchas las experiencias que he tenido con Ramona, éstas son las más importantes. Sólo me resta agradecerle lo que ha hecho por mí y bendecirla para que siga ayudando a aquellos que la necesitan.

Rosalba Espinosa

No podía pasar por alto el testimonio de nuestro amigo el astrólogo, José Mercado, quien como yo ha compartido muchos momentos con Ramona. Como persona sensitiva es importante su opinión. Así comienza su relato:

"Ramona es una persona especial, de las que no hay muchas en este mundo, aunque pronto va a empezar a haber más y más. Es una persona que naturalmente ha desarrollado una percepción del mundo espiritual muy fuerte, porque puede captar enfermedades, tener visiones y percibir cosas interesantes del inconsciente de los demás.

"Trabajando con ella en su consultorio pude darme cuenta, a través de varias personas que atendió, cómo podía percibir la problemática de cada uno; algunos incluso la venían arrastrando desde el útero. Hubo un caso en particular, de una mujer a quien su mamá rechazaba desde que estaba embarazada. La mujer cuestionó al respecto a su mamá en ese momento y ella confirmó los hechos. Se dio una catarsis por ambas partes y ambas soltaron la carga de tantos años.

"Las personas le confirmaban a Ramona la información que les daba sobre salud, problemas familiares y emocionales que percibía al estarles dando un masaje, una terapia de sanación o simplemente tomándoles la mano. Yo me sorprendía de su certeza. Todo tipo de casos acudieron con ella: problemas óseos, hígado, cáncer en etapa terminal. Personas desahuciadas que de pronto comienzan a evolucionar con el tratamiento de transmisiones de energía de la sanadora. Vi casos muy delicados de salud que se iban recuperando poco a poco, como milagros.

"Esas experiencias son asombrosas, porque uno no está acostumbrado a ver eso. Uno, lo que ha visto, es que los enfermos van al médico, no mejoran y a veces hasta mueren. Sin embargo, con ella a veces hasta sin medicamento van mejorando hasta sanar, después de haber sido desahuciados por los médicos. Por esto son casos sorprendentes; quizá dentro de unos veinte años será normal, pero actualmente es asombroso. La forma de evolución es esa, ella y otras personas como ella serán los pilares para que otras personas sensibles no tengan miedo a utilizar la energía, sólo lo hagan para curar, para diagnosticar o para ver cosas del pasado o del futuro de otras personas, pues pueden lograr excelentes resultados.

"Una vez estuve en su casa, trabajando con ella en curación. He sido la única persona que ha trabajado con ella en su casa y fue sorprendente, porque ahí me di cuenta de muchas personas a quienes pudo ayudar a salir adelante".

Vicky: ¿En lo personal a ti te ha ayudado en algo?

José: Sí, hace unos dos años le llamé porque le robaron la camioneta a un amigo mío. Te has de acordar porque llamé a tu casa y me la pasaste. Ese día ella me dijo, hacia dónde y por qué ruta habían sacado la camioneta. Era hacia Zacatecas. Le comenté a mi hermana pero no pudieron hacer nada. Como a los siete meses nos llamaron de la Procuraduría para avisarnos que la camioneta la habían encontrado en un pueblo, en Zacatecas. Exactamente, se la habían llevado por la carretera hacia esa ciudad. Ahí corroboré que el don de clarividencia de mi amiga es bueno. Al ubicar objetos, animales o personas perdidas es muy certera. Igual en cuestiones de salud. En lo que tengo mis dudas, es respecto a vidas pasadas.

Vicky: Pero porque ahí no puedes corroborar la información.

José: Sí.

Vicky: ¿Quién te ha dicho que fuiste?

José: En una de mis vidas, según me dijo, fui indígena. Me vio en el norte, en Estados Unidos.

Vicky: Yo no tengo esos dones. Sin embargo, una vez tuve una especie de *flash back*, en donde te vi en una de esas viviendas en los altos acantilados, en cuevas de los indios hopis.

José: A lo mejor uno de estos días me atrae esta cultura en la que ella dice que viví. Eso lo tengo en duda, no me queda claro porque no lo puedo confirmar. Sin embargo, puede ser cierto. Me cuesta trabajo aceptarlo. En el mundo en que vivimos debemos verificar la información. Tal vez si llego a visitar a esos indígenas se me despierte algo o sienta que en verdad viví entre ellos alguna vez. También me dijo que viví en Egipto y eso sí me atrae mucho.

Vicky: ¿Tú crees que con este tipo de dones puede haber un margen de error?

José: Sí puede haberlo. Por ejemplo ella me dijo que una persona conocida iba a morir en cierta fecha y no sucedió así. El señor estuvo efectivamente muy grave, pero se recuperó. Pudo haber sido un error de interpretación. A veces la muerte no es física, sino el fin de una etapa y se renace hacia una transformación. No puedo verificar si en este caso fue así. A lo mejor ella lo vio tan mal que lo dio por hecho.

Vicky: ¿Por qué crees que puede haber márgenes de error?

José: Porque hay cosas del destino que se pueden cambiar. En la naturaleza hay cosas que puedes transformar y puedes ser guiado a otro terreno. Estamos en una época en la que debemos tener todo muy claro. El hecho de que ella haya visto que ese hombre iba a morir no necesariamente fue un error, pudo ser una mala interpretación y que el señor, al verse al borde de la muerte, cambió algo en su ser interno, algo que realmente murió para transmutarse. Una etapa que termina.

Otra de las vidas que le señaló a José fue en tiempo de Jesucristo. Esa ocasión nos vio a una amiga y a mí como sus hijas, aseguró que por tal razón sentimos una entrañable amistad.

Una vez, durante un desayuno con varios amigos, nos tomamos de la mano y pudo ver que el acercamiento que sentíamos en esta vida y el interés hacia la espiritualidad se debía a que todos los presentes habíamos sido compañeros y monjes de claustro.

En lo personal no soy tan escéptica como José. Siento que cuando nos identificamos a primera vista con una persona y la sentimos tan familiar es porque vivimos una etapa juntos, en una vida anterior.

Deseo exponer el testimonio de una gran mujer, quien ha consultado a Ramona desde el 2001. Para ella siempre ha sido una gran consejera, pero no quiero adelantarme a sus palabras, sino transmitirles su experiencia. Ella es una gran amiga de mi hermana Lucía, su nombre es Helga, quien además es empresaria.

"Conocí a Ramona en el invierno del 2001. Mi esposo había fallecido recientemente. Mi primera experiencia con ella fue increíble, porque lo único que sabía de mí era mi nombre. Le di mi mano para que ella sintiera mi energía y lo primero que me comunicó fue que había una gran tristeza en mi familia, a raíz de la pérdida de una persona muy cercana. Ella se refería a la muerte de mi marido. Me dijo que tenía tres hijos.

"Se pudo conectar con mi esposo Ramón y me hizo saber que él estaba preocupado por mis hijos y por la situación en que me había dejado. En especial, en esa primera consulta pudo percibir la preocupación de mi esposo por mi hija Nicole, le hizo saber que por nada debía interrumpir su carrera. Me pidió que llevara a Nicole para hablar con ella."

Vicky: ¿Qué fue lo que más te impresionó de las consultas con Ramona?

Helga: La segunda vez que me entrevisté con ella volvió a conectarse con mi esposo. Él le hizo saber que había dejado documentos importantes que yo debía encontrar. Me dio detalles sobre donde podía encontrarlos, específicamente debía buscar en un cajón de un archivero que estaba junto a una ventana. Me puse a buscarlos y efectivamente encontré documentos significativos para mí de los que ni siquiera conocía su existencia.

Vicky: ¿O sea que gracias a su ayuda has podido resolver varios pendientes en tu vida?.

Helga: Así es, sobre todo pendientes que dejó Ramón y que yo, a través de estos documentos, pude enterarme.

Vicky: ¿Encontraste algún alivio a través de la comunicación que estableció ella con tu esposo Ramón?

Helga: Definitivamente. Su muerte fue repentina e inesperada y por eso me quedé con el pendiente de que él se hubiese ido en paz aunque su semblante reflejaba tranquilidad. Me quedé con el gusanito de que se había marchado intranquilo porque dejó muchos problemas y asuntos por resolver. Anhelaba su tranquilidad y cuestioné a Ramona sobre eso. Hubo ocasiones en que ella me dijo que lo veía inquieto. Al preguntarle por qué, ella me daba información que me ayudaba a atar cabos, encontrar la causa de su inquietud y resolverla.

Vicky: ¿Ayudó Ramona a alguien más de tu familia?

Helga: Al contarle a mis hijos mis experiencias con ella, los tres sintieron curiosidad de conocerla y acudieron a consultarla. Ellos se quedaron tranquilos e impresionados cuando Ramona les dio detalles de momentos cuando su padre se acercó a ellos después de haber fallecido. Sin conocer la casa les describió el lugar donde lo habían percibido. A mi hija Nicole le señaló que había sentido a su papá en un sitio muy verde; mi hija se soltó a llorar por la certeza, porque ciertamente en un momento en que estuvo en el jardín había sentido la presencia de su papá. A Bernardo mi hijo le recordó haber sentido la presencia de su padre en un momento que estuvo sentado en un sillón cerca de una ventana de la terraza. A mí me dijo: "Contigo se va a tardar pero lo vas a sentir en tu recámara". Teníamos entonces un gato, y cuando salía de la casa, al regresar, brincaba sobre mi cama y se acostaba sobre mis piernas, cosa que no le permitía. Una noche tuve esa sensación, prendí la luz para correr al gato y no había nada. Siento que fue mi esposo quien me hizo sentir su presencia.

Vicky: Muy interesante todo, Helga. ¿Hay algo más que desees compartir sobre esta vidente?

Helga: Ramona me ayudó mucho en mi estado anímico, también a saber cuales personas me convenían y de cuales debía cuidarme; comprobé varias veces que tenía razón.

Vicky: Tengo conocimiento de que alguna vez ayudó a tu hermana que vive en Alemania, ¿me puedes contar esa experiencia?

Helga: Sí, claro, mi sobrina buscaba un departamento estudiantil en Munich. Había buscado por la zona que le convenía sin encontrar nada, y llegó desconsolada con mi hermana. Mientras ella buscaba, mi hermana me llamó para contarme que tenía dificultades para encontrar el departamento. Le llamé a Ramona quien me dijo que tuviera confianza porque iba a encontrar un apartamento cercano a 'algo así como un castillo'. La Universidad de Munich tiene aspecto de castillo. Me indicó que cerca había una fuente y que ahí lo encontraría. Mi sobrina estuvo por ese rumbo y le dijo a mi hermana haber localizado un departamento, pero que estaba segura que no se lo iban a dar. Mi hermana le pidió que le describiera el sitio y ella dijo: 'está cerca de la universidad y por ahí hay una fuente. Entonces mi hermana le comentó lo que había dicho Ramona.

—¡Imposible! —dijo ella—, es muy caro y no lo puedo pagar.

—Te lo van a bajar y vas a vivir ahí —repuso mi hermana.

Total, que al otro día le llamaron y se lo rentaron más barato.

Vicky: Guau, qué maravilla lo que me cuentas. ¿Qué significa para ti una persona como Ramona?

Helga: Tiene un don indescriptible, si me lo platican no lo creo, hasta no tener el contacto directo con una persona así; al vivirlo en carne propia además con mis hijos, mi hermana, mi sobrina y unos amigos, quedé convencida de sus dones. Ella predijo ciertas cosas que sucedieron como lo vislumbró. Creo que es un don que hay que manejar con gran cuidado. Me imagino que es muy difícil para ella, porque muchas veces percibe eventos desagradables. Me da gusto que haya personas con este don, esa facilidad de percibir cosas inexplicables para nosotros. Yo estoy muy contenta de conocer a Ramona porque me ha ayudado mucho.

Vicky: ¿Qué aprendiste sobre otras dimensiones, otros mundos paralelos, de todos tus encuentros con Ramona?

Helga: Aprendí que en primer lugar no hay que tener miedo a estas dimensiones o mundos desconocidos, sino guardarles respeto. También aprendí que hay que tener más fe en los avisos o señales que recibimos.

Vicky: ¿Cambió tu manera de pensar sobre estos asuntos inexplicables después de conocer a Ramona?

Helga: Sí, absolutamente, sé y estoy convencida de que las energías no se pierden. Todo se da por alguna razón, no hay coincidencias y tengo la firme convicción de que hay dimensiones que, aunque no vemos, influyen sobre nuestras vidas o ya tienen definido nuestro destino. Hay muchas energías que tenemos a nuestro alrededor, almas y ángeles que nos cuidan y están al pendiente de nuestra vida.

Vicky: Muchas gracias, Helga.

Mientras escribía este libro sucedió algo muy interesante en la vida de Ramona, algo hermoso que no podía pasarlo por alto. Tenía que incluirlo en estas páginas. Alguien llamó a Ramona para expresarle su gratitud por haber recibido su ayuda, la cual había transformado su vida. Deseaba retribuirle de alguna manera significativa. Para comprender el porqué del regalo tan especial, decidí llamarle a Leticia a Estados Unidos, donde reside desde los trece años, para pedirle que me contara a través de un *e-mail* su testimonio:

February 15, 2007

Estimada Vicki,

Espero que al recibir este escrito te encuentres bien en compañía de tus seres queridos. Nosotros estamos bien, gracias a Dios.

Estoy muy contenta de ser parte de este libro que estás escribiendo sobre Ramona. Es realmente un honor para mí. Espero que alguien se identifique con mi experiencia y de alguna manera le ayude en algo. Trataré de narrarla esperando que sea suficientemente clara. Mi situación fue la siguiente:

A los dieciséis años conocí a un joven en la preparatoria. Un muchacho que al principio no me interesaba. Él era de Ensenada, México, y estaba viviendo aquí en Estados Unidos con un hermano. Después de varios meses de tratar de conquistarme, decidí darle la oportunidad. Nos tratamos un tiempo, y después de un año de noviazgo, me enamoré de él.

Su madre vino a conocerme y a poner algunas reglas en orden. La primera fue que él era responsable de la manutención de la familia en México. Por eso estaba trabajando y no asistía a la escuela. Yo, típica adolescente, pensé que estaba loca y la ignoré.

Su papá vino unos meses después de visita y pude conocerlo. Era un señor de setenta años; un anciano, pensé. No hablé mucho con él porque sólo vino por una semana.

Mi madre era extremadamente estricta. No nos permitía tener amigas o amigos, no podíamos salir a ningún lado: ni al cine, ni a bailes, mucho menos andar solos. Todo lo opuesto a cuando vivíamos en México. Ahora la comprendo. Él me visitaba dos o tres veces a la semana. Un día me invitó a dar la vuelta durante la hora de escuela y acepté. Ese día no regresé a mi casa, me quedé con él esa noche y al día siguiente su hermano le dijo que mis padres me andaban buscando, que me llevara a mi casa inmediatamente. Yo le dije que no podía ir a mi casa porque no era virgen y mis padres no me aceptarían.

Después de comunicarme con mi madre, volví a mi casa. La vida se convirtió en un infierno porque salí embarazada.

Decidimos los dos partir para San Clemente, California, donde él tenía un tío que nos iba a ayudar. Después de seis meses de embarazo decidí dejarlo, porque tomaba mucho y no trabajaba. Él se fue a Ensenada y yo tuve a mi hijo sola. Cuando el niño tenía tres meses, fui a visitarlo a la casa de sus padres esperando que él regresara conmigo, porque yo no podía con la responsabilidad y manutención de un niño. Sólo tenía dieciocho años y estaba desesperada porque no tenía a nadie que me ayudara. Su casa estaba en un cerro lejos de todo. Cuando llegué, mi novio me mostró un cuarto en la casa donde nadie estaba autorizado a entrar porque era el sitio donde su papá trabajaba. A mí se me hizo fácil desobedecer y entré cuando nadie me estaba mirando. Al acordarme de lo que vi todavía me da escalofrío. Recuerdo objetos aterradores: monos feos, una fotografía grande de un gato negro, otra de la muerte, libros y objetos que yo no pude reconocer. Salí de ahí muy asustada y deseando no haber estado nunca en ese lugar. No le comenté a nadie.

Esa noche, antes de acostarnos, su mamá tenía la recámara lista para los dos y su papá salió con un vestido blanco percudido, estaba roto de un lado y me pidió que lo usara para dormir. Me rehusé porque tenía mis pijamas, pero él insistió. Miré a mi novio, quien sonrió, y no tuve más remedio que aceptar.

Al día siguiente tenía que regresar a mi casa para trabajar. Ese día, a la hora del desayuno, su mamá me indicó que su hijo nunca volvería a California, que si quería podía vivir ahí con ellos. Su esposo no se presentó a la mesa y nunca volví a verlo. Regresé a mi casa desconcertada, triste y muy dolida.

Después me casé con un hombre de veinticuatro años, mayor que yo, porque nadie tenía interés en mí. Yo creía que por ser madre soltera. Duré quince años con esa relación, donde viví económicamente muy bien pero en un ambiente mentalmente abusivo.

Transcurrió mucho tiempo, pidiéndole a Dios que me ayudara. Él me dio la fuerza necesaria par poder salir de esa relación que me agobiaba y me consumía de tristeza. Salí de ahí y me fui a la ciudad donde vivía anteriormente con mis padres.

Poniendo toda mi fe en Dios, porque no tenía nada más que ésta y mis dos hijos por quién seguir adelante, busqué trabajo y gracias al Señor una compañía me aceptó como administradora.

En este trabajo conocí a una señora joven, que vivía en uno de los proyectos que yo administraba. Desde el primer día en que la conocí, congeniamos y nos hicimos muy buenas amigas. Ella se crió en Tamazulita y es amiga de Ramona.

Han pasado diez años desde que me divorcié, he tenido amigas que se han divorciado y se han casado de nuevo. Yo ni un novio he tenido. Me sentía como si tuviese un repelente para los caballeros.

Un día que fui a comer con esta amiga, me comentó que le parecía extremadamente raro que yo no encontrara novio. A mí también se me hacía extraño y no sabía por qué. De alguna manera salió a la conversación el tema del papá de mi primer hijo. Le comenté a ella lo que vi en ese cuarto el día que fui a Ensenada. Nunca lo dije a nadie, parece que lo puse en un lugar de mi memoria para no recordarlo. La duda de que este señor me hubiera hecho algún daño con brujería nos inquietó a las dos. Mi amiga me habló entonces de Ramona y me explicó que tiene dones especiales dados por Dios, que ella nos podría sacar de dudas. Mi amiga estaba por salir de vacaciones a su pueblo en México para visitar a su mamá. Me ofreció comentar a Ramona lo sucedido y me dijo que no me preocupara, que ella se dedicaba a auxiliar a los necesitados. Fue un poco egoísta de mi parte aceptarlo, porque mi amiga tenía mucho tiempo sin ir a México, y yo le di una responsabilidad: le pedí que hiciera todo lo posible por hablar con Ramona porque necesitaba saberlo.

Ella me demostró su gran amistad al tratar de ayudarme. Se llevó una foto mía, localizó a Ramona y se la mostró. Le dijo que yo necesitaba su ayuda. Ramona tomó mi foto, la volteó boca abajo y empezó a tocarla. Le explicó a mi amiga que me tenía que poner en contacto con ella lo más pronto posible, porque en realidad me habían hecho un trabajo de brujería.

Me comuniqué con Ramona un martes, a las doce de la noche tiempo de México. Me informó que el padre de mi pareja nos había separado veintiséis años atrás y que ningún hombre pondría sus ojos en mí. Si mil hombres me miraban, ni uno se interesaría. Eso era exactamente lo que estaba pasando. Mi reacción fue totalmente devastadora. Le pregunté por qué tanta maldad hacia mi persona. Ella me explicó que todo era por dinero, que yo les estaba quitando a su hijo y su ingreso.

Este señor me robó todo y me arrebató toda una vida. Un esposo, unos hijos y un futuro que no le pertenecían. ¡No fue justo! El castigo que recibí por querer a su hijo fue muy severo. Toda mi juventud, el poder formar un matrimonio y sentirme amada. Todo me lo quitó con su egoísmo y severidad en una noche de tinieblas con un vestido viejo y roto.

Ramona me indicó un tratamiento de nueve días y una toma de agua bendita por tres meses. Ha pasado un mes y medio desde el tratamiento de nueve días y los resultados han sido maravillosos. Soy una persona totalmente diferente. Estoy mirando resultados positivos. Por primera vez en veintiséis años no me siento invisible. Espero que en un futuro cercano, con la ayuda de Dios, pueda encontrar mi camino.

En lo que se refiere a Ramona, sus dones, que ha obtenido por medio de Dios, y su persona, me tienen sumamente impresionada y sorprendida. No creo que haya una compensación suficiente que equivalga a todo lo que ella hace por quienes la necesitamos. Lo que hace por la humanidad, simplemente no tiene precio. Ella se entrega y lo da todo.

Me ha regresado mi vida, la que me arrebataron un día. "¿Yo que le daré en apreciación?", le pregunté a Dios. "Dime por favor. Algo que recuerde con cariño siempre, como yo la recordaré a ella". Después de pedirle a Dios por dos semanas, a las cuatro de la mañana me despertó la idea de llevarla a la Basílica de San Pedro, en Italia. Así podrá ver al Papa, aunque sea de lejos, y recibirá su bendición que le dará más sabiduría y fuerza para hacer ese trabajo tan difícil que ella ha aceptado de Dios. Este año, si Dios quiere, haremos un recorrido por Italia, visitaremos seis lugares en ese precioso país. Yo estaré feliz por tenerla conmigo y conocerla más a fondo, y ella disfrutará de un viaje inolvidable.

Vicky, gracias por incluir mi experiencia en tu libro, ojalá y le pueda ayudar de alguna manera a alguien. Recuerda, que mi nombre sea anónimo, por favor.

Desafortunadamente Ramona no pudo hacer este viaje porque no le dieron su visa pero Lety quedó eternamente agradecida.

Margen de error

Me pareció que no podía cerrar este libro sin señalar que efectivamente con este tipo de dones, virtudes o cualidades, puede haber un margen de error. Antes que nada somos humanos, no dioses. Sí estamos hechos a imagen y semejanza de Dios, pero no somos perfectos.

Las premoniciones de un vidente, clarividente o cualquier psíquico van acompañadas del juicio de la persona que posee el don. Éste puede dar lugar a completar sus visiones o la información que recibe de sus guías, basándose en sus propias experiencias o en las de otras personas que ha atendido a lo largo de su vida. Aquí es donde se corre el riesgo de caer en un error de interpretación.

Asimismo, el psíquico recibe información y puede ver varios caminos a seguir o posibilidades que se abren para una persona. El psíquico ve un camino más viable y se lo comunica a la persona; sin embargo, el consultante con su libre albedrío decide otro camino y cambia con ello la visión del sensitivo.

Otro error en el que pueden caer es debido a que algunas veces reciben visiones con símbolos y no las comprenden o piensan que están alucinando. Por ejemplo, en cierta ocasión que acompañé a Ramona con una familia, le pedí que tocara una fotografía de un niño que había fallecido. Al hacerlo ella recibió la imagen de un pollito, no obstante se quedó callada, extrañada, y no comentó nada. Yo noté su extraño comportamiento, y para no inquietar a la familia no dije nada, sólo le pregunté qué veía. Ramona pudo ver al niño en un estado de total bienestar y luz y nos lo hizo saber.

Al salir de la casa le pregunté por qué al tocar la fotografía en un principio se había mostrado confundida. Ella me dijo: "¡Es que vi un pollo!", me contestó extrañada.

Yo me reí porque lo que Ramona ignoraba es que así llamaban al niño por tener el pelo tan rubio.

Una amiga, quien tiene gran conocimiento sobre estos temas, me escribió desde Perú y me expresó lo siguiente:

Querida Vicky:

Disculpa la demora en responder a tu mensaje. Verás, no todos los psíquicos son evolucionados, por lo que cometen errores cuando el ego se interpone y no se conectan con los planos de luz, sino solamente con el Astral. En el astral se mueven muchas energías, positivas y negativas; si el psíquico no está centrado en su interior, pues los errores de interpretación saltan a la vista.

Un abrazo, tu amiga

Rosi Eliana

A fin de tener diversas opiniones sobre el tema y una visión más amplia, solicité a Mariana, una amiga cibernética de Puerto Rico, quien es muy sensible y estudiosa de estas cuestiones, su opinión vía *e-mail*, y resultó ser muy enriquecedora:

From:"Mariana
Subject: NECESITO TU OPINIÓN
Date: Sat, 17 Mar 2007 14:16:49 -0600

Hola Vicky:

Qué bueno que tengas otro proyecto que sé que debe ser tan maravilloso como los anteriores. Lo que me preguntas sobre el margen de error del psíquico dependerá de su capacidad de discernimiento. Como sabes, por lo regular los mensajes se presentan en forma de imágenes que en su mayoría son desconocidas para él mismo y que no tienen ningún sentido para éste pero sí para quien van dirigidas las imágenes. Por lo tanto, su capacidad para "interpretar" o no estas imágenes son la clave para ser totalmente efectivo el mensaje.

A veces estas imágenes aparecen de forma clara, pero en ocasiones aparecerán algo confusas. Por lo tanto, el saber discernir, o mejor aún, saber decir lo que se ve sin tratar de definirlo es la clave del éxito de un psíquico. Otra forma de ineficacia psíquica es cuando el psíquico se deja llevar por sus emociones o cuando se identifica tanto con la persona como con su problemática. En este caso el psíquico tratará de usar la lógica o lo que ya conoce de la persona para tratar de resolver una situación o encontrarle el sentido a alguna imagen vista y esto es un error. En estas cosas hay que decir exactamente lo que se está viendo aunque parezca algo sin sentido. Si se trata de buscarle explicación o lógica entonces se pierde la efectividad.

Eso me sucedió a mí hace casi ocho años, cuando traté de buscarle la lógica a una visión que, a pesar de estar tan clara, no podía aceptar que de lo que me hablaba era de un nacimiento de un bebé pues sabía que la mujer involucrada no podía tener hijos. Esa mujer era mi hermana y no quería darle falsas esperanzas. Interpreté la visión como prosperidad en lugar de fertilidad y nacimiento. Posteriormente, el nene se encargó de notificarme su llegada a este mundo por medio de los sueños. Ése es un ejemplo de por qué muchos psíquicos no son tan efectivos. Es decir: Rubén, mi amigo y maestro, tiene muchos aciertos, pero también ha fallado en gran cantidad de cosas que ha dicho. Quizá diría yo que es un sesenta por ciento certero, quizá cincuenta-cincuenta.

También la confiabilidad del psíquico dependerá de la apertura de la otra persona, la que consulta. Hay personas que conscientemente piden una consulta pero inconscientemente no desean que les digan nada, por lo tanto el psíquico no podrá lograr mucho. Así que, como ves, hay varios factores que harán que un psíquico sea o no efectivo.

Otra cosa es que las energías están en constante movimiento. Cualquier factor puede hacer cambiar una serie de posibles eventos que el psíquico en un momento dado vea y que posteriormente no se den debido a los llamados "imprevistos". Por ejemplo: Un psíquico ve un candidato X ganador en unas elecciones. En ese momento en que el psíquico hace su predicción las energías están a favor de ese candidato, pero una frase que diga, alguna cosa hecha o dicha por éste puede alterar toda una serie de eventos posteriores que le lleven al fracaso. Sin embargo, en el momento en que el psíquico hizo su predicción todo estaba a favor del candidato X. Así que, entiendo yo, que el destino se puede alterar y todo se mueve de acuerdo con las energías que se muevan en determinados momentos.

Mira, la realidad es que hay muchísimas personas por ahí que se autodenominan psíquicos, pero muchos son farsantes, personas que sólo buscan a quién engañar para sacarle su dinero. Un buen psíquico busca principalmente ayudar a la persona a la que hace sus estudios y predicciones. Por lo regular su tarifa es razonable, hay que recordar que ellos también tienen sus necesidades, pero la persona que busca la ayuda de un psíquico responsable notará que no es interesado y que, al contrario, desea ayudar.

En general, y de acuerdo con los psíquicos que he visto aquí en Puerto Rico (hay bastantes), te diría que una parte de ellos puede tener un margen de error de un cincuenta por ciento, y el resto, diría que la mayoría, un setenta por ciento. No sé si esto conteste tu pregunta

¡Ah!, en mi caso, no me considero psíquica, tengo visiones y sueños con mensajes, veo muertos, pero la verdad que no entiendo ni papa de lo que quieren decirme, a menos que lleguen en sueños. Lo que más hago es conectarme con la energía de la persona y ver o sentir las energías que la rodean. De ahí puedo darle información de posibles eventos que pueden suceder, pero hasta ahora considero que muchas cosas las pego, pero otras no: un 45 por ciento efectividad. Quizás lo que sucede es que luego de decir lo que veo no corroboro con la persona si se dio o no. Por ejemplo, al ver a una persona por lo regular sé que tipo de persona es; por su energía, por el *feeling* o sensación que me causa. Eso es todo, espero haber podido ayudarte un poquito.

Un fuerte abrazo

Mariana

Perspectiva de las facultades psíquicas

A fin de realizar con más detalle este capítulo, acudí con Víctor Sánchez, quien es maestro y estudioso de estos temas, así como para comprender un poco más los dones o facultades psíquicas de Ramona que, como se habrán dado cuenta a lo largo del libro, son varias. También deseando conocer su opinión acerca del margen de error y del cómo es que reciben la información los psíquicos.

Vicky: Hola Víctor, ¿me puedes explicar o dar tu punto de vista sobre el margen de error en la percepción psíquica?

Víctor: Antes tengo que explicarte algo. Existe una estructura energética entre tantas que hay en el cuerpo, como los chacras, donde se generan energías para emociones y otros fines. De la misma manera, en el Universo hay estructuras de energía como lo es la línea del tiempo, en donde todo evento que el ser humano piensa, habla, realiza, siente, vive, va quedando plasmado.

Vicky: ¿Algo así como si fueras escribiendo un libro de toda tu vida como ser?.

Víctor: Estás siempre escribiendo algo. En la ley de causa y efecto se dice que todo lo que pienses, hables o realices se va a proyectar en el tiempo y va a traer una consecuencia. Por ejemplo, si privo de la vida a una persona y con el transcurso del tiempo se me presenta la oportunidad de salvar a alguien que se está ahogando y la rescato, cambio el curso de mi vida, en donde alguien en un evento me iba a matar; como de alguna manera reparé el daño, al rescatar a la persona que se ahogaba, se anula mi muerte violenta. Al tomar conciencia y actuar compasivamente cambié mi destino, por eso se puede decir que no hay un predeterminismo. Escribimos nuestro destino pero es modificable. Al mismo tiempo vibramos en siete bandas de frecuencia, esto significa que nuestra vida puede seguir por siete caminos distintos, estamos creando siete futuros posibles. Entonces un vidente puede estar viendo uno de esos siete posibles futuros. Quizá ve algo real, pero no es algo que llega a cumplirse. Esto también tiene que ver con el estado vibracional del propio vidente; es decir, va a poder ver uno de los posibles futuros de acuerdo con su estado emocional, energético o espiritual. Si el vidente tiene una preocupación muy honda por algún familiar, se sintoniza con uno de los siete futuros de acuerdo con esa frecuencia en la que está. No significa que perciba en forma inadecuada. El ser humano no puede ver los siete caminos a futuro. La videncia no significa que la persona es "un ser evolucionado", el acertar con mucha frecuencia tampoco. Es una facultad. Espiritualmente tenemos muchas facultades. Alguien puede tener un don de ver, otro de escuchar, otro de sanar, otro de la ubicuidad, telepatía, levitación, telekinesia, etcétera. Quien desbloquea todas, sí tiene otro nivel de evolución. Aun así, puede ser un ser evolucionado pero tener tareas pendientes por realizar. Los que reciben, lo hacen por medio de unas antenitas que se pueden elevar o quedar adentro y entonces no ves nada, no escuchas y no desarrollas ninguna facultad. Si están muy afuera puedes tener varios dones o sólo uno, dependiendo de cómo estén las antenas.

Vicky: ¿A qué se debe que unos tengan sus antenas más afuera y otros no?

Víctor: Por lo mismo de la causa y efecto. Por karma, tal vez necesitaste tener una vida llena de eventos parapsicológicos o no. Puedes usar tus dones para el servicio o para el abuso.

Vicky: ¿Entonces puede ser que una persona, en una vida pasada haya abusado de los dones, pero se los vuelvan a dar para que corrija el camino y los use para servicio a los demás?

Víctor: Así es. Si lo estás sufriendo quizás hiciste mal uso de ellos, pero si estás sirviendo a los demás, quizá tú elegiste nacer con esa facultad para ayudar. Algunas personas desde niños la desarrollan, otros desbloquean todo cuando son adultos, para llevar a cabo una misión. Eso solamente cada ser y Dios lo saben.

Vicky: Según entiendo también se bloquean porque al ser niños y empezar a ver cosas o seres de otras dimensiones, al comentarlo con los papás, ellos con su escepticismo niegan al niño sus visiones y se empieza a dudar de ellas.

Víctor: Normalmente un niño tiene la posibilidad de ver a su ser y los psicólogos lo nombran el "amiguito imaginario". Su ser se les presenta como un amiguito con el que juegan y los adultos, al no poder verlo, lo niegan y lo adjudican a la fantasía del niño. De esa forma se va inhibiendo algo natural en cada niño con su yo superior.

Vicky: Esas antenas que mencionas, ¿sirven tanto para el vidente como para el clariaudiente o el sanador?

Víctor: Sí, para las más de veinte facultades que existen.

Vicky: Entonces podemos resumir que el margen de error es que el vidente se va hacia una línea o posibilidad cuando existen siete. ¿También puede ser que la interpretación sea equivocada porque llega como simbolismo?

Víctor: Del área límbica del cerebro, donde está todo ese material que se le nombra subconsciente, de ahí parten las antenitas que se repliegan como las telescópicas. Todo lo que pueden recibir se aloja en el subconsciente y se puede contaminar con lo que hay ahí.

Vicky: Te refieres a las propias experiencias de la persona.

Víctor: Sus traumas y sus neurosis, mecanismos de defensa y todo lo que está ahí. Entonces se contamina y distorsiona lo que percibe.

Vicky: ¿Hay alguna manera de comprobar la existencia de las antenas?

Víctor: No, solamente se conoce su existencia en las escuelas esotéricas. Incluso no se pueden captar con la cámara kirlian. No se ha desarrollado la tecnología para poder fotografiarlas o captarlas, sólo los videntes pueden verlas. Antes no se podía comprobar la existencia de los chacras ni de los puntos de acupuntura en el cuerpo; sin embargo, se sabe de su existencia desde la antigüedad; en la actualidad se ha comprobado su existencia científicamente. Poco a poco todo lo que había sido esotérico va dejando de serlo, como las facultades paranormales llegarán a ser normales. Al dar un paso en la evolución, todo lo que era dogma o misterio se convierte en conocimiento científico totalmente comprobado porque la tecnología avanza y la conciencia se abre, la mente deja de ser binaria. El ser humano está en transformación, están funcionando genes que antes no funcionaban. Llegará el tiempo en que se podrá comprobar su existencia.

Vicky: Sí, como los pensamientos, ahora ya existe la tecnología para registrarlos. O el aura de las personas o de objetos, que ya se puede captar con la cámara kirlian. Pasando a otro tema, ¿me podrías explicar la facultad de ver a través del cuerpo? Me interesa en especial, porque este don también lo posee Ramona.

Víctor: Facultad transdérmica. A través de la antena que necesitas para tener la posibilidad de ver, tenemos unas estructuras llamadas operadores, que miden una micra cúbica, no los podemos ver. Los físicos les llaman partículas elementales, antes de los fotones, protones, etcétera. Esos operadores que genera tu cuerpo constantemente, voluntaria o involuntariamente, los puedes enviar para ver cómo están los órganos de alguien, eso si tienes desbloqueada la facultad para hacerlo. El operador es como un satélite enviado a recorrer el sistema solar. Registra imágenes o sonidos, hace reportes de alguna atmósfera u objetivo indicado. Su señal llega a las grandes pantallas de la Nasa y se ven las imágenes. De la misma manera trabajan los operadores de nuestro cuerpo en aquellas personas que pueden utilizarlos a voluntad. El psíquico recibe la señal del operador a través de la antena, y en su pantalla mental puede ver que algún órgano está dañado o sano. Si conoce de medicina puede saber qué enfermedad tiene el paciente, de lo contrario sólo describe cómo lo entiende y lo ve. En la línea del tiempo es igual. El vidente manda un operador a la línea del tiempo para conocer futuro o pasado.

Vicky: ¿Es así como pueden ver el pasado, por ejemplo en una zona arqueológica, para saber cómo vivían las antiguas civilizaciones?

Víctor: Sí, o como los que investigan por qué fueron hechas las pirámides. Pero también hay posibles pasados en la línea del tiempo.

Vicky: Por ejemplo, ¿la localización de vehículos, objetos o personas perdidas es igual?

Víctor: Sí.

Vicky: ¿Entonces la mayor parte de la percepción de la clarividencia es a través de operadores?

Víctor: Sí. Es que el operador es una imagen tuya en una micra cúbica. Puedes escuchar, ver, saborear, tocar tanto al ir al pasado como al futuro.

Vicky: Y en la clariaudiencia, ¿de quién llega la información?

Víctor: Eso es cuando tienes una revelación que recibes de un maestro, un ángel o un espíritu. Esa voz se escucha en el oído medio. Ahí hay un receptor o una estructura de energía que cuando está desbloqueada te permite escuchar.

Vicky: ¿Eso se puede desarrollar a través de la meditación?

Víctor: A través de caminos iniciáticos. Es necesario antes eliminar las facetas o roles del ego para que lo espiritual aflore. Diluir el ego para que quede tu personalidad, la que has ido formando durante toda tu evolución. El YO SOY, no el yo soy Víctor, sino el YO SOY, tu esencia pura.

Vicky: Para cerrar este capítulo me gustaría que me expliques la facultad de la ubicuidad. ¿Por qué a Ramona se le ha visto en otros lugares estando ella físicamente en su casa?

Víctor: Hay dos posibilidades. Una en la que el ser necesita estar en otro lugar, por alguna razón aunque no sea consciente. Tu ser puede hacer una réplica, una copia porque necesita actuar de alguna manera o necesita darle algo a un paciente. Esta réplica se ve totalmente materializada. La otra posibilidad es que sea un operador el que se materializa completamente o se ve como un holograma de la persona. Se puede proyectar a tamaño natural o a la medida de una micra. En nuestro ser están esas facultades desde que nacemos.

Es importante que las personas que poseen estas facultades no se queden atrapadas en el ego y a todo el mundo le digan: "¡Yo puedo hacer esto! ¡Yo puedo hacer lo otro!". Etcétera.

Vicky: Sí, me he encontrado en el camino de mis investigaciones personas así, y he aprendido que no son realmente personas que nacieron con la mira de hacer servicio, sino dinero. Te agradezco, Víctor, tu participación y puntos de vista para entender un poco lo que son las facultades psíquicas y cómo funcionan.

Opinión de Ramona sobre el margen de error

La misma Ramona, después del largo sendero recorrido en su vida a través de episodios y visiones increíbles que le hicieron pensar por muchos años que estaba loca y que aún no termina de comprender, opina lo siguiente al cuestionarle sobre el margen de error:

"Cuando aprendes a vivir con una situación personal y vives de tal manera que no entiendes lo que está pasando, siempre vives en lo que crees que es una fantasía. Si se toma de esa manera, sin dar por hecho que todo lo que te llega a través de un don, como se le llama, es una realidad, entonces lo que se percibe es como un cuento.

"Para mí es importante aclararle a todo el que llega conmigo que no quiero que crean lo que yo les digo, porque no sé si es realidad o no; que si en algo les puede ayudar lo que les puedo decir, ¡qué bueno! ¡Bendito sea Dios! Pero no deseo que lo tomen como un hecho. ¿Por qué razón?, porque es un mundo desconocido, es algo que no te enseñaron, no tiene una técnica. No es algo que lleva un procedimiento; con los dones no existe eso, es algo impalpable que no sabes si es real o no.

"Las personas me lo hacen saber, ¡es cierto! Pero yo no tengo manera de saber si lo es. Este es un medio que sí puede ayudar a ver las cosas desde otro aspecto, pero solamente quien lo vive lo entiende. Como decimos en el pueblo: 'El que trae el huarache sabe donde le está apretando'. Solamente quien convive con entes, con fantasmas, con este tipo de experiencias, sabe lo angustioso que puede ser.

"Todo aquél niño que crece en este mundo, en el que te hablan, en el que ves, en el que no comprendes, sufre la mayor parte del tiempo. Es un mundo que mucha gente te dice: '¡Qué padre! ¡Qué bonito!' Pero es un mundo de amargura, en el cual si tú cuentas lo que vives corres el riesgo de convertirte en huésped inmediato de un manicomio, porque para mucha gente estos hechos no existen, es tu mente, tu fantasía, algo irreal.

"Es un mundo que, según mi punto de vista, puede ayudar a los demás, pero en el que solamente la intuición y la fe en Dios te pueden guiar. Tú puedes verlo como una herramienta más: ir con un psíquico es una ayuda, pero el trabajo lo hace la persona con base en lo que tiene alrededor y en lo que vive, así como en los medios que tiene.

"Mis respetos para los que viven alternando estos mundos, porque no es fácil de sobrellevar. Es un mundo de dolor, no tenemos vida privada porque la nuestra le pertenece a todos. No es nada fácil.

Vicky: Hace tiempo una vidente me dijo que ustedes son atacados por energías negativas, que en algunas ocasiones les dan información errónea para ridiculizarlos con la gente. ¿Tú que opinas?

Ramona: Creo que todo puede ser posible, más si tienes un ego muy alto y te crees más que el Creador. Para que veas que no eres nadie, ahí sí corres el riesgo. Yo siento más que nada que al hablar con una persona y comentarle sobre tus dones, simplemente debe ver en ellos una herramienta que le puede ayudar, si Dios lo permite, pero no es el psíquico quien determina las cosas. Por ejemplo, llega una mujer quien sale con dos hombres a la vez. Se encuentra en un momento en que se enreda y acude a las cartas o con un vidente preguntándole cuál de los dos le conviene. No es que el psíquico se incline más hacia uno u otro. Yo les aconsejo, antes que nada, hacer un análisis personal y tomar una decisión personal. Uno sólo les orienta y les hace ver dónde y por qué están mal, pero la decisión es de cada persona. Luego sucede que toman un mal camino, les salen mal las cosas y culpan al psíquico de eso; no asumen su responsabilidad. Todos, como humanos, tratamos de culpar a los demás.

Vicky: Si no les gusta lo que encuentran en la consulta, dicen: "¡No, la señora no me dijo nada, no pudo ver nada!".

Ramona: Muchas veces sucede que las personas acuden a mí deseando escuchar lo que no es, lo que han creado en su mente y es positivo para ellos: Es que usted es muy buena', 'ha sido una persona excelente. Cuando el psíquico ve que debe enfrentar a esa persona con su realidad y le dice sus verdades, no le gusta. Salen de la consulta diciendo: 'Esta señora no me dijo nada'. Salen molestos porque los confrontas y a nadie le gusta eso. Las mismas personas que le rodean, por evitarse problemas, no se atreven a decirle: '¡Oye, detente, estás actuando mal!' Cuando te lo dicen duele, cala hasta lo más hondo; pero al final reconoces que fue por tu bien. Todas estas situaciones son desagradables para las personas que atiendes y enfrentas con sus propios demonios, porque todos tenemos cola que nos pisen. Los dichos son de sabios: la zorra nunca se ve la cola. Tenemos una colota y la metemos entre las patas porque no deseamos verla; cuando llega alguien que nos la hace notar no nos gusta.

Vicky: Muchísimas veces he sido testigo de las personas que han quedado agradecidas por tu ayuda; sin embargo, me gustaría que me comentaras así como te he cuestionado sobre tus experiencias positivas, por el margen de error, ¿has tenido malas experiencias?

Ramona: Sí, porque muchas veces me ha tocado ver las cosas pero no son como yo las vi. Sí me ha pasado, pero es de sabios enmendarse. Si sabes que cometiste un error debes ir con la persona y explicarle la situación.

Vicky: Ese error, ¿se debe a tu don o es un error de interpretación, un juicio que hiciste de acuerdo con tus experiencias y no tanto usando tu videncia?

Ramona: Sí, hay errores que se cometen al utilizar un juicio basado en experiencias propias. A veces se cometen errores tan grandes que pueden ocasionar enfrentamientos en las familias, pues damos por hecho los acontecimientos. En otras ocasiones, el error se comete porque una visión la completamos con un juicio. Por tanto, siempre hago una aclaración: que no crean lo que les digo, que tomen lo que les pueda ayudar.

Vicky: ¿Por qué no te gusta meterte con el futuro?

Ramona: Porque el futuro es de Dios, nosotros no debemos meternos en sus designios. Sin embargo, al estar viendo a una persona, si aparece información sin que la busque es importante comunicarle, porque el mismo Dios está permitiendo ver, él mismo te dice qué le digas para prevenir algo inconveniente para la persona.

Vicky: O sea que de alguna manera interfieres en el camino de la gente.

Ramona: Sí lo haces, pero porque se presentó la oportunidad y es sólo para bien y sin buscarlo, porque hay personas que leen cartas o tienen videncia y manipulan el futuro de las personas; eso no se vale. Hay ocasiones en que la gente necesita y debe sufrir o errar para aprender, todo nos deja una enseñanza. Aprendes sólo de dos formas: a través del dolor y a través del consejo; si no aprendes con el consejo que te dan los demás vas a sufrir pero vas a aprender cómo no hacer las cosas. Toda la vida es aprendizaje y debes caminar de esa forma. Si uno se mete en el futuro de los demás por gusto, cambia lo que no corresponde. Sin embargo, si ve en el presente algo que le está angustiando y en lo que puede ayudar, es deber como psíquico comunicarlo. De cualquier manera cada quien toma sus decisiones personales.

Vicky: Y si llegan a ti, ¿es porque les correspondía?

Ramona: Así es, porque les fue permitido llegar.

Vicky: ¿Qué ha sentido Ramona después de Teotihuacán?

Ramona: Lo que veo es que atiendo muchísimas personas y ya no me afecta tanto físicamente, ya no hay agotamiento como antes. Mi resistencia aumentó. Puedo atender a muchísimas personas en el día y todavía cuando termino atiendo a gente por el teléfono. Tengo más paciencia y tranquilidad para atender a la gente. La gente me ha dicho que me veo renovada, más joven, más fuerte y liberada.

Vicky: Para terminar este libro me gustaría que dieras un mensaje a la humanidad.

Ramona: Todos tenemos el don de la clarividencia con la intuición, con los sentimientos, nuestro sexto sentido, pero muchas veces nuestras emociones nos impiden tenerlo abierto. Si aprendemos a vivir con el nivel de lo que sentimos y deseamos hacer, evitando dañar a los demás, eso nos lleva a hacer lo correcto en la vida. Si aprendemos a hacer cambios, a corregir y a cambiar el dolor por amor, transformamos nuestro pequeño mundo, y si cada uno transforma su mundo lograremos transformar la totalidad. Debemos vivir en un mundo de transformaciones, de amor, de dar y de querer estar en un mundo mejor.

Vicky: Mil gracias, Ramona, por abrirnos el libro de tu vida y tus experiencias, gracias a esto pudimos ver que el sendero de una vidente está lleno de espinas.

Así terminamos este libro, que nos permitió echar una mirada a una pequeña parte de la vida de esta vidente, sanadora, amiga, madre, mujer, y ante todo un ser humano que nos ha mostrado como, a través del dolor, de la pobreza, de la humildad, del amor, de su valentía, de su entrega y su lucha interna y externa ante los obs-táculos de la vida, se puede salir adelante y ayudar a todo el que sea posible en nuestro camino.

Nos ha enseñado que, a pesar de vivir en mundos alternos, se puede pisar tierra y mantener la cordura, con la fortaleza del espí-ritu. Ramona y otras Ramonas en el mundo nos muestran que no bastan los dones para seguir adelante, sino que son necesarios tam-bién la comprensión, el equilibrio mental, el emocional y el físico para sobrellevarlos. Bien dicen por ahí que Dios da a cada quien lo que puede aguantar.

Sugerencias y comentarios: avalon1957@hotmail.com

El sendero de una vidente
se terminó de imprimir en septiembre de 2007 en
Gráficas Monte Albán, S.A. de C.V.
Fracc. Agro Industrial La Cruz
El Marqués, Querétaro
México